目 录

下 篇

中小学课程标准导论

李洪修　主编

科学出版社

北京

内 容 简 介

　　本书是天津市一流本科课程"中小学课程标准与教材研究"的配套教材，依据教育部印发的义务教育课程方案和课程标准（2022 年版）编写。

　　本书紧扣教师教育改革和高质量教育体系发展的时代背景，动态呈现了我国基础教育课程标准的最新成果和基本要求。本书分为上、中、下三篇：上篇从理论角度高度概括课程标准的背景、含义、结构、意义及历史沿革；中篇对课程标准中的课程性质、理念、设计思路、目标、内容及学业质量进行全面探讨；下篇对课程标准中的教学建议、评价建议、教材编写、课程资源及教师培训等进行系统分析。

　　本书可作为高等院校师范专业学生的教材，也可供中小学各学科教师、教研人员研修使用。

图书在版编目（CIP）数据

中小学课程标准导论/李洪修主编. —北京：科学出版社，2023.12
ISBN 978-7-03-076412-6

Ⅰ．①中⋯　Ⅱ．①李⋯　Ⅲ．①课程标准-中小学　Ⅳ．①G633

中国国家版本馆 CIP 数据核字（2023）第 175063 号

责任编辑：王　彦　王建洪/责任校对：王万红
责任印制：吕春珉/封面设计：东方人华平面设计部

科 学 出 版 社　出版
北京东黄城根北街 16 号
邮政编码：100717
http://www.sciencep.com
天津市新科印刷有限公司　印刷
科学出版社发行　各地新华书店经销
*
2023 年 12 月第　一　版　　开本：787×1092 1/16
2023 年 12 月第一次印刷　　印张：11 1/4
字数：266 000

定价：49.00 元
（如有印装质量问题，我社负责调换〈新科〉）

销售部电话 010-62136230　编辑部电话 010-62130750

前 言

在全球化背景下，世界各国普遍重视教师教育改革，致力于卓越教师培养。教育、科技、人才是全面建设社会主义现代化国家的基础性、战略性支撑。我国始终坚持以人民为中心发展教育，为加快建设高质量教育体系，必须打造一支高素质教师队伍。《中共中央　国务院关于全面深化新时代教师队伍建设改革的意见》《教育部等五部门关于印发〈教师教育振兴行动计划（2018—2022 年）〉的通知》《教育部关于实施卓越教师培养计划 2.0 的意见》等系列政策文件指出，要建设一流师范院校和一流师范专业，全面引领教师教育改革发展。课程标准作为基础教育课程改革的关键性要素，对师范生综合素质和专业化水平的提高具有重要的价值。"中小学课程标准导论"作为一门专门研究中小学课程标准理论及其规律的课程，对于高等院校卓越师范生的培养具有重要价值。

深入实施人才强国战略，培养造就大批德才兼备的高素质人才，是国家和民族长远发展大计。为培养高素质人才，我国于 2001 年启动了新一轮的基础教育课程改革。新课程改革以来，教育部先后颁布了 2001 年版课程标准、2011 年版课程标准。随着时代的发展，为了促进学生核心素养的培养，教育部先后颁布 2017 年版的普通高中新课程标准 2020 年修订版普通高中课程标准及 2022 年版义务教育课程标准。在此背景下，许多高等院校开设了"中小学课程标准与教材研究""中小学课程标准解读"等课程。笔者所在学校的教育学本科专业入选了国家双万计划一流本科专业，所承担的"中小学课程标准与教材研究"课程入选了 2021 年度天津市一流本科课程。全面贯彻党的教育方针，落实立德树人根本任务，培养德智体美劳全面发展的社会主义建设者和接班人，离不开高水准的教材支持。为此，我们决定以 2022 年版义务教育课程标准为编写依据，吸纳最新课程标准的研究成果，开展中小学课程标准与教材研究的编写工作。本书在广泛征求专家学者意见的基础上，经过数次研讨，确定编写提纲和结构后，再根据各编者的个人研究方向和兴趣分别进行撰写，最后由主编多次统筹并最终完成，是集体智慧的结晶。

首先，我们认为，了解和熟悉中小学课程标准与教科书变革的背景、目标、主要内容、方法、价值等内容，明晰中小学课程标准变革的未来发展趋势和方向等是学习中小学课程标准的基础，因此这些内容构成了本书的上篇。其次，当了解了课程标准的基本概念后，我们期望师范院校的学生及从事教育工作的行业同仁们能够理解中小学课程标准与学科核心素养养成之间的内在联系。所以，我们以不同学科的课程标准为依据，系统阐释其课程目标、课程内容、学业质量、课程资源与实施等方面内容，形成了本书的中篇。最后，我们又以教材编写、教学建议、评价建议及教师培训等保障措施为主要内容构成了本书的下篇，旨在介绍中小学课程标准具体实施的操作性建议。

　　在本书的编写过程中，我们力求遵循如下几个原则。

　　（1）理论与实践的统一。本书清楚地回答了什么是课程标准，回顾了我国课程标准的发展历程，概括了课程标准的现状和趋势，梳理了课程标准的基本理论问题。同时，本书关注了 2022 年版义务教育课程标准的新理念，在分析现实问题的基础上，增强了理论的解释力、说服力和应用性。

　　（2）继承与创新的统一。我们尽可能地集各教材之长，克服其局限性，又努力将最新课程标准的研究成果，通过选取恰当适切的概念、范畴和理念，嵌入到教材的章节之中。我们将相对零散的内容进行重组，构建了以最新版的中小学课程标准内容为主线、中小学教材分析为辅线的双线教材内容体系，基本反映我国基础教育课程标准的最新要求。

　　（3）教授与学习的统一。教是为了不教，即注重学生的自主学习和体验。因此，本书的每一章都包含思维导图、要点提示、学习目标、拓展学习及课后思考等内容。这既便于教师的教学，又利于培养学生自主学习的意识和主动探索的能力。

　　本书是天津市一流本科课程"中小学课程标准与教材研究"的配套教材。全书由李洪修教授主编，具体编写分工如下：李洪修编写第一章、第八章；刘笑编写第二章；蒋维西编写第三章；隋婷婷编写第四章；崔亚雪编写第五章；丁玉萍编写第六章；刘燕群编写第七章；李晓漪编写第九章；陈栎旭编写第十章；李水霞编写第十一章。

　　本书在编写过程中，得到了江苏理工学院潘婉茹博士、周口师范学院张晓娟博士的大力支持。同时，王萌萌、朱芮、李婧瑶等同学也在教材编写中承担了部分本书相关资料的查找、整理和校对等工作。此外，本书在出版过程中得到了科学出版社领导及责任编辑的大力支持。在此，我们谨表深深的敬意和真诚的感谢。

　　由于编写团队自身视野和水平的限制，尽管我们付出了很大努力，书中难免存在一些不足。在此，我们真诚希望所有使用本书的师生提出宝贵的意见！

李洪修

上 篇

　　课程标准是规定某一学科的课程性质、课程目标、内容目标、实施建议等的指导性文件，体现了国家对基础教育课程的基本规范和质量要求。本篇第一章基于当前社会背景，阐明了课程标准的内涵，提炼了课程标准的基本结构，明确了课程标准的现实意义。第二章从历史沿革的角度，详细梳理了课程标准的发展历程，回顾了双基本位的教学大纲、三维目标导向的课程标准、核心素养导向的课程标准的基本内容，对各个时期课程标准产生的背景、特点、具体内容等进行总结，区分了课程标准与教学大纲的异同，并结合义务教育课程标准（2022 年版）进行了说明。

第一章
中小学课程标准概述

思维导图

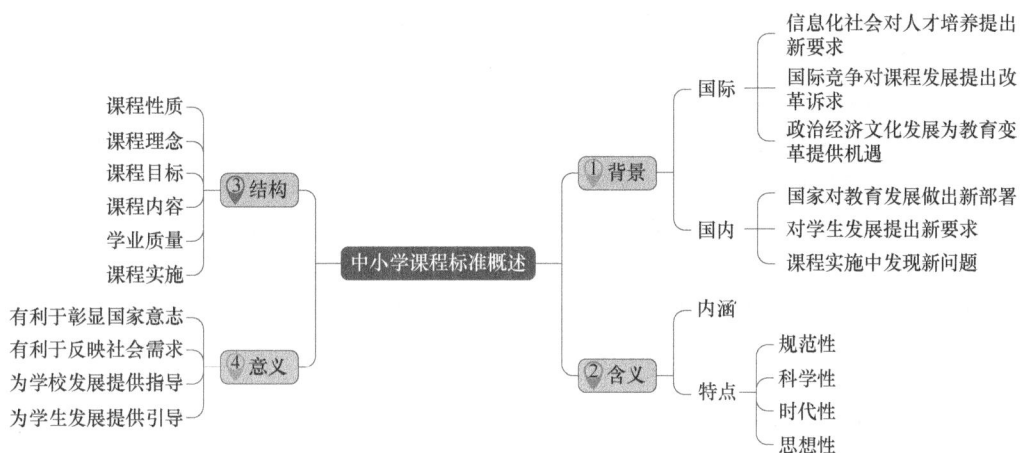

要点提示

　　课程标准不仅是国家课程的纲领性文件，还体现了国家对基础教育课程的基本规范和质量要求。对课程标准基本内容的理解与掌握是适应核心素养背景下课程改革的前提。课程标准的颁布既受到了国际社会的影响，又受到了国家政策的引导。因而，对课程标准的理解需要结合时代要求和社会发展，系统把握课程标准的基本概念、组织结构等内容，以有效发挥课程标准的功能。

学习目标

1. 了解课程标准提出的背景。
2. 明晰课程标准的基本含义。
3. 理解课程标准的基本结构。
4. 明确课程标准的现实意义。

第一节　课程标准提出的背景

　　20 世纪 80 年代以来，世界各国相继进行了基于课程标准的教育改革。没有国家层面课程标准的国家，开始着力构建国家级课程标准体系；采用教学大纲指导教育教学的国家，也开始转向课程标准的构建；已经采用课程标准的国家，则结合时代发展不断完善其课程标准的结构。一场以课程标准为改革基点，依据其具体内容开展教学实施、教材编写、评价标准等方面变革的国际性教育改革运动拉开帷幕。

一、国际背景

（一）信息化社会对人才培养提出新要求

20世纪后半叶以来，互联网、大数据、云计算、人工智能的出现，使得人类社会进入了信息化时代。传统的以大机器、大工业和密集生产线为特色的工业社会开始向信息技术背景下的知识社会过渡。在这个过程中，社会对个人的创新、高度协调等综合性能力提出了更高的诉求，有些低层次技能工作已逐渐被信息技术替代。这意味着信息时代的经济模式和职业模式将呈现高智能和综合化特征。因而，信息时代要从过去以学科知识结构为主体内容的学习模式，转变为以开拓创新和自主发展能力为导向的学习模式。在此背景下，很多发达国家在课程目标中都提出在学科的知识技能之上，应明确学科教育固有的本质特征，强调"批判性思维""问题解决"等的高阶认知能力，沟通与协作的社会技能，以及反思性、自律性、责任感等人格特征与态度。因此，课程领域亟须一个指导性文件对人才培养标准做出新的规定。

（二）国际竞争对课程发展提出改革诉求

伴随着经济的全球化，资源、技术、资本等全球化流动越来越频繁，人才的全球化竞争也越来越激烈。各个国家在国际比较中产生的危机感和竞争意识，使得一些国家陆续通过规章或法律形式来规范各级各类学校课程。各种由国家或地方制订的课程标准或具有同类内涵和功能的教育法案，逐渐成为一种课程设置与管理的工具。尤其自20世纪80年代以来，世界上许多国家，如美国、英国、俄罗斯、加拿大等，都在本国进行了大规模的课程标准开发和推广，使得课程标准在课程管理和课程改革方面被赋予更多的功能，在提升学生的国际竞争力方面发挥了重要的作用。出于对发达国家相关实践经验的关注，诸多发展中国家立足于国际比较，为追求高质量人才培养，相继在本国进行了关于课程标准的开发等活动，并通过落实课程标准进行了系统的基础教育改革，从而使得基于标准的课程与教学变革成为新时代发展的潮流之一。

（三）政治经济文化发展为教育变革提供机遇

在世纪之交，科技发展和文化变迁促使社会各领域发生深刻变革，社会政治、经济领域向教育领域全面渗透，给课程变革带来了新的机遇和挑战。首先，随着社会生产力的不断提高，劳动时间逐渐缩短，这意味着闲暇社会的到来。闲暇时间的增多及终身学习的理念逐渐深入人心，使得学习化社会逐渐成为现实。其次，经济一体化的浪潮加速了全球化，跨民族、跨国界的文化传播与文化交流频繁。在各种文化交融的过程中，培养能够理解和尊重文化差异性、包容文化多样性的新时代人才成为必然趋势。此外，快速的经济发展也给各国各地区造成了一系列全球化问题，如资源的枯竭、环境的恶化、生态的失衡等,威胁着人类的生存和发展。为此,顺应新时代社会境遇,培养学生应对复杂环境的能力、全球意识和开放心态、理解人类命运共同体的内涵与价值等成为课程发展的现实需要。最后,在知识经济的推动下,知识成为经济增长的决定性因素,人们更加关注知识创新和技术进步对经济增长的贡献。知识经济时代对于人才必备品格和关键能力的要求是以往任何时期都无法比拟的。因此,为了在基础教育中培育 21 世纪公民所应具备的素质,并全面反映未来社会发展的具体要求,学校的课程标准必须做出变革与应对。

二、国内背景

(一)国家对教育发展做出新部署

首先,国家根据社会发展和个人发展的需要,对教育提出了新要求。在新时代,针对社会政治经济发展新形势和学生生活学习的新变化,《中华人民共和国教育法》《中华人民共和国高等教育法》《中华人民共和国民办教育促进法》等一系列法律相继修订完成并开始实行。教育事业全面发展,教育公平状况不断改善。因而,教育更要坚持以人民为中心,加快建设高质量教育体系,进而站在新的历史起点统筹各级各类教育发展,积极促进学习型社会的建构。其次,习近平总书记在全国教育大会上系统总结了推进我国教育改革发展的"九个坚持"①和"六个下功夫"②。"九个坚持"深刻回答了培养什么人、怎样培养人、为谁培养人这一根本问题。"六个下功夫"旨在为新时代青年人才的培养工作指明方向。最后,为提升教育教学质量和服务水平,国家不断修改并完善中小学的课程方案和课程标准,并对教育教学方式、内容、实施、评价等方面进行变革,同时建设教师专业发展体系,培育新时代大国良师,为提升教育教学质量保驾护航。

(二)对学生发展提出新要求

首先,学生的基础能力与素养较原来有了新发展,对课程学习提出了新要求。在信息时代,学生作为数字原住民,本身具有更高的数字信息素养,对课程的数字化也有着更高的要求。因而,为了适应新时代学生发展的要求,必须在课程内容、实施、评价等方面进行相应的数字化变革。其次,学生的学习资源、学习方式、学习机会大大增加,对教学方式提出了新要求。尤其在数字化时代,线上教学设备、教师的信息技术水平、教师线上教学与管理能力等,都成为影响学生学习有效性的重要因素,是课程改革需要关注的重要问题。因而,为进一步深化课程改革,中小学的课程标准必须进行调整和变革。新时代是数字化的时代,社会生产生活的数字化程度日益加深,学生要适应数字时代的社会化,就要求课程进行变革,以加深学生对数字化社会的理解,提升学生的数字化生产生活意识和水平。

---

① 坚持党对教育事业的全面领导,坚持把立德树人作为根本任务,坚持优先发展教育事业,坚持社会主义办学方向,坚持扎根中国大地办教育,坚持以人民为中心发展教育,坚持深化教育改革创新,坚持把服务中华民族伟大复兴作为教育的重要使命,坚持把教师队伍建设作为基础工作。

② 要在坚定理想信念上下功夫,要在厚植爱国主义情怀上下功夫,要在加强品德修养上下功夫,要在增长知识见识上下功夫,要在培养奋斗精神上下功夫,要在增强综合素质上下功夫。

（三）课程实施中发现新问题

首先，原中小学课程方案和课程标准与新时代的新变化和新要求不相适应。例如，学段纵向衔接不足，原中小学课程方案和课程标准更多地聚焦于各学段的内容，缺少整体上的规划；原课程标准缺乏对"学到什么程度"的具体规定，对于学习评价的标准相对笼统，教师难以把握教学的深度与广度；原课程实施的要求不够明确，对于教师而言缺少有效性和指导性。因而，必须有针对性地解决这些问题。其次，就课程改革自身发展规律来看，教育教学理念在近二十年的发展中取得了很大的进步，教育实践工作者也在近二十年的教学实践中更新了课程理念。原中小学课程方案和课程标准已分别实施多年，因而，适时地对课程标准进行调整是教育发展的应有之义。

第二节　课程标准的含义

新课程标准已取代原来的教学大纲并成为我国基础教育阶段课程与教学活动的主要依据。课程标准要实现其功能和作用，首先需要明确其本身的含义。如何理解课程标准、确立课程标准意识，进而基于标准去执行，是教育教学实践亟待澄清的问题。

一、课程标准的内涵

何为课程标准？美国的"国家科学教育标准"将教育标准视为衡量教育质量的准绳，主要对知识与能力、教材、教学等进行规定。澳大利亚的"课程标准框架"将课程标准描述为学生学习所包括的主要领域及大多数学生在每一学习领域能达到的学习结果。"加拿大安大略省各学科课程标准"将课程标准定位为为评估学生学习而设计的一般标准，主要对学生应达到的省级标准进行规定。德国的"国家教育标准"主要为教师制定了教学工作目标，为学生制定了学习目标，是对学校教育教学的具体要求。我国《教育大辞典》将课程标准定义为"确定学校教育一定阶段的课程水准、课程结构与课程模式的纲领性文件。""中小学课程标准是按学段设计和颁发的，其结构一般包括总纲与分科课程标准两部分。总纲是关于学校课程的总体设计，它的正确制定对于分科标准的正确设计具有决定性作用。总纲包括课程设计的指导思想、培养规格、课程设置、学时分配、课程模式、考试制度、课程实施的要求和课程评价的部署。分科课程标准则规定各科教学目标、教材纲要、教学的重难点、教学时间的分配、教学设备、教学方法和其他注意事项。"

通过对国内外课程标准内涵的总结与分析，结合我国课程标准的发展历史，可以看出，课程标准是规定某一学科课程开展的指导性文件，它规定了不同学段的学生应达到的具体学业质量水平。课程标准是对课程教学的基本规范和要求，是教师教学实施与教学管理的依据，也是衡量各科教学质量的重要标准。

二、课程标准的特点

（一）规范性

课程标准是教育部颁布的国家性文件，对于基础教育阶段各级各类学校课程具有直接的法律效力，是各级各类学校课程开展必须参照的权威性文件。首先，课程标准是整个基础教育课程改革系统工程中的一个重要枢纽，体现着国家对于人才培养的期望。其次，课程标准规定了不同学段的学生应具有的必备品格和关键能力，规定了各门课程的性质、目标、内容框架，并提出教学和评价建议等。最后，课程标准是开展教育教学必须遵循的纲领性文件，对学校、教师具有强制规定性。教育监管部门对于学校教育质量的检测也是依据课程标准中有关课程内容、课程实施等方面的要求对学校教学工作进行督导。

（二）科学性

首先，课程标准制定过程与方法具有科学性。课程标准的制定需经历组建队伍、总体设计、调研论证、组织修订、开展测试、征求意见等环节，是一个以育人为导向的专业文件。其次，课程标准的内容选择与安排具有科学性。课程标准的制定需将学生的认知水平、知识的逻辑顺序、社会的发展阶段等因素融合于具体的课程标准内容中，在知识呈现上保证正确性。最后，课程标准的使用具有适用性、可操作性。课程标准作为基础教育阶段教育教学的指导性文件，对学生学习结果的描述是具体、可理解、可实现、可评估的，是能够指导教师实践的微观指导，而不是模棱两可、高不可攀的宏观指导。

（三）时代性

从课程标准的发展历程来看，课程标准的变革往往受到社会政治、经济、文化等因素的影响，并非偶然性的变革。就当前来看，在社会生产、生活数字化的大背景下，我国社会发展、经济转型，以及由此带来的现代化专业人才对教育提出新的要求。课程标准是对新时代变化的现实反映。我国课程标准在借鉴国内外课程标准建设经验的基础上，在目标、内容、实施等方面均反映了社会发展的新变化、科学技术进步的新成果等，体现了时代性特征。具体而言，中小学课程标准经历了从 2001 年启动试验，到 2011 年颁布各学科课程标准，再到 2022 年修订颁布各学科课程标准。课程标准的三次修订与变化不仅反映了时代发展的要求，而且也是课程自我建构和自我变革的需要。

（四）思想性

课程标准是党和国家意志的体现。《义务教育课程方案（2022 年版）》明确指出："全面落实习近平新时代中国特色社会主义思想，将社会主义先进文化、革命文化、中华优秀传统文化、国家安全、生命安全与健康等重大主题教育有机融入课程，增强课程思想性。"课程标准的修订以思想性为导向，强调准确理解中共中央关于教育改革的各项要求。课程标准要充分反映习近平新时代中国特色社会主义思想，还应将社会主义先进文化、革命文化和中华优秀传统文化等有机融入课程中，突出课程标准的思想性特征。中小学课程标准作为立德树人、教书育人的载体和准绳，它表达了国家和社会对中小学学科课程教学的质量标准和规定。因此，中小学学科在课程目标上都体现了中国共产党的政治使命，具有鲜明的思想性。认识和理解义务教育课程方案和课程标准（2022 年版），要将其放在国家政治、经济、社会大环境之中，站在党和国家事业发展战略全局的高度，进而从整体上把握新版课程标准的精神实质。

第三节　课程标准的结构

结构是指事物的内含成分或要素构成一个整体时的相互关系或组织方式。课程标准的结构就是课程标准的各要素按照标准组织的逻辑，相互连接时所形成的内部结构。在课程标准文本中，课程标准的结构表现为文本的组织框架。就当前颁布的课程标准来看，各学科课程标准都是由基本相同的要素构成，能相对独立地对学科课程领域的课程设置与管理做出规范和说明。同时，各学科课程标准之间也存在相互关联，这种关系就像单一学科课程与整个基础教育学科课程的关系一样，即单一学科课程本身就是一种体系。所有学科课程一起构成基础教育的整个学科课程体系。作为一种体系，课程标准文本总是以一定的结构呈现出来。

作为文本的课程标准一般包括以下几个部分（表1-1）。从课程性质到课程实施，不同的章节承担不同的任务，解决不同的问题。由此可见，课程标准的结构是一个连续统一的有机体，各部分之间相互关联、相互呼应，共同构成课程标准这一完整的标准体系。

表1-1　课程标准一般结构

课程标准文本结构					逻辑思路
一、课程性质					本课程的来源及其特征是什么？为什么要学习本课程？对学生发展有什么重要价值？
课程性质教育价值					
二、课程理念					本课程的价值追求是什么？如何通过课标的各部分来落实？
目标理念、内容理念、实施理念、评价理念					
三、课程目标					本课程对学生核心素养培育的贡献是什么？学生进阶水平是怎么样的？
（一）核心素养		（二）目标要求			
1. 要素及内涵		1. 课程总目标			
2. 学段特征（素养进阶）		2. 学段目标			
四、课程内容					给学生提供哪些经验（内容及其基本活动）来达成课程目标？
内容结构图	（一）内容单位1 1. 内容要求 2. 学员要求 3. 教学提示 （二）内容单位2 …… （三）内容单位3 …… （N）跨学科主题学习 ——跨学科内容	观念 主题 任务			
五、学业质量					如何判定学生课程学习的结果？
学业质量内涵		学业质量描述			
六、课程实施					如何有效实施本课程？
教学建议	评价建议	教材编写建议	课程资源开发与利用	教师培训与教学研究	

一、课程性质

课程标准中对课程性质的说明，就是要明确这门课程本身的属性，并从学生的角度引出课程属性与课程学习的主要特征，以及课程学习对于学生成长发展的重要价值。一般而言，中小学课程标准中的课程性质主要对课程定位和教育价值两部分进行描述。课程定位旨在说明课程的属性及学科知识组织的基本逻辑；教育价值旨在说明该学科对学生发展有什么重要价值。

在课程性质方面，《义务教育数学课程标准（2022 年版）》将其描述为："数学是研究数量关系和空间形式的科学。数学源于对现实世界的抽象，通过对数量和数量关系、图形和图形关系的抽象，得到数学的研究对象及其关系；基于抽象结构，通过对研究对象的符号运算、形式推理、模型构建等，形成数学的结论和方法，帮助人们认识、理解和表达现实世界的本质、关系和规律。"在课程性质方面，《义务教育语文课程标准（2022 年版）》指出："语文课程致力于全体学生核心素养的形成与发展，为学生学好其他课程打下基础；为学生形成正确的世界观、人生观、价值观，形成良好个性和健全人格打下基础；为培养学生求真创新的精神、实践能力和合作交流能力，促进德智体美劳全面发展及学生的终身发展打下基础。"可见，课程性质包括两个层面的意义：一方面，旨在说明该学科是什么，具有何种特点；另一方面，旨在强调通过该学科学习对学生成长、发展及对社会政治、经济、文化发展的意义等。

二、课程理念

课程理念主要是对课程的价值追求和价值目标的说明，主要回答如何通过课程标准的各部分设计落实课程理念的问题，涉及课程内容的特征、课程实施的过程、课程评价的方式等。

在课程理念方面，《义务教育语文课程标准（2022 年版）》对课程理念的描述为：①立足学生核心素养发展，充分发挥语文课程育人功能；②构建语文学习任务群，注重课程的阶段性与发展性；③突出课程内容的时代性和典范性，加强课程内容整合；④增强课程实施的情境性和实践性，促进学习方式变革；⑤倡导课程评价的过程性和整体性，重视评价的导向作用。可见，课程理念是在课程目标的指导下，通过课程标准的各部分落实课程理念的要求，其内容主要包括学习方式、课程内容、课程实施、课程评价等课程运行的各个环节。

三、课程目标

课程目标是指课程要达到的具体意图。在课程标准中，课程目标主要规定各学科课程要培养学生哪些核心素养。一般的课程目标包括核心素养内涵、总目标和学段目标三部分。核心素养内涵主要说明学习该学科应当培养学生的哪些核心素养。总目标主要明晰了学校教学应当达到什么样的目标。可以说，课程目标的确定与培养目标、课程性质、课程理念有直接关系。学段目标是基于学生在不同阶段的认知、心理发展等特点，以年级为单位划分的学习目标，如语文学科将 1～2 年级划分为第一学段。

在课程目标方面，《义务教育语文课程标准（2022 年版）》对课程目标的描述包括核心素养内涵、总目标、学段要求三部分。语文课程培养的核心素养，强调学生是在积极的语文实践活动中积累、建构并在真实的语言运用情境中表现出来的，是文化自信、语言运用、思维能力、审美创造的综合体现。总目标则强调在语文学习过程中，培养学生爱国主义、集体主义、社会主义思想道德，逐步形成正确的世界观、人生观、价值观。总目标是对核心素养进行了更加具体、细致的划分，更能体现语文学科的独特育人属性。学段要求是在充分考虑学生认知水平的基础上，提出的具体学习内容要求，如在语文第一学段的"识字与写字"部分，包括"喜欢学习汉字，有主动识字、写字的愿望。认识常用汉字 1600 个左右，其中 800 个左右会写"等。

四、课程内容

课程内容主要是对课程知识的选择、呈现和教学方式等方面的规定。课程内容部分主要是对不同学生学习什么内容，以及教师如何基于这些内容开展教学的规定。课程内容一般包括"主题与载体形式""内容组织与呈现方式"两部分。第一部分是对课程内容进行的总体概括；第二部分则具体说明各学段的课程内容和对教师的实施建议，编写时一般使用任务群名称——主题名称来表示，一般包括"学习内容""教学提示"两部分。"学习内容"部分主要是明确该主题下学生需要学习的具体内容，为教材编写和教学活动的展开提供直接依据。"教学提示"部分主要是为教学设计、教学评价等提供指导。

以《义务教育语文课程标准（2022 年版）》为例，课程标准在课程内容部分包括"主题与载体形式""内容组织与呈现方式"两部分。"主题与载体形式"包括中华优秀传统文化、革命文化、社会主义先进文化三个部分。"内容组织与呈现方式"设置了三个层面的学习任务群，分别是：基础型学习任务群（语言文字积累与梳理）；发展型学习任务群（实用性阅读与交流、文学阅读与创意表达、思辨性阅读与表达）；拓展型学习任务群（整本书阅读、跨学科学习）。这三个任务群相互关联，层层递进，共同致力于学生核心素养的培育。

五、学业质量

学业质量是指学生在完成课程阶段性学习后的学业成就表现，反映核心素养的要求。课程标准中学业质量部分的编制，就是要让使用者能够判断出学生是否达到了国家规定的目标。因此，学业质量是对学生学业成就的总体性描述，旨在以各学科核心素养为依托，结合课程内容，对学生学业成就的具体表现特征进行整体刻画，帮助课程标准使用者明确（不同学段）学业质量的具体表现，为教材编写、教学、评价、考试命题提供依据。

以《义务教育语文课程标准（2022 年版）》为例，学业质量详细描述了不同学段学生在完成课程阶段性学习后的学业成就表现，如第一学段的学业质量要求"留心公共场所等真实社会场景中的文字，尝试认识标牌、图示、简单的说明性文字中的常用汉字；借助汉语拼音认读汉字，借助学过的偏旁部首推测字音字义，愿意向他人说出自己的猜想；遇到不认识的字，主动向他人请教。"可见，学业质量描述不仅体现了核心素养要求，而且结合了课程内容，能够有效引导和帮助教师把握教学的深度与广度，为教材编写、教学实施、考试评价等提供依据。

六、课程实施

课程实施是对"如何保障课程标准的全面落实"的解答，包括教学建议、评价建议、教材编写建议、课程资源开发与利用、教学研究与教师培训等内容。教学建议就是要让课程标准使用者理解课程的基本理念，把握学生核心素养发展的基本规律，进而创造性地开展教学。评价建议就是为课程各阶段，如作业、教学等阶段的学习效果提供评价方式的指导。同时，也对学业考试的命题原则、规划、要求等提供指导。教材编写主要就课程标准指导下教材编写的价值追求、内容选择、呈现方式、应用方式等方面给予指导。课程资源开发与利用主要就课程资源开发的原则、主体、机制、使用等进行规定和指导。教学研究与教师培训主要就教师的教学和学习态度、教研与培训方式、教研与培训内容、合作方式等进行指导，以最大限度提升教师的专业素养，促进课程标准的落实和学生核心素养的实现。

以《义务教育语文课程标准（2022年版）》为例，教学建议提出，教师具体要做到：①立足核心素养，彰显教学目标以文化人的育人导向；②体现语文学习任务群特点，整体规划学习内容；③创设真实而富有意义的学习情境，凸显语文学习的实践性；④关注互联网时代语文生活的变化，探索语文教与学方式的变革。评价建议提出，"语文课程评价包括过程性评价和终结性评价。过程性评价贯穿语文学习全过程，终结性评价包括学业水平考试和过程性评价的综合结果"。教材编写建议提出，"教材编写要以马克思主义为指导，坚持立德树人，体现社会主义核心价值观；坚持面向现代化、面向世界、面向未来；贯彻国家课程改革的精神，全面落实义务教育语文课程标准要求"。课程资源开发与利用提出，课程资源开发应当：①坚持目标导向，精选优质课程资源；②调动多元主体，丰富课程资源类型；③建立合作开发机制，实现课程资源的共建和共享；④充分发挥课程资源的育人功能，优化教与学活动。教学研究与教师培训提出，教学研究和培训要：①坚持终身学习，提升专业素养；②立足教学实践，提高教研水平；③适应时代要求，提升信息素养；④聚焦关键问题，推进校本教研；⑤加强区域教研，推广典型经验；⑥发挥制度优势，推进研修融合；⑦依据课改理念，设计培训内容；⑧采用多种方式，增强培训效果。就课程实施部分来看，各个部分之间相互关联，相互补充，系统回答了"如何高效实施课程"的问题。

课标摘要

各科目安排及占九年总课时比例见表1-2。

表 1-2　各科目安排及占九年总课时比例

		年级									九年总课时（比例）
		一	二	三	四	五	六	七	八	九	
国家课程	道德与法治										6%~8%
	语文										20%~22%
	数学										13%~15%
	外语										6%~8%
	历史、地理										3%~4%
	科学 ／ 物理、化学、生物学（或科学）										8%~10%
	信息科技										1%~3%
	体育与健康										10%~11%
	艺术										9%~11%
	劳动										14%~18%
	综合实践活动										
地方课程	由省级教育行政部门规划设置										
校本课程	由学校按规定设置										
周课时		26	26	30	30	30	30	34	34	34	
新授课总课时		910	910	1050	1050	1050	1050	1190	1190	1122	9522

说明：本表按"六三"学制安排，"五四"学制可参考确定。来源：《义务教育课程方案（2022 年版）》。

第四节　课程标准的意义

课程标准基于义务教育培养目标，将党的教育方针具体细化为本课程应着力培养的学生核心素养，承载着国家意志和社会期待，体现了正确价值观、必备品格和关键能力的培养要求。

一、有利于彰显国家意志

课程标准是国家意志的体现，建设什么样的课程标准，深刻影响着国家的人才培养，是国家事权。课程标准的制定不是与价值无涉的，而是带有一定的社会价值取向，或者说是为国家利益服务的。任何国家都会把自己认为重要的价值理念贯穿于指导教育教学的相关文件中，并借此实现对各级各类学校教学的影响。从课程标准的编制过程来看，课程标准的制定一般是对国家认可的标准内容进行组织和安排，其必须契合国家意志与社会主流文化，具有统一思想的作用，避免出现与社会主流价值观相抵触的内容。可见，课程标准本身具有意识形态的属性。就我国的课程标准来看，课程标准强调社会主义核心价值观、中华优秀传统文化等，充分体现了立德树人的根本任务，是中国特色社会主义思想在教育领域的实践运用与探索。课程标准的统一规定，能推动在学校教学、教材编制、教学评价、课程实施等方面做出相应变革，共同服务于中国特色社会主义建设和中国梦的实现。

二、有利于反映社会需求

进入新时代，信息化、全球化、知识经济纷至沓来。人们生活、学习、工作方式不断改变，不同价值观念相互碰撞，青少年成长环境也发生了深刻变化。面对复杂的社会现实，课程标准对纷繁复杂的教育现象具有正本清源的作用；将课程标准修订好、实施好，有助于发挥其对教育教学的关键性作用。它对于反映社会现实诉求、做好新时代的教育工作具有十分重要的意义。具体来看，课程标准通过修订反映现实生活、社会实践等的内容，清楚地将当前社会的需求反映给学生个体，同时对学生当下的学习目标、学习内容等进行规定和引导，防止学生的学习与社会脱节。因而，课程标准的引导有利于学生的全面发展，使之成为一个关心社会、融入社会、服务社会的劳动者。总体而言，课程标准能够准确反映社会需求，并通过人才的培养进一步促进社会发展。

三、为学校发展提供指导

课程标准体系呈现了明确的结构层级和丰富的内容指引，能够为学校教育教学活动的开展提供最直接的方向指导和评判依据。首先，课程标准为各级各类学校的课程安排提供指导。这些经过大量专家学者多次论证的课程标准，详细规定了各学科的课程性质、目标、内容、学业质量、课程实施等，为学校日常课程实施提供了规范性模板，有利于学校的统一调度和评价规范。其次，课程标准兼顾了不同地区、不同层次学校的差异性，为学校教育教学的弹性化开展留有充分的空间。在学校具体层面，课程标准确立了教师专业的自主权，强调教师是与专家、学生等一起构建新课程的合作者，这就为学校形成民主、团结、合作的学习氛围创造了条件。最后，各学科课程标准相互关联、课程标准各部分之间层层递进，能够为学校课程的组织与管理提供系统完整的指导框架，进而促进学校的顺利运行。

四、为学生发展提供引导

课程标准作为推进学生全面发展的纲领性文本，对于提高学生品德修养、增长学生见识等方面具有重要的指导价值；对于培养有理想、有本领、有担当、德智体美劳全面发展的社会主义建设者和接班人具有引领作用。在评价方式上，各学科课程标准是学生能够达到的要求。学生可以不再以成绩作为学习的唯一目标。在多元评价方式的背景下，学生的学习更具积极性，每个学生都能找到自己成功、独特的一面，这有助于改善学生的心理环境，促进学生的心理健康发展，培养学生的自尊心和自信心。在学习方式上，各学科课程标准结合本学科的特点，强调学生主动参与学习、跨学科学习、学科实践等，能够发展学生在各学科领域的必备品格和关键能力，促进核心素养的实现。在学习阶段上，课程标准根据学生的学段特征设定内容和程度标准，按照学生认知发展规律，对教学内容进行合理选择，并考虑到了学生的差异性，为学生发展的连贯性和个性化提供了引导。

拓展学习

为深化和运用本章所学内容，建议阅读如下学习资料。

崔允漷，郭洪瑞，2021．试论我国学科课程标准在新课程时期的发展［J］．全球教育展望（9）：3-14．

何玉海，王传金，2015．论课程标准及其体系建设［J］．教育研究（12）：89-98．

余文森，龙安邦，2022．论义务教育新课程标准的教育学意义［J］．课程·教材·教法（6）：4-13．

课后思考

1．谈一谈课程标准的内涵是什么。

2．中小学课程标准的特征有哪些？

3．试分析课程标准的结构体系。

第二章
中小学课程标准的历史沿革

思维导图

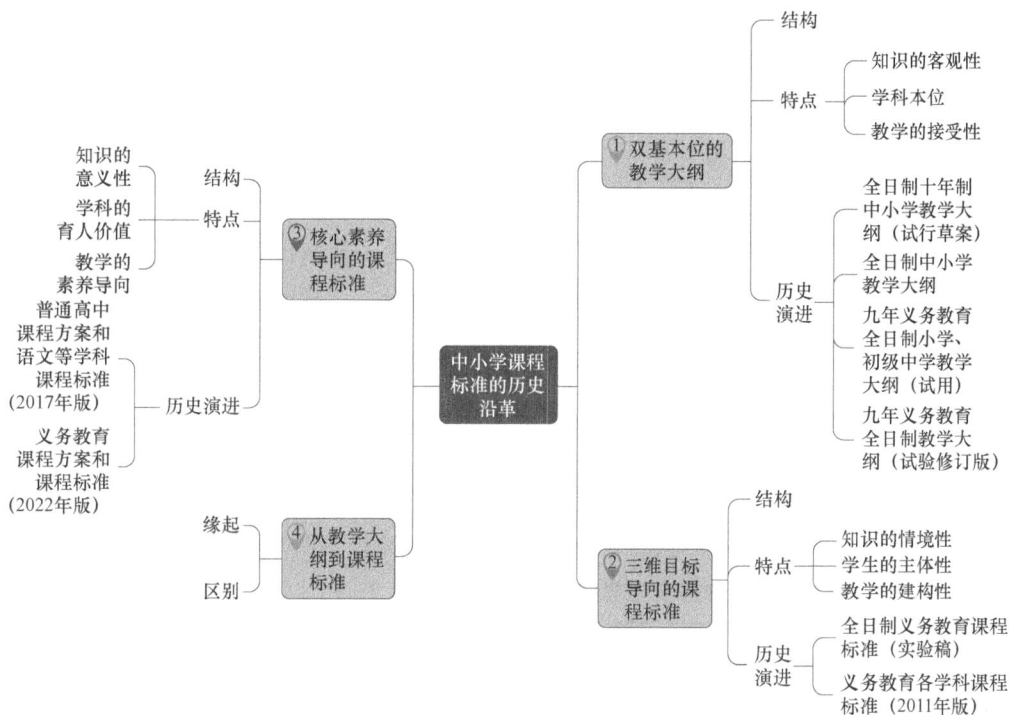

要点提示

　　整体来看，我国课程标准变革先后经历了双基指向、三维目标指向和核心素养导向三个阶段，这三个阶段构成了我国课程标准变革的基本轨迹和路径。本章从历史沿革的角度，对各个时期课程标准产生的背景、特点、具体内容等进行总结，并就课程标准的变迁过程进行系统梳理。

学习目标

1. 理解由教学大纲到课程标准的发展历程。
2. 理解教学大纲与课程标准的区别。
3. 理解义务教育课程方案和课程标准（2022年版）的新特点。

第一节 双基本位的教学大纲

改革开放以后，教育领域同其他各领域一样，在"解放思想，实事求是"思想路线的指导下，进入到拨乱反正阶段。我国教育理论界认真反思新中国成立以来的课程理论，同时努力吸纳世界各国教育改革的新理念、新经验，并对我国的教育教学秩序、教学内容等进行了规划。1978 年，教育部重新修订了《全日制中学暂行工作条例（试行草案）》和《全日制小学暂行工作条例（试行草案）》，并据此对中小学各科教学大纲进行了修订。此次修订的教学大纲凸显了双基的教育目标指向。双基主要指学校教学内容中的基础知识和基本技能，双基本位的教学大纲强调了对学生基础知识与基本技能的培育，并对教师的教学方式和知识的学习程度进行了详细规定。

一、教学大纲的结构

从结构上来看，教学大纲包括前言（主要介绍学科性质和重要性）、教学目的、教学内容和要求、教学中应注意的几个问题、教学评估、教学设备等几个部分。教学大纲作为官方课程文件，对于教育教学活动的规范给出了直接的、具体的指导。例如，教师的教学活动需严格按照教学大纲的要求展开；教科书的编制是对教学大纲规定的知识点的汇总；学生的主要学习倾向是对教学大纲规定的知识点的记忆和背诵。

资料卡片

1978 年颁布的《全日制十年制学校中学语文教学大纲（试行草案）》（部分）见表 2-1。

表 2-1 全日制十年制学校中学语文教学大纲（试行草案）（部分）

教学的目的和要求	中学语文教学目的	用马克思主义的立场、观点和方法指导学生学习课文和必要的语文知识，进行严格的读写训练，使学生在思想上受到教育，不断提高社会主义觉悟，增强无产阶级感情，逐步树立无产阶级世界观
	中学语文教学要求	初中阶段，学生能够阅读通俗的政治、科技读物和文艺读物，正确领会词句的含义和文章的内容，抓住文章的中心和要点；能写一般的记叙、说明、议论的文章，做到观点正确、内容具体、条理清晰，语句通顺，会使用标点符号，字写得正确整齐。学会使用一般的工具书
教材的内容和编排	课文	入选的课文应当思想内容好，语言文字好，适合教学
	注释、思考和练习	注释要针对不同的年级特点和课文特点，详略得宜，深浅适度。思考和练习要多样化，富有启发性，注重实效，编配要有计划，前后要有联系，要同课文紧密结合，同作文教学相互配合
	语文知识	包括语法、逻辑、修辞、写作知识和文学常识等。这些知识力求精要、好懂、有用
作文教学	作文的方式是多种多样的；作文之前要指导；作文完成后要评改	
教学中的几个问题	提倡下苦功学习语文	
	提倡教学联系实际	
	提倡启发式教学	
	提倡自学	
附录一附录二		

二、教学大纲的特点

（一）强调知识的客观性

教学大纲强调知识本身的客观性、普遍性、确定性，反对师生主体对于教学知识的过度诠释与建构，以确保知识的纯粹性、真理性、绝对性。在教学大纲中，其划定的知识本身是客观的，那么知识的学习就是逐步了解、掌握事物的本质。客观性的知识对学生而言是外在的、静止的、确定性的。因而，学校教学的任务就是将客观的知识完整地呈现给学生，使学生在大纲的指导下能准确地把握这些知识。可见，在教学大纲指导下的教学是一个知识传递与积累的过程，较少关注学生的情感态度与价值观，忽视了教学过程中学生个体应具有的认知特殊性。正如王策三先生在《教学论稿》中所指出的，"教学作为一个过程，乃是一种特殊的认识过程""教学作为认识的特殊性，主要在于它是学生个体的认识，是间接的认识，有领导的认识和教育性的认识"。

（二）强调学科本位

教学大纲强调学科之间具有明确的边界，各学科内容具有特定的基本结构、层次和类型。学科的知识体系作为一种工具化的标准体系，具有明显的、独立的学科属性。学校教育教学的核心任务就是传递学科知识和发展学科内容。一方面，教学大纲强调学生应以学科为载体开展学习。教学就是将学科知识完整地呈现给学生，帮助学生掌握基本知识。另一方面，学生开展学科知识学习的过程也是使学科知识不断丰富和发展的过程。在学科本位下，学科的基础知识和基本技能作为其主体内容，成为各学科的课程内容体系。在教学方面，教师的教学必须服从于学科知识的价值性和权威性，这是一种以学科为主导的课程价值观。在学习方面，学生的学习就是对各学科基础知识的记忆。在教材编制方面，教材的编制主要以各学科本身的逻辑为基础，强调学科知识的基础性、系统性等。基于此，教材中的学习内容必须是定论、共识或公认的原理、法则、定理，排除有争议的问题，不给学生发挥的空间和研讨的余地。学科本位的教材就是罗列学生应掌握的本学科领域的理论和应用法则，对教师的教学、学生的学习具有绝对的权威指导性。

（三）强调教学的接受性

教学大纲对于知识客观性和学科本位的强调，直接决定了其指导下的教学方式是接受性的。接受性的教学侧重于对客观知识的传授和基本技能的训练，强调教师多讲，学生多练，其目的在于让学生能扎实掌握基础知识与基本技能；同时，它还强调学生应具有更高的解题能力和考试能力。该教学方式虽然能够在一定程度上提高教学质量、维护教学秩序，但是忽视了学生的主体性，使得学生的学习过程是被动的、压抑的。师生之间缺少深层的互动与交流，仅是一种信息传递的关系，难以达成对课程知识的丰富解释与积极建构的目的。而且，单纯的知识传递也窄化了教学内容，这是一种典型的"狭义教学"模式，还影响了学生的健康成长和全面发展。

三、教学大纲的历史演进

（一）全日制十年制学校中小学教学大纲（试行草案）

1978 年，教育部颁布全日制十年制学校中小学教学大纲（试行草案）。该草案根据当时国情，对全国中小学任务、学制、课程教材等进行了规定，具体包括以下几点：第一，突出了中小学教育的政治性，强调没有正确的政治观点，就等于没有灵魂；第二，小学和中学学制均为五年；第三，中小学均设有丰富的课程，包括语文、数学、外语、自然常识、农业基础知识、生理卫生等；第四，使用全国统编教材。以《全日制十年制学校中学语文教学大纲（试行草案）》为例，其内容包括教学的目的和要求、教材的内容和编排、作文教学、教学中的几个问题、附录等部分。该语文教学大纲突出了作文教学的地位，强调作文教学是语文教学的一个重要组成部分，学生语文学习得怎样，作文可以作为衡量的重要尺度，应当十分重视。

（二）全日制中小学教学大纲

1986 年，国家教委修订并颁发了全日制中小学教学大纲，并于 1987 年 1 月正式实行。1987 年的大纲在继承原教学大纲优点的基础上，结合教育教学改革要求和社会发展要求进行了调整，其要点如下。首先，进一步强调了思想政治教育在教育教学中的重要性，如《全日制中学语文教学大纲》规定，语文训练和思想政治教育二者是统一的，相辅相成的。语文训练必须重视思想政治教育，思想政治教育必须根据语文学科的特点，渗透在教学的过程中，起到潜移默化的作用。其次，在内容上删除了部分统一的、僵化的规定，这为"一纲多本"的实现创造了条件，如《全日制中学语文教学大纲》规定：不用语文基础知识的名词术语考学生，只考运用能力；规定了基本篇目作为考试的范围，其他篇目各地根据自身状况可以做出相应的处理。最后，表述上更加规范严谨，以便于广大师生有效使用，如大纲把原来"教学中应注意的几点"改为"教学中应重视的问题"，突出了语言表述的规范性和权威性。此次大纲的颁布与实行，在一定程度上具有过渡的性质。

（三）九年义务教育全日制小学、初级中学教学大纲（试用）

1992 年，国家教委印发了《九年义务教育全日制小学、初级中学课程计划（试行）》和各学科教学大纲（试用），这套大纲按照教育教学改革的基本要求进行了调整，包括以下要点。首先，基于对各学科教学大纲结构的分析，可将各学科教学大纲概括为导言、教学目的、教学要求、教学内容、教学中要重视的问题等内容。其次，课程目标更加明确具体。具体而言，该教学大纲区分了初中目标和高中目标，相较于之前的合并状态，各学段分设的课程目标能更好地指导实践。课程目标的内容注重从基础知识和基本能力两方面进行规定，如《九年义务教育全日制小学语文教学大纲（试用）》指出："小学语文教学的目的，是指导学生正确地理解和运用祖国的语言文字，使学生具有初步的听说读写能力；在听说读写训练的过程中，进行思想政治教育和道德品质教育，发展学生的智力，培养良好的学习习惯。"再次，课程内容的选择更加适切，关注学生能力发展。

该教学大纲精简了一些抽象性、理论性较强的内容，降低了学生理论学习的要求，但提高了学生能力发展方面的要求。最后，课程实施兼顾了不同水平学生和不同学制学生的需要。教学大纲在确定教学内容和要求时，转变了以往单一要求的做法，既规定了必学内容和相应的教学要求，也规定了选修内容，充分考虑了学生的学习差异性。

（四）九年义务教育全日制教学大纲（试验修订版）

2000年，教育部颁布了《全日制普通高级中学课程计划（试验修订稿）》和语文等学科教学大纲（试验修订版）。修订版大纲体现了对1999年《面向21世纪教育振兴行动计划》的贯彻，具有如下创新。首先，该教学大纲结构更为具体全面，主要包括教学目的、教学内容和要求、教学中要重视的问题、教学评估、教学设备、附录。其次，教学目标体现了素质教育的要求，强调学生创造性、实践性的培养。再次，学科知识更加体现出实用性、可接受性的特征，如在《九年义务教育全日制初级中学语文教学大纲（试用修订版）》中，对于一些理论性较强的知识进行了删减，将其融入阅读或写作部分，以突出其应用性特征。最后，教学大纲增加了教学评估和教学设备两部分。教学评估强调对教师教学水平和思想素养的关注，主要包括对教师的教学质量、教学组织、教学策略等的评估。教学设备强调从教学实际出发，配备必要的教学设备以提升教学的有效性，如《九年义务教育全日制初级中学语文教学大纲（试用修订版）》提出，"学校要配备充足的工具书、古今中外文学名著、其他人文科学读物、科技读物等各类图书""配备录音带、录像带、光盘等声像资料"。

整体而言，双基本位教学大纲在改革开放初期有其特定的现实意义。它使学校课程迅速回到了正常的轨道，极大地满足了人们对于知识的渴望，在社会中形成了尊重知识的社会风气。但是，双基本位的教学大纲在发展中也逐渐暴露出一些问题。例如，它不能体现学科的完整性，限制了教师教学的生成性，不利于学生创造性能力的发展等。随着时代的发展，作为指导全国教育教学的纲领性文件，双基本位教学大纲指导下的学校课程教学体系表现出一定的滞后性，因此必须对此进行变革。在这样的背景下，三维目标导向的课程标准应运而生。

资料卡片

1992年九年义务教育全日制初级中学语文教学大纲（试用）见表2-2。

表2-2　1992年九年义务教育全日制初级中学语文教学大纲（试用）

初中基础 知识体系	汉语知识	语音 标点符号 汉字 词 短语 句子 修辞
	文体知识	记叙文、说明文、议论文和应用文
	文学知识	小说、散文、诗歌、戏剧的常识 基本课文涉及的重要作家和作品

第二节　三维目标导向的课程标准

改革开放和社会主义现代化建设极大地影响着社会的生产生活方式，而此前的教学大纲忽视学生情感态度价值观，对教师教学的指导过于僵化等问题日益凸显，不再适应时代的发展要求。在此背景下，2001 年，国务院召开了全国基础教育工作会议，并印发了《关于基础教育改革与发展的决定》。教育部又印发了《基础教育课程改革纲要（试行）》，该文件明确提出了三维目标的课程育人理念。之后，教育部发布了义务教育各学科课程标准（实验稿），并依据课程标准陆续审查通过了多套可供地方选用的实验教科书。三维目标导向的课程标准，强调要构建符合素质教育要求的新基础教育课程体系，提出了义务教育阶段课程设置的具体要求。它还明确指出课程需要体现义务教育的基本性质，遵循学生身心发展规律，适应社会进步、经济发展和科学技术发展的基本要求，这为学生实现全面发展提供了方向引领。

一、三维目标导向的课程标准的结构

基于三维目标的课程标准，在组织和内容上都体现了对双基本位的教学大纲的发展与完善。这也意味着，从教学大纲到课程标准的转变不是突然的理论创新，而是对长期以来在教育教学实践中产生的问题进行的变革性调试。从整体来看，三维目标导向的课程标准由前言、课程目标、内容标准、实施建议、附录等内容组成。在目标的阐述上，包括知识与技能、过程与方法及情感态度与价值观三个方面，体现了三位一体的课程目标。其中，知识与技能体现了对学生基本知识和基本技能的要求；过程与方法体现了对学生学习能力培养的要求；情感态度与价值观体现了对学生态度养成与人格发展的关注和要求。

资料卡片

《全日制义务教育音乐课程标准（实验稿）》
（以下简称《标准》）——"课程标准的设计思路"

本《标准》的主干是分层面、分领域、分学段呈现的，即从课程目标到内容标准的外化过程，如图 2-1 所示。

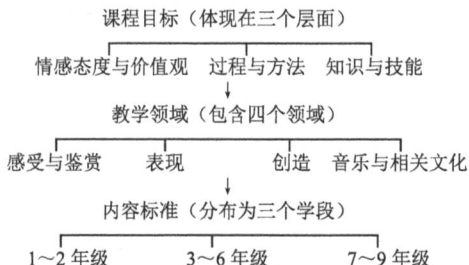

图 2-1　课程标准的设计思路

二、三维目标导向的课程标准的特点

（一）强调知识的情境性

三维目标导向的课程标准突破了知识中心取向，旨在改变传统课程内容"繁、难、偏、旧"等问题。从个体角度来看，不同学生对于同一问题会产生不同的理解和认识。因此，课程内容应该是非线性的、开放性的。从教学角度来看，三维目标导向的课程标准强调知识存在于特定的情境之中，否定将知识作为孤立的、抽象的看法。因而，教学就要将知识置于特定的情境中，否则学生难以真正理解。从学习方式角度来看，课程标准强调学习是学生对课程知识进行自主建构的过程，而非被动接受的过程。客观的知识是没有生命力的，只有将其置于一定的情境中，才更容易被学生理解和接受。

（二）强调学生的主体性

三维目标导向的课程标准突出了经验和儿童活动在课程中的地位和作用。在教材编制上，三维目标导向的课程标准强调要基于学生现有的认知水平和发展阶段选择内容。在呈现方式上，三维目标导向的课程标准要体现与学生生活的关联性，注重学生在教材学习中的参与性，最终指向学生提出、分析、解决问题的关键能力。在学科规划上，三维目标导向的课程标准力求突破学科本位，彰显学生的主体性，强调学生对于学科知识理解的自主性和主动性，学科内容要与学生生活、现代社会和科技发展等相联系。

（三）强调教学的建构性

三维目标导向的课程标准倡导一种建构式的教学方式。建构式的教学强调教学不是"教师—学生"的单向传输，而是师生在教学中充分交流、互动、合作、探讨，进而实现对知识的内化与创生，即知识的生成不是单纯个体内部的事件，而是通过大量心智的辩证的交互作用而建构的。三维目标导向的课程标准不仅强调教学的交互性，还强调学生学习的自主性。在建构式的教学中，教师应当充分激发学生的能动性、自主性，引导学生基于问题进行深度探究和系统整合，并最终完成对课程知识的主体性建构。

三、三维目标导向的课程标准的历史演进

（一）全日制义务教育课程标准（实验稿）

2001年，教育部颁布的全日制义务教育课程标准（实验稿）（以下简称标准〈实验稿〉），从结构上来看，涵盖前言、课程目标、内容标准、实施建议等内容。在前言部分，标准（实验稿）主要阐述了社会背景、课程性质与价值、基本理念、设计思路等方面的内容。其中，设计思路主要是对课程标准的结构、学生的学习活动、教师的教学方式及具体适用范围的说明。课程目标主要分为总目标和学段目标两部分：总目标主要按照知识与技能、过程与方法、情感态度与价值观三个维度进行划分；学段目标主要依据学生发展的特点和学科的特殊性，分为三个或四个学段。内容标准主要包括内容说明和内容标准两部分：内容说明主要对学习主题及各主题的学习目标进行了规定；内容标准根据

年级划分阶段，并对各阶段的学习内容应达到的程度进行了明确说明。实施建议主要包括教学建议、评价建议、课程资源开发与利用、教材编写建议四部分。整体而言，基于三维目标的课程标准不再仅仅关注学生知识的习得，还增加了过程与方法、情感态度与价值观这两个维度，共同构成了三维目标。其中，过程与方法体现了课程标准对于学生能力发展的要求，情感态度与价值观则体现了对学生人格发展和社会化过程的关注和期待，这也是该课程标准最显著的特征。

（二）义务教育各学科课程标准（2011 年版）

2011 年，国家启动了新世纪基础教育课程改革，教育部印发了义务教育语文等学科课程标准（2011 年版）。与原课程标准相似，2011 年版各学科课程标准在结构上包括前言、课程目标与内容、实施建议等部分，体现了德育为先、能力为重、创新方法、力求减负、审慎设计等特征。但是，相较于之前的课程标准，2011 年版各学科课程标准在目标与内容方面进行了调整。在课程目标方面，2011 年版各学科课程标准明确提出"四基""四能"的基本要求。"四基"指基础知识、基本技能、基本思想、基本活动经验；"四能"指发现问题的能力、提出问题的能力、分析问题的能力、解决问题的能力。由"双基"到"四基""四能"的转变，体现了在课程改革过程中对学生创新精神和实践能力的重视，丰富了能力培养的基本内涵。从此次 2011 年版各学科课程标准的修订内容上来看，为适应新时期我国经济社会发展的新要求，对其内容进行了精简，减少了学科内容的条目；删去了过难过偏的内容，对不宜删除的内容以选修的方式进行处理；在内容设计上凸显了各学段之间的差异，体现了内容选择的学段差异性特点。

整体而言，三维目标导向的课程标准较之于双基本位的教学大纲，进步是不言而喻的。它更加凸显了学科的完整性和本质性，关注到了学生的主体性，强化了教学的生成性及学生对学习内容的自主建构性等。三维目标导向的课程标准引发了我国教育思想和教学模式的深刻变革，对我国教育现代化具有重要作用。但是，随着社会的持续发展和教育变革的深入推进，三维目标导向的课程标准也逐渐暴露出一些问题，如基本知识和基本技能被弱化，过程和方法出现了"游离"现象，情感态度与价值观出现了"贴标签"现象等。

第三节　核心素养导向的课程标准

2014 年，教育部印发了《关于全面深化课程改革落实立德树人根本任务的意见》（以下简称《意见》），《意见》首次提出了学生发展核心素养的理念。此后，关于核心素养的讨论和研究逐渐增多。2016 年，《中国学生发展核心素养》总体框架正式发布，该文件指出我国学生发展核心素养分为文化基础、自主发展、社会参与三个方面，并详细规定了各方面的具体内容。这实际上对课程"要培养什么样的人"，以及课程标准"要促进学生何种能力和品格的发展"作出了回应。与此同时，由于新时代社会主要矛盾发生了变化，国家对新时期教育发展作出了新部署，原三维目标导向的课程标准也逐渐显现出一些不适应性。在此背景下，核心素养导向的课程标准应运而生。

一、核心素养导向的课程标准的结构

关于核心素养的内涵，《意见》明确将其界定为"学生应具备的适应终身发展和社会发展需要的必备品格和关键能力"。因而，核心素养是对于"培养什么样的人"这一问题的具体回答，是当前国际课程改革的主旋律和最强音。2018 年 1 月，基于学科核心素养的高中各学科课程标准颁布，核心素养开始进入课程，课程标准改革进入了核心素养的新时代。核心素养成为贯穿于各学科课程标准的主线，指导着课程知识的选择、课程内容的组织、课程难度的确定、课程容量的安排及课程的实施和学业质量标准的确定等。核心素养导向的课程标准在结构上包括课程性质与基本理念、学科核心素养与课程目标、课程结构、课程内容、学业质量、实施建议、附录等部分，各部分之间相互关联，共同构成了基于学科核心素养的统一体。相较于三维目标导向的课程标准，核心素养导向的课程标准体现的是一种成就性标准，更加着眼于学生学习后的成就表现而非单纯的知识获得。

资料卡片

普通高中语文课程标准（2017 年版）——"学科核心素养与课程目标"（概括）

（一）学科核心素养

学科核心素养是学科育人价值的集中体现，是学生通过学科学习而逐步形成的正确价值观念、必备品格和关键能力……主要包括"语言建构与运用""思维发展与提升""审美鉴赏与创造""文化传承与理解"四个方面。

（二）课程目标

语言积累与建构，语言表达与交流，语言梳理与整合，增强形象思维能力，发展逻辑思维，提升思维品质，增进对祖国语言文字的美感体验，鉴赏文学作品，美的表达与创造，传承中华文化，理解多样文化，关注、参与当代文化。

二、核心素养导向的课程标准的特点

（一）强调知识的意义性

核心素养导向的课程标准强调知识具有意义性。意义性表示学生与课程知识之间不仅是接受与被接受的关系，而且具有相互建构和生成的意义关系。与接受关系相比，意义关系对于学生而言是对知识更深层次的理解。知识的意义性，一方面强调学生对于课程知识的生成和体验，另一方面强调课程知识对学习者的精神意义。在核心素养背景下，知识的价值不仅在于提高认识、发展能力，而且在于使学习者感受到生命的充实性和意义性，能够对个体有意义的生活给予滋养、护持。因而，基于核心素养的课程标准更加强调知识对于个体成长发展的意义，以及对于个人内在品质、精神等方面的影响，而非仅限于知识本身的内容。

（二）强调学科的育人价值

核心素养导向的课程标准强调学科的育人价值。育人价值表示各学科课程的开展都应该指向对学生必备品格和关键能力的培育。离开了学生的发展，知识和学科也将丧失其本身的价值。因此，核心素养导向的课程标准强调教育教学要深入学科的内核，挖掘学科的独特育人价值。同时，还要发挥跨学科学习在促进学生核心素养发展上的独特价值。可以说，核心素养导向的课程标准在促进学科知识重组、深化学科知识的育人价值方面发挥着重要作用。

（三）强调教学的素养导向

从教学的角度来看，核心素养导向的课程标准强调知识的教学要服从和服务于人的发展。知识是人的素养形成和发展的载体，从知识中吸取人的精神发展所需的营养才是教学的目的。知识是教学的媒介，教学的宗旨则是通过知识的学习促进学生核心素养的发展。在核心素养导向的课程标准中，学科教学特别倡导跨学科教学、大单元教学等，这些教学策略对于发展学生核心素养具有重要价值。在教学结果上，核心素养导向的课程标准明确规定了各学科核心素养，以及学生应达到的学业表现，这为教师的教学提供了方向。

三、核心素养导向的课程标准的历史演进

（一）普通高中课程方案和语文等学科课程标准（2017年版）

2017年，教育部正式印发普通高中课程方案和语文等学科课程标准（2017年版）。该课程标准体现了鲜明的育人导向，其思想性、科学性、时代性、整体性等特征明显增强。普通高中课程方案和语文等学科课程标准（2017年版）具有如下特点。

1. 凝练了学科核心素养

普通高中课程方案和语文等学科课程标准（2017年版）充分凝练了各学科核心素养，并将核心素养与各学科内容进行了有机融合，体现了新时代对学生必备品格和关键能力的要求。具体而言，课程标准注重从各学科课程中挖掘核心素养，明确了学生在学习各学科课程后应达到的素养水平，体现了对于立德树人根本任务的落实和对素质教育的关注，这也是对知识与技能、过程与方法、情感态度与价值观三维目标的整合，符合新时代学生发展的要求。在具体内容上，课程标准将核心素养贯穿于教育教学全过程，表现为基于学科核心素养确定教学内容、指导教学设计、评价建议和教材编写建议等。

2. 更新了教学内容

普通高中课程方案和语文等学科课程标准（2017年版）以学生核心素养发展为旨归，更新了相关的教学内容。从课程标准的呈现方式上来看，"大概念"成为教学内容组织的重要着眼点。以学科"大概念"的方式组织课程内容，使得课程内容的结构化和情境性特征更为突出，进而能够在教学中更好地促进核心素养的落实。从内容选择

上来看，该课程标准在兼顾学科特性和学生特性的基础上，将中华优秀传统文化、社会主义核心价值观等内容，分阶段、前后一致地贯穿于各学段的课程内容中。此外，将新时代社会发展的新成就、新成果有机融入各学科教学内容，这将更加有利于培养学生的社会责任感、创新精神、实践能力等。

3. 研制了学业质量标准

普通高中课程方案和语文等学科课程标准（2017 年版）在结构上新增了学业质量标准这一重要内容。学业质量标准主要对学生完成各学科、学段内容后，其核心素养应该达到的具体水平进行了规定。学业质量标准符合核心素养的教学目标，能够在更具体的层面明确核心素养达成的水平及其表现，提高学生综合运用知识、解决实际问题的能力，为课堂评价、学业水平考试等提供参照依据，进而促进"教、学、考"有机衔接，形成育人合力。

4. 增强了指导性

普通高中课程方案和语文等学科课程标准（2017 年版）的内容更为明确具体，增强了其指导性。普通高中课程方案和语文等学科课程标准（2017 年版）从语言表述上来看更为通俗具体，在课程设置、编排上更为系统清晰，为课程目标、内容、实施、评价、教材编写等提供了可操作性的指导。同时，普通高中课程方案和语文等学科课程标准（2017 年版）的编制逻辑也更为清晰，如每个模块或主题由"内容要求""教学提示""学业要求"组成；在学业质量部分又细化了评价目标等。这样的编制逻辑更容易被使用者理解，也更容易指导现实的教育教学。

（二）义务教育课程方案和课程标准（2022 年版）

2022 年 3 月 25 日，教育部正式印发义务教育课程方案和课程标准（2022 年版）。这是继 2011 年义务教育课程标准发布之后，以十年为一个周期修订的重要成果。与 2011 年版课程标准相比，2022 年版义务教育课程标准发生了许多根本性变化。厘清义务教育课程方案和课程标准（2022 年版）的核心要义、精神内核和实践逻辑，有利于更好地理解新的课程方案和课程标准，也可以更加深入地将课标要求落到实处。此次课程标准修订后主要有四大突破，具体表现为以下内容。

1. 凝练了课程核心素养

与 2011 年版课程标准相比，2022 年版义务教育课程标准凝练了各学科核心素养，呈现了对于学科育人价值的深入思考与清晰表述。核心素养是我国本次课程标准修订的主线，贯穿于课程标准的整个内容之中，统领其各个部分，从而使课程标准的各组成部分保持内在的一致性和统一性。具体而言，课程核心素养是各学科育人价值的集中体现，也是学生通过学习课程而逐步养成的关键能力和必备品格，在落实立德树人根本任务的过程中具有独特贡献。

在课程核心素养取向的内容设计中，2022 年版义务教育课程标准突出了对知识学习方式及掌握知识水平的创新，新增了培育个体运用知识解决现实问题的能力这条主线，旨在打破死记硬背、题海战术等知识技能训练魔咒，克服高分低能、价值观缺失等乱象。可以说，义务教育课程方案和课程标准（2022 年版）真实具体地回答了教育学的核心命题，即培养什么人、怎么培养人（培养学生什么素养，用什么内容、通过什么路径进行培养）的问题。相比较而言，核心素养是对三维目标的整合与提升，旨在解决三维目标在运行中的分离问题。在义务教育课程方案和课程标准（2022 年版）中凝练核心素养，旨在促进人的核心素养的发展。课程标准修订特别是课程内容的选择、组织、建构都体现核心素养，且最终转化为学生的核心素养，这样学生的发展才能和课程内容建立起有机统一的联系。凝练课程培育的核心素养，一方面直接承接课程育人目标，有利于让学科教育"回家"；另一方面明确了学生学习某学科课程后应达成的必备品格和关键能力，对前述三维目标进行了上位的有效统整，从而避免了实践中三维目标走向割裂。

2. 新增了学业质量

与 2011 年版课程标准相比，2022 年版义务教育课程标准新增了学业质量部分。2001年与 2011 年颁布的国家课程标准只有内容标准，即知识点标准。现在新修订的课程标准专门设置了学业质量标准这一模块。因此，新课标除了内容标准，还有学业要求和学业质量，这也是新课程标准在形式和结构上的一大突破。那么，何为"学业质量"？具体而言，学业质量是学生完成课程阶段性学习后的学业成就表现。学业质量标准则是以核心素养为主要维度，结合课程内容，对学生学业成就表现的总体刻画，是所有过程评价、结果评价与考试命题的依据。因而，相较于双基时代对基础知识和基本技能的关注，以及三维目标时代对内容性知识、方法性知识、价值性知识的关注，核心素养时代则需要明确通过一定阶段的课程学习之后，学生是否真正形成了应达到的核心素养。总而言之，核心素养是学业质量的内核。

从整体上来看，本次课程标准修订所研制的学业质量标准包含三个层次。

第一，"单位"质量标准。它是与"内容单位"相对应的学业要求。内容单位是指一个大观念、一个主题或任务群所包含的具体内容。与此对应的学业质量是指学完本内容单位之后，学生必须形成的核心素养的相应内涵和具体表现。例如，小学数学"数与代数"部分，第二学段"数与运算"内容的学业要求："能说出运算律的含义，并能用字母表示；能运用运算律进行简便运算，解决相关的简单实际问题，形成运算能力。"

第二，学段质量标准。这是一个学段学完之后必须达成的核心素养的质量要求。九年义务教育一般分为四个学段（其中"六三学制"为"二二二三制"），即 1～2 年级为第一学段，3～4 年级为第二学段，5～6 年级为第三学段，7～9 年级为第四学段，相应的就有四个学段的质量标准。从逻辑上看，学段质量标准是一个学段内相关"单位"质量标准的综合概括和整体表述。它是在横向上聚合学段内具体学习内容的学业要求，进而在整体上描述学生学业成就的关键表现，如小学语文第一学段（1～2 年级）学业质量的相关描述："留心公共场所等真实社会场景中的文字，尝试认识标牌、图示、简单的说明性文字中的常用汉字；借助汉语拼音认读汉字，借助学过的偏旁部首推测字音字义，愿意向他人说出自己的猜想；遇到不认识的字，主动向他人请教。在学习与生活中，累计认识 1600 个左右常用汉字，能正确书写 800 个左右常用汉字。喜欢识字，有意识地梳理在日常生活中学习的汉字、词语，并尝试进行分类；愿意整理自己的学习成果，并向他人展示。"

第三，义务教育质量标准。这是义务教育阶段各门课程的总体学业质量标准。通过纵向连接各学段的学业质量标准，形成各门课程在整个义务教育阶段学业质量的阶进关系，从总体上描述学生学习该课程的阶进过程和最后结果。在《义务教育数学课程标准（2022 年版）》中，学业质量标准的情感、态度、品格三个方面按四个学段要求概括。

▼ 课标摘要

《义务教育数学课程标准（2022 年版）》学业质量标准（部分）见表 2-3。

表 2-3　《义务教育数学课程标准（2022 年版）》学业质量标准（部分）

学段	学业质量描述
第一学段 （1~2 年级）	通过操作、游戏、制作等丰富多彩的活动，对数学产生一定的好奇心，形成学习数学的兴趣和初步的合作交流意识与独立思考的学习习惯
第二学段 （3~4 年级）	经历数学学习的过程，通过操作、游戏等丰富多彩的活动，对数学形成一定的求知欲，具有学习数学的兴趣，初步养成独立思考、合作探究等良好的学习习惯
第三学段 （5~6 年级）	对数学形成一定的好奇心与求知欲，具有学习数学的兴趣，初步养成良好的学习态度和习惯。初步建立学好数学的自信心，体会数学的价值，在解决问题的过程中逐步克服困难，初步形成一定的应用意识和创新意识
第四学段 （7~9 年级）	感悟数学的价值，能够从问题解决的过程中获得数学活动经验，产生对数学的好奇心和求知欲，增强学习数学的兴趣，建立学习数学的自信心。能够在解决问题的过程中，学会独立思考、合作探究，形成批判质疑、克服困难、勇于担当的科学精神，具备一定的创新意识

可见，这三个层次的学业质量标准经过层层细化，为各级各类课程教学及评价提供了重要依据。另外，由于不同学科的特性，学业质量标准在结构上也存在一定的差异性。例如，语文学科的学业质量标准直接按照四个学段进行整体描述；地理学科的学业质量标准则是按照学习主题进行描述。

3．优化了课程内容结构

2022 年版义务教育课程标准的内容结构主要围绕核心素养，选择了"重要观念、主题内容和基础知识技能"等内容板块，特别突出了学习经验及其结构化。学习经验结构化有两条路径，即横向结构化与纵向结构化。横向结构化，即学科内容横向的有效整合，如跨学科主题学习、科学课程中的"水火箭的制作"等，都需涉及不同学科知识。纵向结构化，即由简单到复杂、由具体到抽象、由浅入深的学科内容的设计。例如，小学数学教学中，先学习整数后再学习小数、分数；先学图形的认识与测量，再学图形的变化、图形的坐标等，都是从学科基本概念与原理出发，再逐步依次深入。在此次课程标准的修订中，核心内容的选择、具体标准的构建实际上是对"什么知识最有价值"的现实回答。2022 年版义务教育课程标准强调以核心素养为纲，对课程内容进行组织、编排、精选。因而，筛取最具核心素养成分和价值的学科知识内容并进行结构化组织，是本次课程标准内容选择的主要依据。

从内容框架设定上来看，2022 年版义务教育课程标准突出了"学科大概念"这一重点内容，这也是本次课程知识内容选择和组织的一个重大突破和亮点。实际上，这个观点在普通高中课程标准修订时就已确立。具体而言，大概念是一门学科（课程）知识内容体系中最有解释力、统整力和渗透力的知识，这种知识内含学科思想、学科方法、学科思维，它就是核心素养在学科（课程）上的体现。虽然在不同课程标准里有不同的名称，如语文课程标准提出"任务群"，其他课程标准还提出"主题""任务""项目"等，但是它们本质上都强调以素养为纲，构建以问题解决为目标，以大主题、大任务、大单元等为形式的教学内容结构单位。例如，大单元强调单元的教学目标要落在素养上，教学内容的设计与学生学习行为的设计要统一等。由此可见，以学生学习行为的设计为主线，强调在问题解决过程中渗透学科核心素养，使学生在经历完整的"学习单元"后能够真正具备核心素养。通过大概念构建精简的课程知识内容框架，既有利于核心素养的形成，又能达到减负的目的。另外，2022 年版义务教育课程标准还对不同学科的大概念教学做了整体规划，设计了跨学科主题学习活动等，均特别强调课程的综合化、实践化。

4. 强化了学科实践

2022 年版义务教育课程标准提出了学科实践。学科实践是具有学科意蕴的典型实践，即学科专业共同体怀着共享的愿景与价值观，运用该学科的概念、思想与工具，整合心理过程与操控技能，解决真实情境中的问题的一套典型做法。因而，学科实践是理论与实践统一、知行结合的学习方式。就其特征而言，学科实践强调"像学科专家一样思考和实践"，是真理性与价值性的统一、普遍性与特殊性的统一、个体性与社会性的统一。学科实践强调学生作为"形成中的专家"，需像学科专家一样探究和学习学科知识体系，并深入触及学科本质、学科精神、学科方法等学科深层意蕴，建构起高于日常观念的"学科大观念"。学科实践也强调以实践方式展开学习。实践是人对客观世界的创造性行动。以实践的方式进行学习，具体来说，就是在情境中、在活动中、在操作中、在应用中、在体验中学习。这样学习对学生而言是一段真实、现实、切实的行动过程和生命历程。通过实践的方式，学习得以回归生活世界，从而使学科大概念应用和服务于生活世界。

2022 年版义务教育课程标准对学科实践的强调，也体现了育人方式变革的新进展。各学科课程标准在教学建议和教学提示中增加了实践活动的要求，如观察、考察、实验、调研、策划、制作、观赏、创造等。可以说，实践性就是新课标为教学活动确立的"刚性"标准，新课标所要求的新教学，不是简单地在原有育人方式框架中进行修修补补，形式上增加一点实践活动，把实践活动作为手段、点缀；而是以学科实践为支点，撬动传统育人体系，构建以实践为中心的新型育人方式。

◤ 课标摘要

"语言文字积累与梳理"主题下，"教学提示"中提到"要避免围绕相关知识的概念、脱离实际运用进行机械训练。在教学中应根据语言文字运用的实际需要，从遇到的具体语言实例出发进行指导"。"在具体语言环境中运用汉字的能力，借助字典、词典等工具书查检字词的能力，帮助学生养成写规范字的习惯，减少错别字"等。

——《义务教育语文课程标准（2022 年版）》

"教学建议"部分强调："综合与实践领域的教学活动，以解决实际问题为重点，以跨学科主题学习为主，以真实问题为载体，适当采取主题活动或项目学习的方式呈现，通过综合运用数学和其他学科的知识与方法解决真实问题，着力培养学生的创新意识、实践能力、社会担当等综合品质。"

——《义务教育数学课程标准（2022 年版）》

与上一轮课程改革倡导的"综合实践活动"相比，学科实践的要求具有独特性和进步性。学科实践的宗旨是为了最大限度地实现学科独特的育人价值。例如，数学学科独特的育人价值表现为数学的眼光、数学的思维、数学的语言。数学学科实践活动就是培养学生用数学的眼光观察现实世界、用数学的思维分析现实世界、用数学的语言描述现实世界的过程。可以说，学科实践是核心素养形成的关键途径，是学科层面落实和培育核心素养的一大创举。总之，对学科实践的强调实际上也是对学科特殊性的尊重，旨在体现不同学科对学生成长发展的独特意义。

核心素养导向的课程标准进一步反映了国家现代化和人的现代化的需要，有利于国民素养的提升和发展。与三维目标导向的课程标准相比，核心素养导向的课程标准凸显了学科的育人价值，使教育真正回归到人的本质属性上。同时，教师和学生都能更好发挥各自的主观能动性，提升教学和学习的有效性，促进核心素养的发展。从国家发展的角度看，核心素养导向的课程标准更能培养学生的创造力和实践能力，从而提升我国学生的国际竞争力。

第四节　从教学大纲到课程标准

随着信息化、全球化时代的到来，以知识与技能为本位的传统教育已无法适应人们日益复杂的工作环境，人们更需要具有能够适应和满足未来工作与生活需求的素养。为了应对上述变化，一场由教学大纲到课程标准的变革也由此开始。

一、从教学大纲到课程标准的缘起

首先，随着课程改革的不断推进，教学大纲在实施过程中逐渐显露出一些不足，必须寻求一种新的能够体现课程改革理念的表现形式。在教学目标方面，教学大纲重视基础知识的记忆和基本技能的掌握，对学生的差异性缺少一定关注，不利于学生情感、态度等方面的发展。在教学实施方面，教学大纲虽然为教师的教学提供了直接、具体的指导，但也直接限制了教师主体性的发挥，造成教学缺少特色和创造性。在课程资源方面，教学大纲强调知识的客观性、可教性，教材内容完全依据大纲的要求进行选择，缺少创新性，导致课程资源相对单一。由此可见，教学大纲作为一种具体的教学指导策略，在一定历史时期内具有合理性,但是面对新时代教育发展的新要求,就暴露出了它的弊端,由此导致整个课程教学体系也在一定程度上滞后于时代的发展。

其次,课程标准能够着眼于未来公民素养的培育,符合时代发展的要求。21世纪是信息化的时代,为培养具有良好素质和竞争力的新一代,在国家的课程标准中应当首先规定未来公民各方面素质的基本要求。但是教学大纲过于强调内容的客观性、教学的规范性、学生发展的一致性等,不符合社会对新时代学生发展的期待。为此,从时代发展的角度看,学校应按照课程标准开展教育教学,以期培养能够适应社会发展的时代新人。

再次,课程标准突破了学科中心,注重学生的学习过程,有利于学生必备品格和关键能力的发展。一方面,课程标准突破了教学大纲内容繁、难、偏、旧的问题,注重知识与学生生活、现实社会的联系,更加符合学生的认知发展规律。另一方面,课程标准突破了教学大纲导向的教学方法,关注学生的学习过程,力求通过加强过程性、体验性目标,以及对教材、教学、评价等方面的指导,引导学生主动参与、亲身实践、独立思考、合作探究。

最后,课程标准为教材编写、教师教学及学业评价留下了创造性空间,更加具有灵活性和适应性。教学大纲对教材编写、教师教学和学业评价的影响是直接的、严格控制的、硬性的,是一种最高要求。因而,无论是对教师、学生还是教材,教学大纲更像是一种控制而非指导。课程标准对教材编写、教师教学和学业评价的影响则是间接的、指导性的、弹性的,只对教师、学生、教材编写等提供建议和多种可供选择的设计模式,使得教师能够因地制宜、因材施教,学生能够开阔思维、大胆创新,有效避免了教学大纲的硬性控制问题。

二、教学大纲与课程标准的区别

第一,教学目标方面。教学大纲强调学生对基本知识与基本技能的掌握,在表述上常采用"了解……""提高……"等模糊用语,比较笼统,教学中的可操作性不强。课程标准的教学目标包括各学科核心素养内涵、总目标和学段要求,并且提出了学生完成目标后的具体表现。因此,课程标准中的教学目标体现出更加具体化、可操作性的特征。教师在教学中可以根据学生的行为表现来判断教学目标的完成情况,并以此对教学措施进行实时调整。

第二,教学内容方面。教学大纲对教学内容的规定简单直接,即根据课程知识来划分学习领域,每一章独立存在,并基于此形成相应的教学体系,总体强调知识的系统性、逻辑性。课程标准将教学内容分为"主题与载体形式"和"内容组织与呈现方式",强调按任务或模块划分学习领域,各个学习领域是一个相互联系的有机整体。

第三,课程实施方面。教学大纲详细具体地规定了教师教学的课时、方式、进度、过程等,教师的任何自由发挥都有可能承担超纲的风险。课程标准对课程实施只是做了方向上的规定,如规定了教学的主题等。这为教师的教学留有充足的自由空间,教师可以根据学生和教学的实际情况充分发挥自身的主观能动性。而且,教师还可以根据课程标准提供的内容指引,补充学习材料。

第四,教学评价方面。教学大纲主要是对学生掌握各章知识、技能所达到的程度进行评价，因而评价的内容与目标不一定相符，且未有明确的、详细的表述。然而，课程标准中的评价强调学生完成课程阶段性学习后的学业成就表现，即对学生的必备品格和关键能力的描述，提倡评价内容和评价方式的多元化。

第五，教材编写方面。教学大纲直接对教材内容作出规定，并为教材的使用提供具体详尽的指导。课程标准则不限定教材内容，只在课程实施部分增加"教材编写建议"和"课程资源开发与利用"，为教材编写提供方向上和内容上的整体性规定。

第六，适用主体方面。教学大纲侧重于对教师教学过程的指导，其内容主要是关于教学目的、教学内容与教学要求的框架，教师在教学大纲的框架内组织教学。课程标准则强调对教、学、评的内容及方法等方面的整体把握，强调学生的实践能力和创新能力，并最终指向学生核心素养的发展。

资料卡片

教学大纲与课程标准的区别见表2-4。

表2-4　教学大纲与课程标准的区别

结构	教学大纲	基于三维目标的课程标准	基于核心素养的课程标准
前言		时代背景	时代背景
课程目标	基本知识、基本技能	三维目标的实现	核心素养的发展
课程内容	知识的系统性、逻辑性	按照学段，螺旋递进地组织内容	按照学习领域或主题组织学习内容
课程实施	教师严格按照大纲规定开展教学	在三维目标引导下灵活教学	在核心素养导向下灵活教学
教学评价	对学生掌握知识程度的评价	对学生"三维目标"实现情况的评价	对学生完成课程阶段性学习后的素养成就表现的评价
教材编写	对教材内容直接做出规定	规定教材编写的原则	具体规定教材编写的方向、原则、呈现方式等
针对主体	教师教学过程指导	学生三维目标的实现	学生核心素养的发展

拓展学习

为深化和运用本章所学内容，建议阅读如下学习资料。

何玉海，2016. 基于核心素养培养的基础教育课程标准建设 [J]. 课程·教材·教法（9）：20-27.

李晓蕾，2018. 改革开放 40 年课程标准研究回顾与展望 [J]. 课程·教材·教法（10）：36-43.

邵朝友，周文叶，崔允漷，2015. 基于核心素养的课程标准研制：国际经验与启示 [J]. 全球教育展望（8）：14-22.

夏雪梅，崔允漷，2006. 基本课程标准的教学：历史考察与现实追问 [J]. 全球教育展望（3）：62-66.

余文森，2016. 从三维目标走向核心素养 [J]. 华东师范大学学报（教育科学版）（1）：11-13.

课后思考

1. 课程标准的历史演进是怎样的？
2. 从教学大纲发展到课程标准的原因是什么？
3. 核心素养导向的课程标准呈现出哪些特征？

中　篇

本篇主要围绕中小学课程标准中的课程性质、理念与设计思路、课程目标、课程内容、学业质量展开论述。第三章阐释了课程性质、课程理念与课程设计思路的内涵、意义与价值等。第四章介绍了课程目标的内涵及课程目标与核心素养的关系，并对中小学课程标准中的课程目标部分进行了归纳分析。第五章介绍了课程内容的基本内涵，探析了课程目标的选择标准、特征与编排原则，还对中小学课程标准中的课程内容进行了具体分析。第六章在介绍学业质量的内涵及意义的基础上，阐释了学业质量的原则，并对中小学课程标准中学业质量的具体内容进行了分析。

第三章
中小学课程标准中的课程性质、理念与设计思路

思维导图

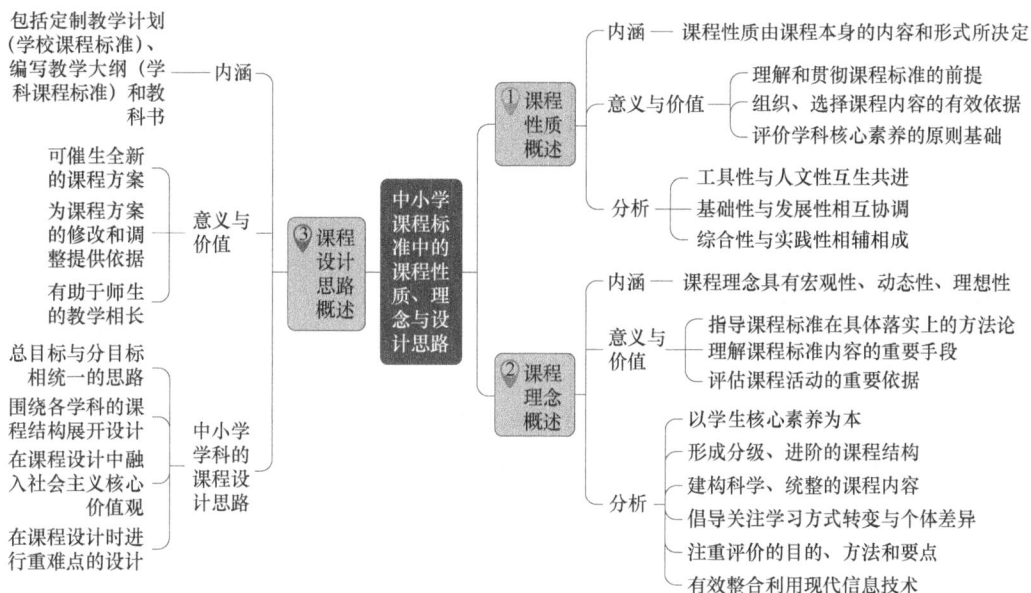

内涵 —— 包括定制教学计划（学校课程标准）、编写教学大纲（学科课程标准）和教科书

意义与价值
- 可催生全新的课程方案
- 为课程方案的修改和调整提供依据
- 有助于师生的教学相长

中小学学科的课程设计思路
- 总目标与分目标相统一的思路
- 围绕各学科的课程结构展开设计
- 在课程设计中融入社会主义核心价值观
- 在课程设计时进行重难点的设计

③ 课程设计思路概述

中小学课程标准中的课程性质、理念与设计思路

① 课程性质概述
- 内涵 —— 课程性质由课程本身的内容和形式所决定
- 意义与价值
  - 理解和贯彻课程标准的前提
  - 组织、选择课程内容的有效依据
  - 评价学科核心素养的原则基础
- 分析
  - 工具性与人文性互生共进
  - 基础性与发展性相互协调
  - 综合性与实践性相辅相成

② 课程理念概述
- 内涵 —— 课程理念具有宏观性、动态性、理想性
- 意义与价值
  - 指导课程标准在具体落实上的方法论
  - 理解课程标准内容的重要手段
  - 评估课程活动的重要依据
- 分析
  - 以学生核心素养为本
  - 形成分级、进阶的课程结构
  - 建构科学、统整的课程内容
  - 倡导关注学习方式转变与个体差异
  - 注重评价的目的、方法和要点
  - 有效整合利用现代信息技术

要点提示

课程性质是确定学科目标、设计理念的基本出发点；课程理念传达着课程编写者的价值观念，为课程的开发与实施提供行动指南；课程设计则从实践层面赋予课程生命力，催生出全新的课程方案，从而促进课程改革。本章在介绍不同学科课程性质的基础上，介绍不同学科课程的基本理念，以及中小学语文、数学、英语等学科课程的设计思路的具体内容。

学习目标

1. 掌握课程性质的内涵、意义与价值。
2. 理解中小学课程的基本理念。
3. 厘清不同学科的课程设计思路及影响因素。
4. 了解课程标准中有关课程性质、理念及设计的具体内容。

第一节　课程性质概述

课程性质作为明确课程目标、厘定课程设计思路的基本出发点,规制着教材的编写、组织教学的方式及课程的评价与考核。义务教育课程方案和课程标准(2022年版)中关于课程性质的厘定,对明晰各学科内部知识系统的认识过程、方法及学科间的联系,促进学生知识、能力的培养与核心素养的培育具有重要意义。

一、课程性质的内涵

性质是指事物的根本属性。人们对自然物的性质认识,可以通过实验等科学手段加以证明,但课程不是自然物,对其性质的认识,在不同时代、不同学科中具有不同的理解。课程性质作为课程话语体系中最核心的概念,它统帅着课程的全局,决定课程的发展方向。通常我们认为,课程性质是课程本身所具有的与其他课程不同的本质特征,课程性质是由课程本身的内容和形式所决定的。在任何时期的课程变革中,课程性质将体现社会变革、社会思潮;在既定的历史条件和学术背景下,课程性质是对课程与教学"应该如何进行"的基本构想。

课程性质在历次课标修订中均作为主要支撑,承载着学科的育人功能。例如,《义务教育物理课程标准(2022年版)》在课程性质的介绍中首先介绍了"物理学是自然科学领域研究物质的基本结构、相互作用和运动规律的一门基础学科","物理学通过科学观察、实验探究、推理计算等形成系统的研究方法和理论体系"。这是物理学在义务教育阶段,与学生认知能力、学科课程要求相匹配的学习内容与探究方式的缩影,也是对物理这一门学科与其他学科有所区别的本质特征。

二、课程性质的意义与价值

(一)课程性质是理解和贯彻课程标准的前提

首先,课程性质是对学科课程本质的、最核心的探寻,其深层价值是还原学科教育的根本追求。例如,对于我国而言,语文学科教育指的是汉语文教育,语文教育因此也包括了教学汉语和使用汉语教学。其中,语文学科的重要任务之一就是系统地培养学生学习汉语,这就给课程标准的落实明确了学科的内容设定。其次,课程性质是课程设置、课程与教学研究及课程标准落实的方向引领,具有明晰课程目标、课程标准设计理念的基本功能。当前,中小学的学科课程具有内容多、体系大的特点。因此,明晰课程性质有利于教师、课程研究者等去繁从简,有针对性地认识课程标准,并依据课程标准编制课程,使他们编制的课程能够更加有效地符合学科最本质的要求,彰显课程最本真的价值。

(二)课程性质是组织、选择课程内容的有效依据

课程性质是指课程本身所具有的与其他课程不同的特征,是由课程本身所教授的内容和形式所决定的。不同类型的课程具有不同的教学目标、教学要求和教学方法等,因

而课程内容的组织和编排等需要依据不同课程的性质进行。这就需要在课程实践中正确把握不同课程的性质，处理好课程性质与课程内容之间的内在关系，通过科学地界定课程的性质，对课程内容进行有效组织与选择。这将有利于课程专家、学者、教师等更好地开发、设计、了解、剖析、评定和调节课程内容，并不断改善课程实施过程，以此达成课程的育人目的。除此之外，课程的不同性质与特点在一定程度上影响着课程内容的设置与类别的划定。

▼ 课标摘要

　　"语言文字是人类社会最重要的交际工具和信息载体，是人类文化的重要组成部分。""工具性与人文性的统一，是语文课程的基本特点。"

　　　　　　　　　　　　　　　——《义务教育语文课程标准（2022 年版）》

（三）课程性质是评价学科核心素养的原则基础

　　学科核心素养作为学生或学者在该学科所拥有的基本素质，是根据长时间的专业培训产生的技术专业逻辑思维。这样的思维，可以促成基础知识的积累，提升基础专业能力，从而达到某门具体学科所要求的基本目标。具体而言，学科核心素养包含详细的学科专业知识、专业技能、基本经验、基本能力、基本心态等。就学生学科核心素养的培育而言，其基础知识的掌握、基本技能的习得、基本品质的生成等务必要在学科课程性质的基础上来开展，并在课程实施过程中采用不同的教学法将其具体化，来达成学科素养的培养目标。值得注意的是，学科课程性质不同，学科核心素养的界定也会不同。基于课程性质的学科核心素养设计能更加凸显学科的育人属性，使学科要素的安排紧密围绕育人进行，实现具有学科特色的育人目标。例如，在《义务教育英语课程标准（2022 年版）》中指出："英语课程要培养的学生核心素养包括语言能力、文化意识、思维品质和学习能力等方面。"因此，围绕这个课程性质，提出了英语学科核心素养，即语言能力、文化意识、思维品质、学习能力。

三、中小学课程标准中的课程性质分析

（一）工具性与人文性互生共进

　　在义务教育课程中，语文、英语等学科作为学习语言，注重技能运用的综合性、理论性课程，既是学生获取信息、建构知识、形成技能的主要手段，也是塑造自身观念、进行文化传承、推动自身精神发展的重要载体。因此，工具性和人文性的统一是义务教育课程中的重要属性之一。由此可知，义务教育课程的特性不仅要求学生专注于本身知识、技能的培育，还注重持久信念、崇高信仰的树立，以及对古今优秀文化的认同、积淀和理解。因此，义务教育课程内容具备工具性和人文性的特性。

1. 工具性

工具性指向课程的实用效能。义务教育课程是学生沟通交流、学习和思索的载体。

义务教育课程内容担负着塑造学生基本素养和发展学生逻辑思维能力的重任，致力于使学生掌握专业知识，发展基础能力，形成与人合作、交流的能力，继而推动逻辑思维能力的发展，为进一步的学习和实践打下基础。在课堂上，学生需要以教材中的选文为媒介，学习语言文法、逻辑推理等。这种包含众多话题讨论的内容合乎学生的身心发展特性，与他们的生活经验相接近，有利于推动学生的语言结构及逻辑思维能力的发展。例如，《义务教育英语课程标准（2022 年版）》中指出："学习和运用英语有助于学生了解不同文化，比较文化异同，汲取文化精华，逐步形成跨文化沟通与交流的意识和能力""为学生终身学习、适应未来社会发展奠定基础"。《义务教育数学课程标准（2022 年版）》中提到："数学承载着思想和文化，是人类文明的重要组成部分""数学在形成人的理性思维、科学精神和促进个人智力发展中发挥着不可替代的作用"。从英语、数学课程标准对于人的培育的规定可以发现，新课标更加关注学科本身的科学价值、时代价值和育人价值。

2．人文性

人文性倾向于培养人。就人文性来讲，义务教育课程担负着培养学生综合性人文素质的重要任务，即拓宽学生视野，丰富人生经验，产生交叉式观念，加强爱国主义，发展自主创新能力，形成优良的品德和正确的价值观。例如，语文、音乐等人文学科课程的学习不仅是语言基础知识的积累和技术的练习，同时能够促进学生产生积极的情感、心态和价值观念。历史人文含义涉及精神的诸多方面，但其关键是"以人为本"。除此之外，《义务教育艺术课程标准（2022 年版）》中指出，艺术课程"坚持以美育人、以美化人、以美润心、以美培元，引领学生在健康向上的审美实践中感知、体验与理解艺术，逐步提高感受美、欣赏美、表现美、创造美的能力，抵制低俗、庸俗、媚俗倾向"。

再如，英语课程具有鲜明的工具性与人文性相统一的重要属性，在《义务教育英语课程标准（2022 年版）》中，明确英语在"中国走向世界、世界了解中国、构建人类命运共同体"中起到的作用，规定英语课程需"比较文化异同，汲取文化精华，树立国际视野，涵养爱国情怀"。学生通过英语学习了解中外优秀文化，汲取文化精华，更通过英语向世界传播中国优秀文化，传递中国声音、中国形象和中国智慧。由此可见，新课程标准在立意上超越了它本身的学科属性，表现出对课程性质更为完整和本质的定位。

（二）基础性与发展性相互协调

中小学课程作为培养公民素养的课程，其特点是基础性与发展性兼备，它有双层含义。第一，为学生日常生活和发展提供学科基础，使他们具备更多的学科素养。第二，为学生进一步学习、生活给予必要的准备。对于课程的理解不应该只是停留在专业知识、专业技能上，还应当包含必需的品德、工作能力和价值观念的培育等。

具体而言，基础性是义务教育的重要特征，展现了学生的素质标准和能力要求。义务教育课程旨在为学生未来学习、工作、生活打下基础。它是对公民的一种"通识教育"，在满足学生未来的生活和工作需要的同时，兼具民族性、时代性，是中国现代教育理念实践化的过程，它的主要立足点是为普通公民提供基本的学科知识和实践技能。例如，数学、科学等学科可以让学生掌握生活中必需的基本知识和基础技能；培养学生日常生活所需要的抽象思维能力和推理能力；培养学生的创新能力和实践能力；推动学生感情、心态和价值观念的发展。总而言之，促进学生的全面发展是义务教育课程追求的重要目标。就基础性与发展性的关系来讲，基础性是前提条件，发展性是生命之魂。二者是一个互相渗透、相互统一的总体。

例如，《义务教育数学课程标准（2022 年版）》强调："义务教育数学课程具有基础性、普及性和发展性。"义务教育是为每一个学生今后的发展和终身学习打下基础的教育，是提高全民族素质的教育，不是精英教育、选拔教育。因此，相对应的课程内容和要求应该是基础的、有限的和具有发展性的，不能被任意扩大、拔高。在这样的规定之下，学生通过义务教育阶段课程的学习，能够掌握适应现代生活及进一步学习必备的基础知识和基本技能、基本思想和基本活动经验。

（三）综合性与实践性相辅相成

中小学的课程学习应该是多方位的综合性学习，务必完成知识与专业技能、全过程方法、感情观念与价值观念等层面的任务。与此同时，实践性注重能力和素养的生成，能力和素养可以通过知识的学习和练习获取，但是知识的获取和素养并不同步。因此，在重视知识教学、素养培育的同时，还需要借助多种多样的社会实践活动，将知识转化为素养。

1. 综合性

综合性强调义务教育的学科课程不但是一门课程，也是一门综合性极强的学科。语文、数学、英语、科学等各中小学学科课程标准中均指出课程需要立足综合性，注重课程对综合性的把握与运用。课程的综合性既合乎文化教育的传统模式，又具备现代社会的学习特点。课程的综合性关注的并不是学习的结果，而是学生学习、研究、实践的全过程，是发现和解决实际问题、搜集和处置信息内容、综合应用信息的能力，是协作融洽的精神，是敢于创新的品质。例如，《义务教育物理课程标准（2022 年版）》在课程设置上强调了学段间的衔接和学科间的综合，凸显课程的综合性，并提出物理课程作为"一门以实验为基础的自然科学课程，与小学科学和高中物理课程相衔接，与化学、生物学等课程相关联"。同时，物理作为基础学科与其他自然科学课程之间存在密切的关系，突出了其在"综合协调育人"中的重要作用。

2. 实践性

实践性强调以问题为载体，以活动为具体方式，注重学生在语境中接触、体验和理解真实学科，并在此基础上学习和运用学科知识。在教学实践中，教师尽可能多地创造真实语境，为学生提供运用学科知识的机会。例如，教师可以根据游戏、演讲比赛、征文大赛、调查浏览、专题讨论、创意设计等主题活动，正确引导学生从实践和生活中获得学科知识和专业技能，把握"独立、协作、研究"的学习方法。根据沟通交流、汇总学习经验等方法，协助学生将合理的学习方式逐渐转换为终身学习能力。例如，《义务教育语文课程标准（2022 年版）》提出"在真实的语言运用情境中，通过积极的语言实践，积累语言经验，体会语言文字的特点和运用规律，培养语言文字运用能力"。《义务教育语文课程标准（2022 年版）》将课程内容分为识字与写字、阅读与鉴赏、表达与交流、梳理与探究四个板块设置，板块名称本身就具有很强的实践性。这样的设置体现了本轮课程标准总体指向实践活动这一基本理念，强调要引导学生在一定的语文活动中建构知识，形成能力，从而促进核心素养的提升。可见，《义务教育语文课程标准（2022 年版）》十分重视实践性在语文课程活动中的体现，强调具体特定的活动情境与条件、参与者自身的文化背景与个体经验等，因其影响着实践的过程与结果。

第二节　课程理念概述

课程理念作为指导课程标准践行的方法论，是理解课程标准的重要手段，也是评估课程活动的重要依据。关于课程理念的论述，义务教育课程方案和课程标准（2022 年版）始终将核心素养的培育作为贯穿课程组织、实施、评价等环节的主旋律，关注学生学习方式的转变与个体差异性，进而形成分级、进阶的课程结构，在价值倡导与引领中激发学生兴趣、培育其综合能力。

一、课程理念的内涵

理念，从字面理解是指意识和客观信念，并展现一定的价值追求。课程理念的定义一般就是指对课程价值的追求。课程理念具有三重属性。其一，课程理念具有宏观性。国家制定的课程理念是指导课程的总的价值观，是制定各项课程方案和课程实施的价值依据，它规定了一定历史时期课程的价值方向。其二，课程理念具有动态性。课程理念不是凝固不变的。随着历史的发展，课程理念随其赖以存在的条件发生变化而不断更新自己的内容。其中，有的课程理念会因条件的转移而退出历史舞台，有的课程理念因新条件的产生而不断被修正。其三，课程理念具有理想性。课程标准中制定的课程理念，对于人才培养的规格往往采用高标准，反映了国家对于未来人才的完美期望，但在一定程度上却是超现实的，具有预期性和理想化色彩，这是由课程理念本身的性质所决定的。作为理念，一定是需要努力才能达到的，课程标准中关于课程理念的文字表述不可避免要超越一定的现实，以激励人们为之不懈努力。

资料卡片

数学课标修订的原因

《义务教育数学课程标准（2011 年版）》已经实施了十余年，按照课程自身的发展规律需要进一步修改完善，以适应新时代教育的发展。同时，在教学改革实践中，也积累了大量的探索经验，如真实情境中数学问题的发现和提出、结构化的单元整体教学、数学实验设计、深度学习等。但是也存在一些问题，如"我们的学生一直在做，一直在算，一直在动手，但就是不想。"这种去数学化的形式主义，导致理念与行为的不一致。修订后的课程标准可以更好彰显课程理念的先进性和指导性，指导教师在日常教学中引导学生思考问题，让学生在掌握所学知识技能的同时，积累思维和实践的经验，形成数学核心素养。

二、课程理念的意义与价值

（一）课程理念是指导课程标准在具体落实上的方法论

课程理念的指导功能，主要是指课程理念对课程标准在具体实施与操作上具有方法论的指导作用。课程理念的指导功能具体体现在以下两个方面。第一，地方行政部门在制定落实课程标准的课程政策时的指导作用，如课程改革政策等。现实的课程实施不利于学生德智体等素质的发展，故需采取更有效的举措，制定出更合理的政策，其改革的依据与指导思想都直接接受课程理念的指导。第二，在调整、贯彻课程标准的教学实践时的指导作用。课程理念引导课程实施方法、模式等的选择。在这方面，课程理念主要发挥宏观调节作用。尽管这种调节作用是间接的，但作为一种存在于教育者或受教育者头脑中的观念，它会时刻提醒我们以课程标准反思自己的教育行为或学习行为，对偏离了教育目的的内容、途径和策略等进行及时的调整。

（二）课程理念是理解课程标准内容的重要手段

所有的课程活动，都需要通过课程理念来确定方向。课程理念的内涵规定性包含了整体课程活动的指向性和结果的要求，规定着课程"培养什么样的人""如何培养人"等基础性问题。

课程理念为理解课程标准的具体内容发挥了重要作用。第一，对课程的总体目标起指向作用。课程标准体现了人才培养的指向，而课程理念对课程是"以什么目标为核心"有明确的规定，例如，2022年版义务教育课程标准都强调以培育学生的核心素养为目标。第二，对课程的内容和结构起定向作用。课程内容和结构的零散是不可取的，课程理念必然渗透于课程标准来改变课程的盲目性，发挥课程的育人效能。更重要的是，课程理念通过课程标准来正确引导人的发展，并使其与预定的方向相一致，以实现对理性的追求。第三，对课程标准的实施起导向作用。课程活动的涵盖面较广，课程标准实施涉及的要素与问题较多。例如，课程内容的选择与建设、教学的策略与方法等，都需要有所依循、有所定向，才能避免其在发展方向上的失误。

（三）课程理念是评估课程活动的重要依据

课程理念不仅是课程活动应遵循的基本价值取向，也是检查、评价课程活动是否体现课程标准的重要依据。因为一种能够实现的课程理念，总是含有一些具体的落实举措。课程理念对课程的评价作用主要体现在两个方面。一是对价值的判断与评价。个人、群体、社会各层次之间的利益、需要、目的等方面存在多种矛盾与冲突，常常导致课程标准在实施上的冲突，这就使得课程标准在落实中总是面临多种教育价值观的碰撞或干扰，容易在实践上导致课程活动的方向模糊不清，甚至出现课程活动被赋予错误的价值取向等严重问题。二是对结果的评价。运用课程理念来评价具体的课程活动过程，可判断出课程标准在实践过程的得失、质量的高低、目标达成的程度等。

三、中小学课程标准中的课程理念分析

（一）以学生核心素养为本

核心素养导向是 2022 年版义务教育课程标准的灵魂，是贯穿课标文本的主旋律，也是课程标准研制工作的主线。教育的目的无疑是育人，同时也希望课程的结果能够提升人的素养。在义务教育课程的实施中，一方面，推动学生知、情、意的和谐发展，让学生受到美的陶冶，追求美、创造美，培养他们主动的审美观念和高雅的审美乐趣，培养他们的审美认知和创造能力。在语言学习中使学生掌握语言表达、人际交往的标准和基本能力，通过运用，培养尽职尽责、求真务实的科学精神。另一方面，推动学生探究能力的发展。持续提升学生观察、体会、剖析、分辨能力；同时，重视学生逻辑思维发展的高度和深度，让学生提高探究的意愿和兴趣，使学习过程变成积极探寻未知领域的过程。

2022 年版义务教育课程标准突出体现了素养导向的鲜明特点，实现了核心素养的自觉转向。它将 2011 年版中小学课程标准中零散、孤立、隐含的学生能力、品格、价值观等要求凝聚起来，并在此基础上进行了完善和更新，使其总体要求更加地鲜明、突出、具体化，并用核心素养来具体表述。各门课程结合自身的性质与内容特点，提出了学生学习本课程所应形成的核心素养，明确了课程在学生核心素养培育和发展方面的基本贡献。课程理念的重要功能在于明确提出了素养导向的课程标准，使得课程研制、课程发展绝不限于学科内容的孤立选择与组织，而是必须认真处理课程与学生的关系，兼顾学科与学生发展的双重逻辑，通过课程内容的组织体现核心素养的具体要求。

例如，为了更好地承担学科育人使命，《义务教育生物学课程标准（2022 年版）》在课程目标上凝练了生命观念、探究实践、科学思维与态度责任四个方面的核心素养，呈现了对于生物学学科育人价值的深入思考与清晰表述。2022 年版初中生物学核心素养的凝练与表述是对 2011 年版生物学课程标准中三维目标的继承与超越，其描述了学生通过课程学习应达到的尊重生命、保护生态、求真务实的必备品格与批判创新等方面的关键能力，促成了宏大教育目标的个体化、学科化的落地与推进。

探究实践、科学思维、态度责任是与物理、化学等科学学科共有的核心素养。但是，生命观念作为生物学概念、原理和规律的提炼和升华，是生物学独特的核心素养，这在一定程度上对接了高中生物学学科核心素养，有利于达成初高中育人目标的有效衔接。与此同时，初中生物学核心素养还针对真实性学习的实践指向、初中生认知与能力特点进行了调适。例如，探究实践这一核心素养，更加突出了解决真实情境中的问题或完成实践项目的能力与品格；而态度责任核心素养不同于高中生物学应达成的社会责任高度，其更注重科学态度、健康意识与社会责任等。

▼ **课标摘要**

学科中核心素养的课程理念（部分）见表 3-1。

表 3-1 学科中核心素养的课程理念（部分）

学科	2022 年版义务教育课程标准中的论述
语文	立足学生核心素养的发展，充分发挥语文课程的育人功能
数学	确立核心素养导向的课程目标
英语	发挥核心素养的统领作用
科学	面向全体学生，立足素养发展
历史	立足学生核心素养的发展，充分发挥历史课程的育人功能
地理	坚持育人为本，确定基于核心素养培育的地理课程目标

（二）形成分级、进阶的课程结构

义务教育的课程结构要反映学科的特点，要符合学生的认知规律。2022 年版义务教育课程标准倡导课程结构要有利于学生体验与理解、思考与探索，要处理好过程与结果的关系、直观与抽象的关系、直接经验与间接经验的关系，呈现应注意层次性和多样性。

首先，强调课程结构的人性化，符合学生的认知发展特点，充分挖掘学科的育人价值资源。每个学科都有自身的知识体系，这些知识体系的排列组合构成了课程的大致结构。传统的课程较为关注学科的基础知识，而忽略了那些资源中内隐的思想、情感与价值，忽视了学生素养的发展。这种课程结构未形成学科整体思维范式，与社会情境脱节，使得教师在教学中容易出现"用教材教"的现象。除此之外，学生的身心发展具有特定的规律，课程结构的组织需要遵循规律的内在逻辑。2022 年版义务教育课程标准强调尊重学生的身心特点和素养要求，并将其作为要点在课程结构的设计中整体规划、逐层聚类转化；以实践活动或学习主题为主线，通过整合情境、方法等学科要素，使得课程结构的布局与学生的学段特征保持契合性和连贯性，从而促进学生的深度学习与思维成长，助力育人目标的实现。

例如，《义务教育英语课程标准（2022 年版）》中强调了主题和语篇在课程结构中协同发挥统领作用。具体而言，学科中的主题反映了立德树人的价值导向，语篇承载了特定的主题意义。大到主题范畴，小到十个主题群下的若干子主题，均依托语篇中的语言和文化知识，反映立德树人的价值导向。多样化文体素材所呈现的语篇可以按照连续性文本和非连续性文本进行划分，也可以按照口语和书面语进行划分，还可以按照文字、音视频等进行划分。语篇不仅传递具体信息和文化知识，还承载特定的主题意义，如文化内涵、价值取向和思维方式。主题和语篇共同发挥统领的作用，将教学重心从词汇和语法知识的传授转向对语篇主题意义的探究。

其次，倡导分级、进阶地设计促进学生素养发展的任务群或主题群。主题学习是将多个学科内容围绕某个具体的情境线索重新组建结构化内容，突出了以解决情境问题为先导的"做中学"理念。课程结构的主题式是建立在学生掌握了一定的基础知识之上，从更大范围和更高层次上去理清知识脉络，从跨学科的结构中去掌握知识，从而提高学生学科认知结构的层次。这种主题式的课程结构能够让学生将有关联的知识板块进行联系，进而培养学生的逻辑思维能力。

分级、进阶地设计促进学生素养发展的任务群或主题群，要求课程考虑到学生素养发展的层级性及情境主题的系统性和多样性。当主题情境与学生真实生活的关联度越强时，学习者就更愿意调动原有知识投入到学习活动中。因此，主题式的课程结构需要在广泛的思想、观念等相互交织、融合的作用下，确定主题的层级和类别。一方面，需注意课程内容要匹配学生原有认知结构；另一方面，要发挥"中介者"的角色，帮助学生搭建先前经验与主题内容之间的桥梁，循序渐进地帮助学生形成分类与比较、归纳与演绎等思维方式。学生在解决问题的同时，发现学科知识之间的内在联系，整理出大主题板块中知识点的脉络结构，实现学生的思维从感性走向理性、从具体走向抽象、从形象化走向逻辑化。

▶ 课标摘要

各科课程标准中关于课程内容的论述（部分）见表 3-2。

表 3-2　各科课程标准中关于课程内容的论述（部分）

学科	2022 版义务教育课程标准中的论述
语文	构建语文学习任务群，注重课程的阶段性与发展性
英语	构建基于分级体系的课程结构
科学	科学安排进阶，形成有序结构
历史	以中外历史进程及其规律为基本线索，突出历史发展的阶段性特征
地理	优化课程结构，搭建基于地理空间尺度的主题式内容框架

（三）建构科学、统整的课程内容

首先，2022 年版义务教育课程标准注重课程内容对学生价值观念的熏陶。重视学生在学习过程中的价值观念引导，继承和发扬中华优秀传统文化和革命传统，发挥社会主义核心价值取向的引领功效，展示出社会主义的崇高理想。可见，2022 年版义务教育课程标准十分重视传统文化资源。课程学习承载着中华民族的思维模式、思想感情，承载着中华民族源远流长的文化，具有深刻的意义。在继承和发扬中华优秀传统文化中，把握新时代脉搏，开拓创新，对学生价值观念、世界观念的形成，起着极为重要的作用。

其次，中小学课程标准倡导构建开放、灵活的课程内容体系。中小学课程标准强调综合、全面、立体的课程内容观。课程内容要处理好书本知识和课后知识间的关系，塑造全方位、立体式发展趋势的课程理念。建立开放的课程内容体系，既要考虑地域的差异，又要适应社会的发展。例如，构建合乎社会需要的课程总体目标，开发设计合乎社会发展的课程资源等。课程应根据教和学的需求，提供贴近学生、贴近生活、贴近时代的学习资源，拓展学生学习和运用学科知识的渠道。总而言之，构建对外开放、自主创新、充满活力的课程体系，需要调动更多可使用的课程资源和活动场地。

例如，在《义务教育语文课程标准（2022 年版）》中，课程内容的设计在文化构成与呈现方式两个方面进行了重大创新。一是突出了语文课程内容重点是中华优秀传统文化、革命文化、社会主义先进文化，还包括外国优秀文化，以及反映日常生活、科学技术等作品和语文常识。二是根据义务教育的特点设计了语文学习任务群。语文核心素养在于培养什么样的人，语文学习任务群则指向怎样培养人、如何培养人。语文学习任务群由若干同类语文任务学习单元组成。每个学习单元明确了学生围绕什么学习主题，在什么情境中，学习什么内容，以及怎样学习等问题；以学习任务整合学习情境、学习内容、学习方法，引导学生在运用语言文字的过程中发展语文素养。课程内容的螺旋式发展，既具有整体性，又体现分层性特征。在综合考虑学生的语言学习需求、学习兴趣、认知特点、语言文字运用能力等发展的同时，还需关注学段课程目标及课程内容的连贯性、层次性，统筹设计不同学段学习情境、学习内容的范围、学习方式等。

▼　课标摘要

各科课程标准中关于课程理念的论述（部分）见表 3-3。

表 3-3　各科课程标准中关于课程理念的论述（部分）

学科	2022 年版义务教育课程标准中的论述
语文	突出课程内容的时代性和典范性，加强课程内容的整合
数学	设计体现结构化特征的课程内容
英语	以主题为引领选择和组织课程内容
科学	聚焦核心概念，精选课程内容
历史	精选和优化课程内容，突出思想性和基础性
地理	活化课程内容，优选与学生生活和社会发展密切相关的地理素材

（四）倡导关注学习方式转变与个体差异

首先，中小学课程标准倡导自主、合作、探究的学习方式。义务教育课程内容注重学生是学习的行为主体，依据学生身心发展趋势和学科学习的特性，激发其求知欲和好奇心，激励自主探究和自我表述，形成问题意识和开拓精神。同时，重视个别差异和不同的学习计划，积极提倡独立、协作、研究的学习方法。学生作为学习的主体，教师是学习的策划者、引领者和合作者。学科教学活动的实质应该是激发学生学习的积极性、主动性，激发学生逻辑思维、创新思维发展。在学科教学中，学生的学习方法应该多元化，保证学生有充足的时间和空间进行观察、试验、猜想、测算、逻辑推理、认证等活动。教师要将学生的认知和已有经验相连接，面向全体学生，因材施教。同时，教师要充分发挥主导作用，解决好知识教学和学生自主学习之间的关系，进而正确引导学生学会思考，进行协作沟通交流，使学生不仅掌握基础知识和技能，而且能够感受和应用学科的思想方式。

例如，《义务教育信息科技课程标准（2022 年版）》中"算法"一词最早出现于第三学段的"身边的算法"，但在第一学段已经开始涉及"解决问题"的过程描述；第二学段则要求能够结合学习需要，将问题分解，并用文字或图示描述解决问题的顺序；第三学段，学生开始体验身边的算法，要求学生体验计算机程序，鼓励学生从多个方面熟悉程序，但不要求每个算法问题都由学生编程实现。此外，强调采用类似科学课程中观察实验的教学方法，配合阅读理解来开展数字化学习与创新实践。在该学段结束之后，能用自然语言、流程图等方式描述算法。同时，学生能够通过生活中的实例，了解算法的特征和效率，以编程验证特定任务的实施过程。在第四学段，学生能够运用算法基础，设计并搭建具有数据采集、实时传输和简单控制功能的简易物联系统。这些内容都体现了在"做""用""创"中"学"，凸显了学生的主体性，以真实问题或项目驱动引导学生经历原理运用过程、计算思维过程和数字化工具应用过程，以提升问题解决的能力。

其次，2022年版义务教育课程标准强调课程面向所有学生，关注学生的个体差异。义务教育是基础教育的重要组成部分，中小学课程应面向全体学生，体现以学生为主体的思想。由于学生在年龄、性格、认知方式、生活环境等方面存在差异，具有不同的学习需求和学习特点。只有最大限度地满足个体需求才有可能获得较好的整体教学效益。这里需要强调两个重点。一是面向全体学生，使每一个学生都接受良好的学科教育，提高学科素养。在义务教育中，一个重要的任务就是使学生将来能够成为一个社会需要的、各方面健康发展的公民。二是强调不同的学生在学科上得到不同的发展。每一位学生都应接受义务教育，而学生个人的发展和原有基础存在很大的差异。良好的学科教育，并不意味着所有的学生都得到一样的教育，而是得到一样的教育机会。

▼ 课标摘要

各科课程标准中关于学习方式的论述（部分）见表3-4。

表3-4　各科课程标准中关于学习方式的论述（部分）

学科	2022年版义务教育课程标准中的论述
语文	增强课程实施的情境性和实践性，促进学习方式变革
数学	实施促进学生发展的教学活动
英语	践行学思结合、用创为本的英语学习活动观
科学	激发学习动机，加强探究实践
历史	树立以学生为主体的教学观念，注重学生自主探究的学习活动，鼓励教学方式的创新
地理	推进教学改革，倡导以学生为中心的地理教学方式

（五）注重评价的目的、方法和要点

学习评价的目标是全方位掌握学生学习的过程和结果，鼓励用学生适应的学习方式来改善教师的教学方式。由此可见，2022年版义务教育课程标准对学习评价的关注由以往的"辨别"向"发展"转变。学习评价具有以下作用：第一，及时反馈学生学习的信息内容，确定学生学习的问题；第二，协助学生对自身的学习产生准确的判断，激起学习激情；第三，依据学生的学习状况调节和改善课堂教学。

▼ 课标摘要

各科课程标准中关于课程评价的论述（部分）见表3-5。

表 3-5　各科课程标准中关于课程评价的论述（部分）

学科	2022 年版义务教育课程标准中的论述
语文	倡导课程评价的过程性和整体性，重视评价的导向作用
数学	探索激励学习和改进教学的评价
英语	注重"教—学—评"一体化设计
科学	重视综合评价，促进学生发展
历史	综合运用多种评价方式和方法，发挥评价促进学习和改进教学的功能
地理	发挥评价功能，促进学生学业进步和全面发展

　　2022 年版义务教育课程标准提倡创建多目标、多方式的评价管理体系。多目标是为了改变双基的评价观，融合实际的评价内容，依照知识与技能、过程与方法、情感态度与价值观三维目标，形成多方位、多层次的评价点，发挥有益于学生发展的评价作用。中小学的课程评价体系是为了促进学生综合能力的发展。因此，课程需要通过采用多元优化的评价方式，评价学生综合能力的发展水平，激发学生的学习兴趣，促进学生的自主学习能力、思维能力、跨文化意识和健康人格的发展。

　　评价体系包括形成性评价和终结性评价等多种形式。日常教学中的评价以形成性评价为主，关注学生在学习过程中的表现和进步；终结性评价着重考查学生的综合语言运用能力，包括语言技能、语言知识、情感态度、学习策略和文化意识等方面。由于评价目标的多重性，教师应选用"多方式"的评价方法，除笔纸测试、档案袋、思考日记、写作、口试、调查研究报告以外，教师还应创建更多的评价方法。教师不但要关注学生的学习成果，更要关注学习全过程；不但要关注学生的学习水准，还要关注学生在生活中的心情和心态，帮助学生了解自己，坚定信心。例如，《义务教育信息科技课程标准（2022 版）》要求采用"教—学—评"一致性的方式，强调坚持以评促教、以评促学。评价的目的是促教和促学，引导教学顺应时代发展、技术创新和社会变革，推进教与学方式改革，发展学生的核心素养。

　　（六）有效整合利用现代信息技术

　　信息技术的进步对教学的总体目标、内容和教学方法产生了巨大的影响。学科的设计与执行应依据实际情况有效地运用现代信息技术，重视信息技术与学科内容的融合。因而，教师要依据学生的实际情况，研究学科内容与信息技术的高效融合。一方面，要考虑到信息技术对学习内容和形式的影响，为学生开发设计并给予充足的教学资源，把现代信息技术作为学生学习和处理问题的强有力工具，进一步改善课堂教学的方式，使学生热爱并有可能投入实践生活当中。另一方面，要在信息技术的支持下，引导学生在人机交互技术中，加强学生学习的主动性，深度参与观察、研究、猜测、认证、逻辑推理、沟通交流等学科活动。

　　■ 课标摘要

　　各科课程标准中关于信息技术的论述（部分）见表 3-6。

表 3-6　各科课程标准中关于信息技术的论述（部分）

学科	2022 年版义务教育课程标准中的论述
数学	促进信息技术与数学课程融合
英语	推进信息技术与英语教学的深度融合

第三节　课程设计思路概述

课程设计思路作为对课程各阶段的整体规划，是课程方案修改和调整的重要依据。在课程系统中对课程目标的厘定，以及对课程实施方式的安排，课程内容的组织、选择等要素进行科学、合理、系统的设计，是培育学生必备品格和关键能力的必然路径。

一、课程设计思路的内涵

课程设计即制定课程，具体包括制定教学计划（学校课程标准）、编写教学大纲（学科课程标准）和教科书，其本质是把人类优秀的文明成果科学、合理地进行拣选、组织、重构，并将其有机融入课程活动中。

在课程研究领域，由于研究者的视角差异，很多人对课程设计的思路有着不同的理解。课程设计不同于课程开发或课程实施。设计是指通过精准的分析判断和综合考量，来实现针对任务对象的谋划布局和预设定位。课程设计的主要特征表现在以下方面。首先，课程设计具有特定的目标导向。参与者需要明确设计围绕的目标是什么。如果设计的结果背离了设计的初始目标，那么设计也就宣告失败。其次，课程设计需要考虑特定的问题。课程设计需要考量任务实施过程中面临的一些具体的、有待解决的问题。然后，通过设计者不断的反思总结，挑选出最佳方案。

课程设计思路是人们对课程设计的总体看法和认识，是人们对课程在实践层面上的认识。课程设计思路处于课程设计活动的初始阶段，是先于课程实施存在的。当人们需要把理想的课程转化为现实的课程时，就需要设计者规划设计思路，识别课程中的各种要素，对课程实施的安排方式、课程内容的组织选择等要素进行精准设计。课程设计思路也并非一成不变，随着社会的发展，课程设计的步骤、假设、标准等存在差异，课程设计思路也会具有鲜明的时代性。

例如，义务教育课程方案和课程标准（2022 年版）从学段衔接方面完善了课程设计思路，加强了学段衔接。其中，注重幼小衔接，基于对学生在健康、语言、社会、科学、艺术领域发展水平的评估，合理设计小学 1～2 年级课程，注重活动化、游戏化、生活化的学习设计。依据学生从小学到初中在认知、情感、社会性等方面的发展，合理安排不同学段内容，体现学习目标的连续性和进阶性。

二、课程设计思路的意义与价值

（一）可催生全新的课程方案

课程设计思路有利于课程方案的持续更新与优化，促进课程改革稳步推进。课程设计促使教师基于真实的课程经验，在短期内理解并内化课程方案，如课程的目标、构成与价值等理论知识。课程设计思路是对课程各阶段的规划，但是这种设计是在实现课程方案的前提下进行的。课程设计思路是对课程各阶段的统筹规划，使课程方案的实现不再是一句空话。对于教师而言，教师只有进行系统、科学的课程设计活动，才能在真实的课堂教学情境中精准、科学地处理师生关系，厘清课程与教学的矛盾，保证课程方案的有效实施。此外，课程设计思路会对课程系统内的各个要素进行全面规划，其中包括对课程的调整、组织。每种课程方案都具有特定的价值取向和闪光点，也有一定的局限性。有效的课程设计思路，应该是根据课程目标、课程内容、学生特点等选择最适合的课程方案，从而能够更好地为学生的学习服务。

（二）为课程方案的修改和调整提供依据

课程设计思路需要及时调整课程内容以适应学生发展的需要。在中小学，由于有国家统一的课程标准，课程设计通常是基于国家颁布的课程，由教师根据学生的身心发展特点和素养发展要求，在具体的教学设计中对课程的内容与实施方式进行弹性化安排，或查漏补缺、适当调整，或针砭时弊、突出重点。所以，课程设计思路需要设计者厘清国家课程标准的理念和目标。在设计过程中，充分发掘对学生素养发展最有利、最适合的内容，将这些内容循序渐进、分级分层地安排，有序融入学生的课程学习活动中，以保障学生的平等参与和个性发展。有效的课程设计思路会对课程方案的内容进行全面考察，不仅规划本次课程方案的内容，而且对相关内容及这门学科的整体知识框架进行全面的研究，从而确定课程方案内容的重点、难点，对教材内容进行再加工，增减一些信息。这个过程有助于师生的教学相长和课程内容的革新优化。同时，科学合理的课程设计思路能够服务于课程的各个环节，使得课程保持其独特的价值取向和针对性。除此之外，学生的经验基础和素养发展能够通过课程设计的组织和规划渗透进多元的课程内容中。在课程设计的过程中，教师需要优先判断课程内容与学生素养发展的适切性及在课程实施过程中的可行性，确定课程目标、内容等，为学生素养的培育提供更好的课程方案。

（三）有助于师生的教学相长

课程设计的过程需要教师全面考察课程系统中的各个要素，并且建构各个要素之间的本质联系。在此基础上对课程系统的各个要素进行科学规划。教师进行课程设计的过程是不断学习、钻研的过程，更是不断成长的过程。另外，课程设计有助于增强学生的主体性，提高学生的学习兴趣。课程设计以学生的发展为终极追求。在进行课程设计时，必须要对学生的需要、兴趣、特点等因素进行科学的分析。因此，课程设计要充分考虑学生的主体性。由此我们可知，课程设计实现了教师和学生的共同成长。

三、中小学学科的课程设计思路

（一）总目标与分目标相统一的思路

在课程标准的总目标之下，根据学生不同的年龄特征和学段特点设计了不同的阶段性分目标，体现了学科整体性与阶段性的统一。例如，语文学科的课程目标按照九年一贯整体设计，按1～2年级、3～4年级、5～6年级、7～9年级这四个学段，分别提出阶段目标；数学学科具体划分为三个学段：第一学段（1～3年级）、第二学段（4～6年级）、第三学段（7～9年级）；英语学科根据语言学习的规律和中小学学生的发展需求，从"发展语言能力""培育文化意识""提升思维品质""提高学习能力"四个方面设计课程总目标和分级目标。

（二）围绕各学科的课程结构展开设计

语文学科围绕"识字与写字""阅读与鉴赏""表达与交流""梳理与探究"四个方面提出要求。《义务教育语文课程标准（2022年版）》还提出了"综合性学习"的要求，以加强语文课程与其他课程、生活的联系，促进学生听说读写等语文能力的整体发展。数学学科在各学段中，安排了四个部分的课程内容，即"数与代数""图形与几何""统计与概率""综合与实践"。英语学科以小学3年级为起点，以初中毕业为终点，并与高中阶段的英语课程相衔接。整个基础教育阶段的英语课程（包括义务教育和高中两个阶段）按照能力水平设为三个级别，形成循序渐进、持续发展的课程。设置分级课程目标借鉴了国际上通用的分级方式，力求体现不同年龄段学生的学习需求和认知特点。

（三）在课程设计中融入社会主义核心价值观

在课程内容的选择过程中，教师不仅要认清学生原有知识水平的层次和程度，还要尊重学生的兴趣和体验。首先，教师需要围绕学科内本质的要素精心设计思政内容，持续发掘生活中潜在的具有正向价值取向的思政要素。在课程设计中，教师要充分询问学生对一些价值观要素的认识与理解，赋予学生决策的权力，促使学生能够主动参与到价值观培育的具体情景中。其次，教师在课程设计中可以按照主题对价值观内容进行分门别类，挑选合适的价值观要素融入学科课程。例如，与学科内容相关的纪念日、人物传记等。这些价值观要素的融入能够使学科内容更加丰富。最后，教师在课程设计中，既需要考量学科内容与价值观要素衔接的逻辑性，还需把握学生心理发展的普遍规律。一方面，教师要深入研究学科内容如何在满足学生心理发展的情况下渗透价值观教育，即何种设计能够有助于学生更好地吸收价值观要素，以及以何种方式促进价值观要素更好地服务于学科课程。另一方面，教师在学科课程的设计中融入价值观实践的载体，统筹协调价值观实践的方式和内容。

（四）在课程设计时进行重难点的设计

重难点是指课程中的重点内容和难点内容，是课堂教学中需要解决的主要矛盾。科学、合理地设计重难点，有利于凸显深度教育性的学科内容和重点知识，为课程与教学指明方向，使得课堂教学符合教育学的本质规律，促进学生更好地吸收课程内容。

从学科知识体系来看，重难点涵盖了课程中本质的、核心的要素，既包括学科内容体系中发挥联结作用的关键知识，还包括学生在生活中涉及的各种基本技能活动。通过优化课程重难点的设计，教师能够在准确把握核心学科知识的同时，不断拓展学科内容的外延，使得庞杂的学科内容不断体系化、系统化；同时，也可以使抽象的结构形象化，能够更加生动地呈现给学生。

从学生的学习需求来看，重难点事实上是学生学习的绊脚石亦或拦路虎。学生对旧知识的掌握不协调，使得重难点知识在学生知识内化的过程中受阻，导致学生出现学习困难的现象。课程对重难点的设计需要指明学生的学习困难所在，促进教师及时解决学生学习过程中的疑难问题，以此实现学生对课程重难点的逐步消化。

从文化的视角来看，课程的重难点指向了对学生应对未来社会变化所需要的关键能力和必备品格，涵盖了学科核心的思想和方法。学习这些思想和方法要求教师在课程设计中不断对课程的实施方式进行研判，选择适合思维碰撞的情景，创设能力养成的场域。可以说，教师通过对课程重难点的设计，能够帮助学生更好地养成创新思维和探究能力，使之不断适应未来的社会变革。

拓展学习

学习了本章内容，建议阅读如下学习资料。

万伟，2017. 课程的力量：学校课程规划、设计与实施 [M]. 上海：华东师范大学出版社.

王荣生，2002. 评我国近百年来对语文教材问题的思考路向 [J]. 教育研究（3）：54-57.

徐海铭，2005. 近 30 年中国英语课程设计范式变革之检讨及其现实启示 [J]. 南京师大学报（社会科学版）（3）：79-84.

郑道春，2021. 学校课程设计：愿景建构与深度实施 [M]. 上海：华东师范大学出版社.

课后思考

1. 语文的课程性质与英语的课程性质有什么不同？
2.《义务教育数学课程标准（2022 年版）》包含的基本理念有哪些？
3. 不同学科课程的设计思路有哪些异同点？

第四章
中小学课程标准中的课程目标

思维导图

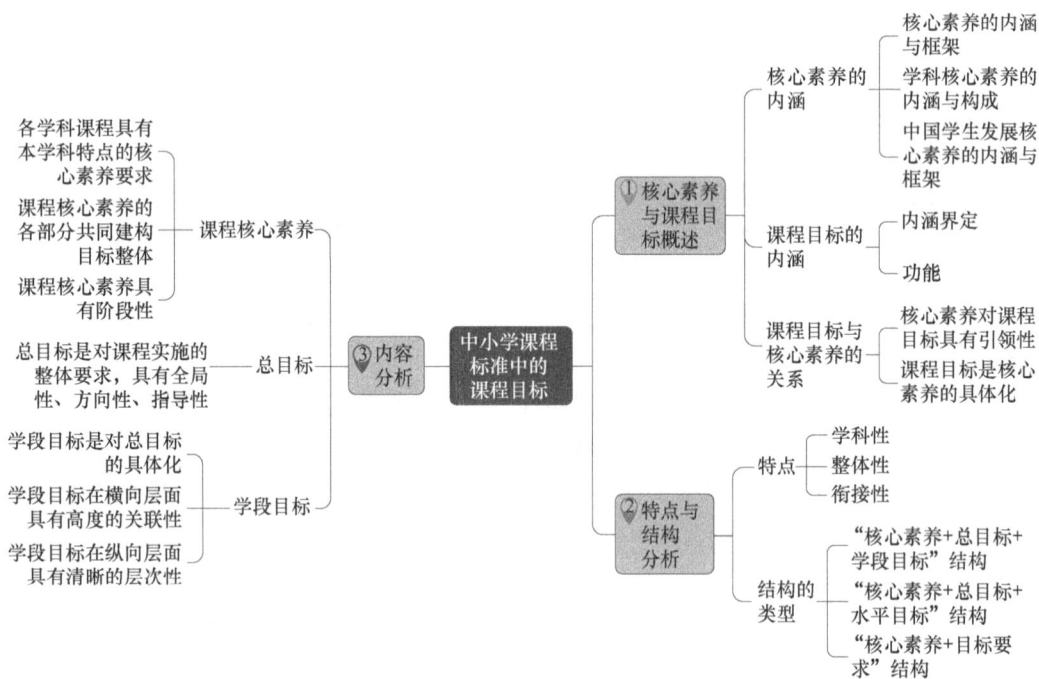

要点提示

　　全面理解和把握课程目标是落实教育目标和培养目标的首要环节。中小学课程标准规定了各学科的课程目标，教师需要深入理解中小学课程标准中的课程目标，从而形成具体的教学目标和教学内容。课程目标立足于国家意志和学生发展的需求，规定了课程应该培养的素养。本章主要介绍核心素养、学科核心素养、课程目标的内涵，以及课程目标与核心素养的联系，并具体分析了中小学课程标准中课程目标的特点、结构与内容。

学习目标

1. 了解课程目标、核心素养及学科核心素养的内涵。
2. 理解中小学课程标准中课程目标的特点与结构。
3. 熟知中小学课程标准中课程目标的具体内容。

第一节　核心素养与课程目标概述

2022 年教育部印发的新一轮的义务教育课程标准强调核心素养的落实,这是本次义务教育课程改革的重点。中小学课程标准明确建构了课程核心素养,对课程目标起到统领的作用。课程目标始终聚焦培育学生在真实的情景中解决复杂问题的高级思维能力和人性能力,也就是培养学生可普遍迁移的正确价值观、必备品格和关键能力。

一、核心素养的内涵

(一)核心素养的内涵与框架

进入 21 世纪,基于知识本位的泛智教育似乎要进入失灵的状态。互联网、大数据、人工智能带来了"知识爆炸"的迅速扩张,这意味着知识是学不完的,我们在学校所学到的知识与技术容易出现过时、滞后等问题。核心素养是学生应具备的适应终身发展和社会发展需要的必备品格和关键能力。其中,关键能力是可再生的,能够产生和创造出其他知识、技能和能力;必备品格表现在人与自我关系上的自律、人与他人关系上的尊重、人与事情关系上的认真。正确价值观、关键能力和必备品格既相对独立,又具有内在的关联性。简而言之,当学生的能力具备了积极的文化价值,达到了德与才的和谐统一,他们才具有人的素养。为了应对时代变化与未来发展的挑战,各个国家或经济体对核心素养进行遴选,制定出符合本国特色的核心素养框架。同时由于国际组织制定框架的初衷和服务对象不同,以及经济体的社会经济发展阶段与文化差异,这些框架的具体目标阐述有所不同。有的核心素养框架关注 21 世纪职场需要,以培育创造力和创业精神为导向,如基于美国 21 世纪学习联盟(Partnership for 21st Century Learning,P21)构建的 21 世纪核心素养 5C 模型;有些国家的核心素养框架突显核心价值观,培养有责任感的合格公民,如新加坡、韩国等;有的核心素养框架旨在帮助公民实现成功的生活并发展健康社会。以下主要对 21 世纪核心素养 5C 模型与经济合作与发展组织(Organization for Economic Co-operation and Development,OECD)核心素养框架进行具体阐述。

1. 21 世纪核心素养 5C 模型

2009 年,美国 P21 发布了《21 世纪学习框架》,该框架主要包括学习与创新素养、生活与职业素养、信息媒体与技术素养三个方面。其中,在国际社会具有广泛影响的是学习与创新素养的 4C 模型,即批判性思维(critical thinking)、创造与创新(creativity and innovation)、沟通能力(communication skills)、团队协作(collaboration)。2017 年以来,北京师范大学中国教育创新研究院与 P21 开展合作,在 P21 提出的 21 世纪核心素养 4C 模型的基础上,增加文化理解与传承素养,形成了 21 世纪核心素养 5C 模型。因此,21 世纪核心素养 5C 模型主要包括文化理解与传承、批判性思维、创造与创新、沟通能力、团队协作五个维度。这一模型吸收了《21 世纪学习框架》在内涵、实施、评价等方面长期积累的成果,既具有中国特色,适合在中国使用,又符合国际话语体系,便于在国际上推广。

2. OECD 核心素养框架

2003 年，OECD 从人与工具、人与自己、人与社会三个维度出发，将核心素养分为互动地使用工具、在社会异质群体中互动、自主行动三个方面。这三个方面分别指向不同关注点，构成层级并列的核心素养基本结构。2005 年，OECD 颁布报告《核心素养的界定与遴选：行动纲要》（The Definition and Selection of Key Competencies：Executive Summary），最终确立了这一核心素养框架。OECD 核心素养框架旨在实现个人成功生活与发展健康社会，推动教育发展和终身学习（表 4-1）。

表 4-1 OECD（2005）核心素养框架

素养分类	关键素养
互动地使用工具	（1）互动地使用语言、符号与文本 （2）互动地使用知识与信息 （3）互动地使用技术
在社会异质群体中互动	（1）与他人建立良好的关系 （2）团队合作 （3）管理与解决冲突
自主行动	（1）在复杂的大环境中行动 （2）形成并执行个人计划或生活规划 （3）保护及维护权利、利益、限制与需求

（二）学科核心素养的内涵与构成

学科知识迅猛发展使学科核心素养成为时代发展的迫切需求。随着信息时代的到来，教育不再满足于让学生适应目前的生活，而是要带领他们适应并创造未来，即强调以未来为中心的教育。美国哈佛大学教授霍华德·加德纳（Howard Gardner）认为，这种未来的中心教育不仅需要学生掌握重要的学科形式，而且要具备灵活运用这些学科形式解决问题、创新思想的能力。具体而言，学科核心素养是解决复杂问题的高级能力，主要包括学科知识的重要思想和观念、学科独特的研究方法和思维方式、正确的价值观三个方面。

1. 学科知识的重要思想和观念

认知是以主体的观念形式对个体进行能动性的反映、改造。每一门学科知识后面都隐藏着学科的本质思想和观念，这些思想与观念体现事物之间的内在联系，具有统领作用。例如，科学学科核心素养中的科学观念主要包括科学、技术与工程领域的一些基础概念，是对人与自然关系的认识，以及科学、技术、社会、环境之间的认识。这一素养旨在使学生能够运用科学观念理解自然现象、解决实际问题。地理学科核心素养中的区域认知则是认识地理环境及人地关系的思维方式和能力。区域认知的培育，有助于学生建立地理空间观念，认识到不同的区域既各有特色，又相互联系，增进对世界的理解。

2. 学科独特的研究方法和思维方式

主体观念中的创造性思维活动需要运用学科专门的研究方法来达成。各学科核心素养包含学科思维、学科方法等学科深层结构。学生掌握这些深层的学科结构，可以快速获得学科知识和求解学科问题。例如，科学学科核心素养中的学科方式是探究实践，旨在了解和探索自然、获得科学知识和解决科学问题，以及在技术与工程实践过程中，形成科学探究能力、技术与工程实践能力和自主学习能力。

3. 正确的价值观

价值论揭示了世界对人的意义，以及创造知识和学习知识对人的意义。学科核心素养明确了学生所要形成的正确价值观念，尤其强调培养社会主义核心价值观念、民族团结、生态文明、良好的政治素质、道德品质和健全人格等。例如，语文学科核心素养中"文化自信"指学生认同中华文化，对中华文化的生命力有坚定信心；历史学科核心素养中"家国情怀"是学习和探究历史应具有的人文追求与社会责任。

（三）中国学生发展核心素养的内涵与框架

2014 年，《教育部关于全面深化课程改革落实立德树人根本任务的意见》中对落实核心素养作出整体部署。2016 年，我国正式发布《中国学生发展核心素养》研究成果，最终确定了核心素养的框架和内容（图 4-1）。

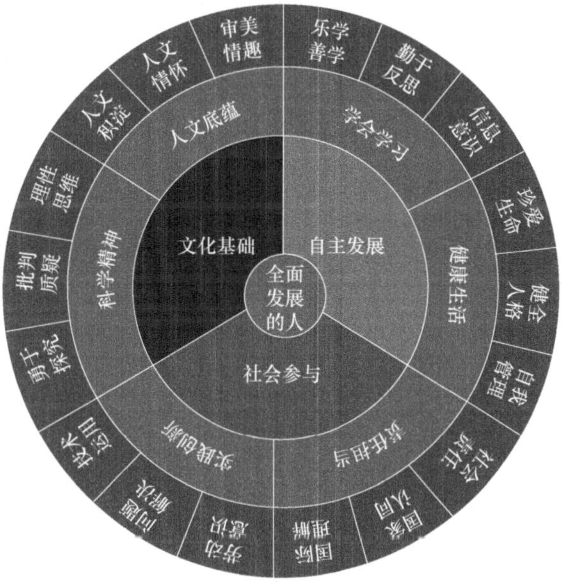

图 4-1　中国学生发展核心素养的基本框架

中国学生发展核心素养以培养"全面发展的人"为核心，包括文化基础、自主发展、社会参与三个方面，综合表现为人文底蕴、科学精神、学会学习、健康生活、责任担当、实践创新六大素养，其本质是育人，最终指向学生全面发展。中国学生发展核心素养从人的个性发展、工具性发展、社会性发展三个层面进行建构，分别对应人的生命价值、人的社会生产价值、人的社会生活价值。其一，人文底蕴和科学精神体现了人的工具性价值。这是每个公民都应具备的基本工具性素养，强调个人修养、社会关爱、家国情怀。其二，责任担当和实践创新体现了人的社会性发展价值。注重人的自主发展、合作参与、创新实践，需要通过社会参与实践来达成。其三，学会学习和健康生活体现了人的社会生活价值。

中国学生发展核心素养需要在学科学习和学生生活中落实。从总体框架看，我国根据不同年龄阶段学生发展的特点及学科特点进行学科核心素养的研制。教育部从 2014 年开始，以普通高中课程修订为切入点，探讨以核心素养为主的课程改革，并提出编制基于学科核心素养的新课程标准。2017 年，我国颁布普通高中各学科课程标准，在此基础上进行学科核心素养的提炼，具体涉及 20 个学科门类，总计 84 条（表 4-2）。2022 年，教育部颁布义务教育阶段各学科课程标准，进一步细化课程核心素养，共涉及 16 个学科门类，总计 64 条（表 4-3）。

表 4-2　普通高中各学科核心素养（部分）

学科	核心素养
数学	数学抽象、逻辑推理、数学建模、直观想象、数学运算、数据分析
物理	物理观念、科学思维、科学探究、科学态度与责任
化学	宏观辨识与微观探析、变化观念与平衡思想、证据推理与模型认识、科学探究与创新意识、科学态度与社会责任
生物学	生命观念、科学思维、科学探究、社会责任
语文	语言建构与运用、思维发展与提升、审美鉴赏与创造、文化传承与理解
历史	唯物史观、时空观念、史料实证、历史解释、家国情怀
思想政治	政治认同、科学精神、法治意识、公共参与
地理	人地协调观、综合思维、区域认知、地理实践力
艺术	艺术感知、创意表达、审美情趣、文化理解
音乐	审美感知、艺术表现、文化理解
美术	图像识读、美术表现、审美判断、创意实践、文化理解
体育与健康	运动能力、健康行为、体育品德
通用技术	技术意识、工程思维、创新设计、图样表达、物化能力

表 4-3　义务教育阶段各学科核心素养（部分）

课程	核心素养
道德与法治	政治认同、道德修养、法治观念、健全人格、责任意识
语文	文化自信、语言运用、思维能力、审美创造
历史	唯物史观、时空观念、史料实证、历史解释、家国情怀
数学	会用数学的眼光观察现实世界、会用数学的思维思考现实世界、会用数学的语言表达现实世界
英语（日语、俄语）	语言能力、文化意识、思维品质、学习能力
地理	人地协调观、综合思维、区域认知、地理实践力
科学	科学观念、科学思维、探究实践、态度责任
物理	物理观念、科学思维、科学探究、科学态度与责任
化学	化学观念、科学思维、科学探究与实践、科学态度与责任
生物学	生命观念、科学思维、探究实践、态度责任
信息技术	信息意识、计算思维、数字化学习与创新、信息社会责任
体育与健康	运动能力、健康行为、体育品德
艺术	审美感知、艺术表现、创意实践、文化理解
劳动	劳动观念、劳动能力、劳动习惯和品质、劳动精神

二、课程目标的内涵

（一）课程目标的内涵界定

课程目标是学生通过接受一定阶段的教育后，在思想品德、知识技能、体能体质等方面应达到的程度。它是课程本身要达到的意图，对课程具有导向作用，并渗透在课程设计、课程实施的各个环节。课程目标主要包括认知、技能、情感和应用四个方面。认知指理解和智能等；技能指行为习惯、肢体运动、交际能力等；情感指思想观念和态度与信心；应用指运用认知、技能、情感这三个方面来解决社会和个人问题的各种能力。课程目标与教育目标、培养目标及教学目标之间存在密切联系。课程目标是教育目标和培养目标的具体化，体现了国家对人才培育质量规格的基本要求。从课程目标到教学目标的过程是从概括到具体的过程，教师需要根据课程目标制订具体的教学目标。

2022 年版义务教育课程标准明确规定了各科课程目标的要求与内容。第一，课程目标是对学生经过九年课程的学习应达到的学业质量的规定。例如，在《义务教育语文课程标准（2022 年版）》中，语文课程目标规定了学生通过语文学科的学习获得"认识和书写通用汉字""学会运用多种阅读方法""提高语言表现力和创造力"等方面的发展。第二，课程目标旨在培养学生的核心素养。课程目标从核心素养出发，这指向核心素养的培育，最终建构了素养型的目标体系。例如，《义务教育数学课程标准（2022 年版）》指出，"课程目标的确定，立足学生核心素养发展，集中体现数学课程育人价值"。第三，课程目标主要由课程核心素养、总目标、学段目标（学段要求）构成。课程核心素养统领整个课程目标，居于课程的纲领位置；总目标是学生通过九年学习要达成的学业质量要求，属于课程的终结目标；学段目标是每个学段具体要达成的学业质量水平。综合来看，总目标统领学段目标，学段目标指向总目标，总目标和学段目标最终指向核心素养这一根本目标。

（二）课程目标的功能

1. 导向功能

课程目标的导向功能是指课程目标影响着课程编制与教学设计，为课程内容的组织和选择及课程评价提供了基本方向。同时，课程目标与教育目标、培养目标对接，为教学方法的选择、教学手段与媒体的使用等指明了方向。例如，《义务教育地理课程标准（2022 年版）》指出学生"通过地理实践活动，观察和感悟地理环境及人们生产生活的状态，尝试解决实际地理问题，增强信息运用、实践操作等行动力"。这一目标要求对课程实施的整个过程进行自觉控制，使教学活动也要围绕"地理实践力"这一目标进行。

2. 聚合功能

课程与教学是一个复杂的综合系统，由多元要素构成。在这个综合系统中，课程目标对其他要素发挥着统整、支配和协调的作用。具体而言，首先，课程目标明确了课程实施与教学活动的主线，聚集了多方面的教学资源并围绕课程目标来优化系统结构，进而发挥各要素的价值和作用,体现出整体的效能。其次,课程目标明确了学科的具体要求,有利于凝聚校内外的课程资源,使之形成系统合力,产生综合效应。例如,劳动课程与其他的学科课程有所不同,这门课程注重培育学生的劳动技能、劳动习惯、劳动品质、劳动精神等,仅仅在教室中进行教学难以培育学生的劳动素养,需通过劳动实践活动这一重要路径来实现。这就需要学校在实施劳动课程的过程中,凝聚校内外的课程资源,充分利用课外、校外劳动实践场所,加强学校、社会、家庭之间的交流合作,拓展劳动实践活动的场域。

3．评价功能

评价是优化课程及促进师生教与学的重要环节。课程目标是评估课程实施效果的重要标准。评价需要根据课程目标对学生各项素养培育的相关规定,来评估和考量学生核心素养的发展状况,并判断学生学业水平的达成度。课程目标兼具宏观的要求和具体的操作性指标,可以帮助教师调整教学形式和编制合理的试卷。课程目标不仅可以帮助教师了解课程评价标准并进行课程评价,而且有利于教师不断审视课程实施进展和学生学习情况,并及时采取矫正措施。例如,《义务教育语文课程标准(2022年版)》指出语文课程的核心素养目标主要包括文化自信、语言运用、思维能力、审美创造四个方面。这四个方面的内容不仅是教师在语文教学中要落实的目标,而且是教师用来检查学生语文学习达成情况、选择教学方式、调整教学形式的重要依据。

三、课程目标与核心素养的关系

2022年颁布的义务教育课程标准明确提出了核心素养的要求,并进一步建构了课程核心素养。核心素养作为课程目标的灵魂,与具体课程目标相关联,并引领课程目标的建构。

(一)核心素养对课程目标具有引领性

传统上的课程目标设计以学科知识为中心,没有考虑更上位的目标性的整体素养。自2014年以来,我国以核心素养为导向进行了课程改革,研制了基于核心素养的课程方案和各科课程标准。2022年印发的义务教育课程方案和课程标准(2022年版)进一步明确了核心素养的导向,使课程目标围绕核心素养进行设计,形成了不同学科的课程素养导向目标。可见,核心素养是整个课程目标的总方向,对课程目标具有引领性,课程目标设计以其为依据,将育人的核心与学科课程联系起来,体现了学科课程在知识传授、技能培养过程中对学生核心素养的独特贡献。

(二)课程目标是核心素养的具体化

课程目标是中国学生发展核心素养的具体化,每门学科课程都起到落实核心素养的作用。例如,《义务教育地理课程标准(2022年版)》指出:"地理课程要培育的核心素养,主要包括人地协调观、综合思维、区域认知和地理实践力等,是中国学生发展核心素养在地理课程中的具体化,体现了地理课程对培育有理想、有本领、有担当的少年的独特价值。"学生核心素养的发展必然要在具体的学科学习和活动实践中形成。课程目标从总目标到学段目标都统一于核心素养。例如，《义务教育数学课程标准（2022 年版）》中的课程总目标围绕数学学科核心素养，概述了学生在九年学习的基础上要达到的学业质量标准，并且学段目标在纵向目标的递进和横向内容的关联逐渐细化了数学学科核心素养。

第二节　课程目标的特点与结构分析

课程目标体现了国家和社会从学科视角对人才质量标准的规定，是学校教育活动的基本依据，关乎新时代人才的培养。因此，对课程目标的特点与结构进行分析是必不可少的。

一、课程目标的特点

（一）学科性

学科性是指每门学科都有自身的学科本质和独特的教育价值。在中小学课程标准中，课程目标是对学生在义务教育阶段学习期间应该达到的能力、品质、价值观的阐述，体现出该学科课程的育人特点。2022 年颁布的义务教育课程标准强调从核心素养出发，建构学科核心素养统领整个课程目标。同时课程总目标及学段目标围绕学科核心素养进行逐步细化阐述，明确了课程在落实立德树人根本任务中的独特贡献。由此可见，各学科核心素养集中体现了课程育人的价值，使课程目标体现出明显的学科性。课程目标结合本学科课程的性质、理念及基本内容，以核心素养为根本目的，有利于帮助教师明确自己所教学科的教育价值。

（二）整体性

整体性是指课程目标具有全面性。这一特点主要体现为国家规定的课程目标是课程内容选择与组织、教学活动设计、学业质量确立的基本依据。具体表现为两点。一是课程目标内容的整体性。课程目标涉及学科观念、学科结构、学科思想与方法、学科价值等内容，这些内容的落实能帮助学生在学科知识掌握、核心素养发展等方面达到国家规定的基本要求。二是课程目标对课程设置和实施指导的整体性。首先，课程目标是课程内容选择和教材编写的依据。例如，《义务教育语文课程标准（2022 年版）》中的课程目标强调"弘扬社会主义先进文化、革命文化、中华优秀传统文化，建立文化自信"。我国现行的统编语文教材在内容的编写上注重中华文化的融入，以帮助学生了解中华文化，感受语言文字的美。其次，课程目标也是教学过程的基本依据。它对教学活动设计、学习方式的选用等都有重要影响。最后，课程目标是学业质量测评的依据。它明确了课程教学评价的价值取向，规定着教学质量的评价标准。

（三）衔接性

衔接性指各级各类课程目标之间是一个循序渐进的体系。课程目标考虑了学科知识本身的逻辑和学生认知发展顺序等方面的要求，表现出衔接性的特点，主要体现在两个方面。一是各级课程目标之间的连续性，如高年级的课程目标总是在较低年级课程目标的基础上继续发展和深化，按照学生年龄特点和学科知识逻辑划分学段目标。二是各类课程目标之间具有层次性，如技能和情感的目标需要在知识的基础上形成。《义务教育数学课程标准（2022 年版）》中的课程目标明确提出："获得适应未来生活和进一步发展所必需的数学基础知识、基本技能、基本思想、基本生活经验。"这表明在学生数学学习过程中，只有在获得基础知识的基础上，才能对问题进行分析、研究、讨论并加以解决，进而形成数学思维。

二、课程目标结构的类型

在中小学课程标准中，课程目标是一个有层次、有结构的目标体系。从 2022 年印发的义务教育课程标准来看，课程目标结构可以分为三类：第一类是"核心素养＋总目标＋学段目标"结构，第二类是"核心素养＋总目标＋水平目标"结构，第三类是"核心素养＋目标要求"结构。这三类课程目标结构基本遵循了从核心素养到具体目标的逻辑层次。

（一）"核心素养＋总目标＋学段目标"结构

"核心素养＋总目标＋学段目标"结构采用了抽象目标—总目标—具体目标的逻辑层次，细致地描述了学科课程目标，是较为成熟的一种课程目标结构，具有明显的序列性。语文、数学、英语、道德与法治、科学、信息科技、艺术和劳动课程均采用这一类结构。这一类课程目标结构清晰地解释了"学到什么程度"的问题，明确了每一学段的教学目标和教学内容，因而具有较强的操作性。例如，《义务教育英语课程标准（2022年版）》指出："英语课程要培养的学生核心素养包括语言能力、文化意识、思维品质和学习能力等方面。"可见，总目标用简练的文字从总体上概述了英语核心素养四个方面的总规定，旨在达到培养学生核心素养的目的。学段目标分三个部分，并围绕英语核心素养详细描述了每个学段的具体要求，即英语课程学段目标由语言能力学段目标、文化意识学段目标、思维品质学段目标、学习能力学段目标构成（表 4-4）。

表 4-4 　《义务教育英语课程标准（2022 年版）》课程目标结构

课程目标结构组成部分	内容
核心素养	英语课程要培养的学生核心素养包括语言能力、文化意识、思维品质和学习能力等方面。语言能力是核心素养的基础要素，文化意识体现核心素养的价值取向，思维品质反映核心素养的心智特征，学习能力是核心素养发展的关键要素
总目标	学生应通过本课程的学习，达到如下目标。（1）发展语言能力。（2）培育文化意识。（3）提升思维品质。（4）提高学习能力
学段目标	义务教育英语课程分为三个学段，各学段目标设有相应的级别，即一级建议为 3～4 年级学段应达到的目标，二级建议为 5～6 年级学段应达到的目标，三级建议为 7～9 年级学段应达到的目标。各学段目标之间具有连续性、顺序性和进阶性

（二）"核心素养＋总目标＋水平目标"结构

"核心素养＋总目标＋水平目标"结构，与第一类课程目标结构的不同之处在于将

"学段目标"变为"水平目标"。体育与健康课程便是采用了这一类课程目标结构（表 4-5）。这类结构依据核心素养达成度和总目标的规定，从"水平一"到"水平四"逐级细化。"水平目标"中的各个水平在目标上呈现为连续性、顺序性、进阶性，有利于指导教师按照水平等级进行教学和实施评价。它考虑到了学科知识特点、课堂教学的灵活性，有利于教师根据学生具体的学习情况完成总目标要求。

表 4-5　《义务教育体育与健康课程标准（2022 年版）》课程目标结构

课程目标结构组成部分	内容
核心素养	体育与健康课程要培养的核心素养,主要是指学生通过体育与健康课程学习而逐步形成的正确价值观、必备品格和关键能力,包括运动能力、健康行为和体育品德等方面
总目标	（1）掌握与运用体能和运动技能,提高运动能力。（2）学会运用健康与安全的知识和技能,形成健康的生活方式。（3）积极参加体育活动,形成良好的体育品德
水平目标	体育与健康课程依据核心素养达成度,分四个水平对课程目标进行细化

（三）"核心素养＋目标要求"结构

"核心素养＋目标要求"的课程目标结构相对于前两类课程目标结构而言较为不同。这一类课程目标结构是根据课程核心素养的各项内容，具体描述了目标的达成要求，兼顾了课程目标的可操作性和灵活性，如历史、地理、物理、化学、生物学、日语和俄语课程采用了这一类课程目标结构。目标要求是核心素养的具体化，目的是让教师更好地理解课程核心素养。例如，《义务教育物理课程标准（2022 年版）》指出："物理课程要培养的核心素养，主要包括物理观念、科学思维、科学探究、科学态度与责任"四个方面。物理观念主要包括物质观念、运动和相互作用观念、能量观念等要素。科学思维主要包括模型建构、科学推理、科学论证、质疑创新等要素。科学探究主要包括问题、证据、解释、交流等要素。科学态度与责任主要包括科学本质观、科学态度、社会责任等要素。由此，目标要求基于物理课程核心素养各要素进行具体说明，让教师更好地理解和落实核心素养（表 4-6）。

表 4-6　《义务教育物理课程标准（2022 年版）》课程目标结构

课程目标结构组成部分	内容
核心素养	核心素养是课程育人价值的集中体现,是学生通过课程学习逐步形成的适应个人终身发展和社会发展需要的正确价值观、必备品格和关键能力。物理课程要培养的核心素养,主要包括物理观念、科学思维、科学探究、科学态度与责任
目标要求	物理课程旨在促进学生核心素养的养成和发展,引导学生学会学习、学会合作、学会生活,为学生的终身发展奠定基础。通过义务教育物理课程的学习,学生应达到如下目标。 （1）认识物质的形态、属性及结构……初步形成物质观念、运动和相互作用观念、能量观念。 （2）会用所学模型分析常见的物理问题……,具体初步的科学推理能力……,具有质疑创新的意识。 （3）有科学探究的意识,能发现问题、提出问题,形成猜想和假象,具有初步的观察能力和提出问题的能力……,具有与他人交流的能力。 （4）初步认识科学本质,体会物理学对人类认识深化及社会发展的推动作用;……乐于思考与实践……,具有实现中华民族伟大复兴的责任感和使命感

第三节　课程目标的内容分析

课程目标结构主要由核心素养、总目标和学段目标三个层次构成。第一层为核心素养，即学生通过课程学习逐步形成的正确价值观、必备品格和关键能力，是课程育人价值的集中体现。第二层为总目标，即学生通过九年学习应该达成的质量标准，属于课程的终结性目标。部分学科也称为目标要求，如前面所描述的"核心素养＋目标要求"课程目标结构。第三层为学段目标或学段要求、目标水平，即各学段及阶段应该达到的学业质量水平，属于课程的过程目标。综合而言，终结性目标统领和决定着过程目标，过程目标反过来指向终结性目标，最终两个层次的课程目标统一于核心素养这一根本目标。

一、课程核心素养

（一）各学科课程具有本学科特点的核心素养要求

每一门学科都具有本学科的课程核心素养，发挥着学科课程的独特育人价值。课程核心素养是学生在不同学科课程学习过程中逐渐积累形成的。每一门课程都是核心素养的具体化，发挥学科课程的育人功能，促进学生发展核心素养。例如，《义务教育语文课程标准（2022 年版）》规定，语文课程核心素养主要包括文化自信、语言运用、思维能力、审美创造。每一项课程核心素养是学生在积极的语文实践活动中积累、建构并在真实的语言运用中表现出来的，均是语文课程育人的综合体现。

（二）课程核心素养的各部分共同建构目标整体

课程核心素养各项内容相互联系、相辅相成，是不可分割的有机整体。例如，语文课程核心素养中的文化自信、语言运用、思维能力、审美创造四个方面是一个有机整体。语言是重要的交际工具和思维工具，语言发展的过程也是思维发展的过程，二者相互促进。语言文字和作品是重要的审美对象，语言学习与运用也是培养审美能力和提升审美品位的途径。语言文字是文化的重要组成部分，学习语言文字也是学生文化积淀与发展的过程。在语文课程中，学生的文化自信、思维能力、审美创造都以语言运用为基础，并在学生个体语言经验发展的过程中得以实现。

（三）课程核心素养具有阶段性

不同课程核心素养在不同阶段具有不同的表现。每一门学科的课程核心素养在各阶段具有不同特征和表现。例如，数学课程核心素养从小学和初中两个阶段进行划分。其中，小学阶段侧重于对经验的感悟，因而核心素养主要表现为数感、量感、符号意识、运用能力、几何直观、空间观念、推理意识、数据意识、模型意识、应用意识、创新意识等。初中阶段侧重对概念的理解，核心素养主要表现为抽象能力、运算能力、几何直观、空间观念、推理能力、数据观念、应用意识、创新意识等。

二、总目标

总目标是对课程实施的整体要求，具有全局性、方向性、指导性。部分中小学课程标准是目标要求，即前面提到的第三类"核心素养＋目标要求"课程目标结构。目标要求也是围绕课程核心素养进行制定的，旨在帮助教师将课程核心素养转化为具体的教学目标和教学内容。例如，《义务教育地理课程标准（2022年版）》中目标要求第1条为"学生能够初步认识地理环境是人类生存的基础，人类活动深刻影响着地理环境，协调人地关系是人类社会可持续发展的必然选择；能够运用所学的知识、方法和工具，面对世界、中国、家乡出现的人口、资源、环境和发展问题，作出初步的分析和评价，并具有遵守相关法律法规的意识；能够立足家乡、胸怀祖国、放眼世界，初步树立人与自然和谐共生的观念"。这与地理课程核心素养"人地协调观、综合思维"相对应。下面以《义务教育语文课程标准（2022年版）》为例，理解总目标。

课标摘要

1. 在语文学习过程中，培养爱国主义、集体主义、社会主义思想道德，逐步形成正确的世界观、人生观、价值观。

2. 热爱国家通用语言文字，感受语言文字及作品的独特价值，认识中华文化的丰厚博大，汲取智慧，弘扬社会主义先进文化、革命文化、中华优秀传统文化，建立文化自信。

3. 关心社会文化生活，积极参与和组织校园、社区等文化活动，发展交流、合作、探究等实践能力，增强社会责任意识。感受多样文化，吸收人类优秀文化的精华。

4. 认识和书写常用汉字，学会汉语拼音，能说普通话。主动积累、梳理基本的语言材料和语言经验，逐步形成良好的语感，初步领悟语言文字运用规律。学会使用常用的语文工具书，运用多种媒介学习语文，初步掌握基本的语文学习方法，养成良好的学习习惯。

5. 学会运用多种阅读方法，具有独立阅读能力。能阅读日常的书报杂志，初步鉴赏文学作品，能借助工具书阅读浅易文言文。学会倾听与表达，初步学会用口头语言文明地进行人际沟通和社会交往。能根据需要，用书面语言具体明确、文从字顺地表达自己的见闻、体验和想法。

6. 积极观察、感知生活，发展联想和想象，激发创造潜能，丰富语言经验，培养语言直觉，提高语言表现力和创造力，提高形象思维能力。

7. 乐于探索，勤于思考，初步掌握比较、分析、概括、推理等思维方法，辩证地思考问题，有理有据、负责任地表达自己的观点，养成实事求是、崇尚真知的态度。

8. 感受语言文字的美，感悟作品的思想内涵和艺术价值，能结合自己的经验，理解、欣赏和初步评价语言文字作品，丰富自己的情感体验和精神世界。

9. 能借助不同媒介表达自己的见闻和感受，学习发现美、表现美和创造美，形成健康的审美情趣。

——《义务教育语文课程标准（2022年版）》

可见，语文总目标的第 1 条与立德树人相对应，凸显价值观教育的重要地位。第 2、3、4、5 条强调语言运用与文化自信，旨在让学生在语言实践过程中，逐渐了解国家通用语言，热爱语言文字和中华文化。第 6、7 条强调思维能力的培养，学生通过积极观察、感知生活及探索活动逐步养成积极思考的习惯。第 8、9 条强调审美创造，学生通过感受语言文字的美，感悟作品的思想内涵和艺术价值，借助不同媒介发现美、表现美和创造美，形成健康的审美意识和正确的审美观念。

三、学段目标

学段目标（部分学科也称为学段要求）是本学段结束时，学生学习本课程应达到的学业成就，是总目标在各学段的具体化体现。正确把握学段目标，需要理解以下三个方面的内容。

（一）学段目标是对总目标的具体化

各学科划分的学段通常有三个或四个。例如，英语学科划分了三个学段，即 3～4 年级为第一学段，5～6 年级为第二学段，7～9 年级为第三学段；语文学科划分了四个学段，即 1～2 年级为第一学段，3～4 年级为第二学段，5～6 年级为第三学段，7～9 年级为第四学段。根据不同学段学生发展的特征，学段目标详细地描述了总目标在各学段的表现和要求，将核心素养体现在每个学段的具体目标之中。例如，《义务教育语文课程标准（2022 年版）》将九年的学习时间划为四个学段，每个学段分成"知识与写字、阅读与鉴赏、表达与交流、梳理与探究"四个板块，每个板块又分成若干要素。这些板块与要素围绕总目标展开，是对总目标的具体化、操作化。

（二）学段目标在横向层面具有高度的关联性

从横向角度看，每一学段要求的要素之间具有高度的逻辑关联性。例如，《义务教育英语课程标准（2022 年版）》将每个学段要求分四个方面加以设置：语言能力是其他四个方面的基础；文化意识既巩固了语言能力，也为思维品质学习能力提供了一定的语言素材与相关经验；思维能力是学生在现象和事物观察中获得信息，发展理解、分析与比较的能力，它进一步巩固了语言能力，促进了文化意识的深化；学习能力则是对其他三个方面的问题探究和能力拓展，有助于学生在反思、梳理英语学习的过程中，使掌握的英语知识结构化、习得的英语能力体系化，综合提升自身的核心素养。这四个方面既相对独立，各自承载着阶段性学习任务和目标，又相互联结，共同支持着各类学习任务和目标，最终指向核心素养的形成与发展。

（三）学段目标在纵向层面具有清晰的层次性

从纵向角度看，每个学段的各要素或模块要求具有清晰的层次性。例如，在《义务教育语文课程标准（2022 年版）》中，第一学段的每个板块处于奠基层次，强调语文课程最基础的知识、最基本的能力、最根本的情感与态度；第二学段的每个板块处于承接层次，既是对第一学段要求的巩固与升华，又是对第三学段要求的铺垫与支撑；第三学段的每个板块处于相对熟练层次，也有部分板块的要求处于进一步深化与提高的层次。

下面以《义务教育英语课程标准（2022 年版）》和《义务教育体育与健康课程标准（2022 年版）》为例，分析学段目标（水平目标）。

《义务教育英语课程标准（2022 年版）》将英语课程分为三个学段，各学段目标设有相应的级别。其中一级建议为 3～4 年级学段应达到的目标，二级建议为 5～6 年级应达到的目标，三级建议为 7～9 年级应达到的目标。各学段目标之间具有连续性、顺序性和进阶性，以语言能力学段目标（表 4-7）进行简要说明。

表 4-7　《义务教育英语课程标准（2022 年版）》语言能力学段目标（部分）

表现	3～4 年级/一级	5～6 年级/二级	7～9 年级/三级
感知与积累	能感知单词、短语及简单句的重音和升降调等；能感知语言信息，积累表达个人喜好和个人基本信息的简单句式；能借助图片读懂语言简单的小故事，理解基本信息；能正确书写字母、单词和句子	能领悟基本语调表达的意义；能理解常见词语的意思，理解基本句式和常用时态表达的意义；能通过听，理解询问个人信息的基本表达方式；能听懂日常学习和生活中简单的指令、对话、独白和小故事等	能识别不同语调与节奏等语音特征所表达的意义；能听懂发音清晰、语速较慢的简短口头表达，获取关键信息；积累日常生活中常用的习惯用语和交流信息的基本表达方式；积累常用的词语搭配
习得与建构	在听或看发音清晰、语速较慢、用词简单的音视频材料时，能识别有关个人、家庭，以及熟悉事物的图片或实物、单词、短语；能根据简单指令作出反应	在听或看发音清晰、语速适中、句式简单的音视频材料时，能获取有关人物、时间、地点、事件等基本信息；能识别常见语篇类型及其结构	能在听、读、看的过程中，围绕语篇内容记录重点信息，整体理解和简要概括主要内容；能根据听到或读到的关键词对人物、地点、事件等进行推断；能根据读音规则和音标拼读单词
表达与交流	能围绕相关主题，运用所学语言，进行简单的交流，介绍自己和身边熟悉的人或事物，表达情感和喜好等，语言达意；在书面表达中，能根据图片或语境，仿写简单的句子	能围绕相关主题，运用所学语言，与他人进行简单的交流，表演小故事或短剧，语音、语调基本正确；在书面表达中，能围绕图片内容或模仿范文，写出几句意思连贯的话	能围绕相关主题，运用所学语言，与他人进行日常交流，语音、语调、用词基本正确，表达比较连贯；在书面表达中，能选用不同句式结构和时态，描述和介绍身边的人、事物或事件，表达情感、态度、观点和意图等

《义务教育体育与健康课程标准（2022 年版）》采用的是水平目标，依据总目标总规定，对课程目标进行了四个水平的细化（表 4-8）。

表 4-8　体育与健康水平目标

课程总目标	水平一	水平二	水平三	水平四
掌握与运用体能和运动技能，提高运动能力	• 积极参与各种体育游戏，感受体育活动的乐趣。 • 学练和体验移动性技能、非移动性技能、操控性技能等基本运动技能	• 积极参与多种运动项目游戏，感受运动乐趣。 • 学练体能和多种运动项目的知识与技能，能进行体育展示或比赛。 • 运用所学知识观看体育展示或比赛	• 积极参与运动项目学练，形成运动兴趣。 • 体能水平显著提高；掌握运动项目的基本知识，学练运动项目的技战术，并能在体育展示或比赛中运用。 • 运用比赛规则参与裁判工作，观看体育比赛并能进行简要评价	• 形成对所学运动项目的兴趣和爱好。 • 体能获得全面协调发展；理解运动项目的相关原理、历史和文化，能运用知识与技能分析和解决体育展示或比赛中遇到的问题，掌握 1～2 项运动技能。 • 经常观看国内外重大体育比赛，并能作出分析与评价

续表

课程总目标	水平一	水平二	水平三	水平四
学会运用健康与安全的知识和技能，形成健康的生活方式	• 感受体育锻炼对健康的重要性，参与校内外体育活动。 • 知道个人卫生保健、营养膳食、安全避险等健康知识和方法，并将其运用于日常生活中。 • 活泼开朗，体验快乐。 • 乐于与他人交往，适应自然环境	• 了解体育锻炼对健康的重要性，积极参与校内外体育活动。 • 了解个人卫生保健、营养膳食、青春期生长发育、运动伤病、安全避险等健康知识和方法，并将其运用于日常生活中。 • 关注自己情绪的变化。 • 积极与他人沟通和交流，适应自然环境的变化	• 理解体育锻炼对健康的重要性，主动参与校内外体育锻炼。 • 将健康与安全知识和技能运用于日常生活中。 • 遭受挫折和失败时保持情绪稳定。 • 交往与合作能力提升，适应自然环境的能力增强	• 有规律地参与校内外体育锻炼。 • 运用健康与安全知识和技能进行健康管理的能力增强。 • 情绪调控能力增强，心态良好，充满青春活力。 • 善于沟通与合作，适应多种环境
积极参与体育活动，养成良好的体育品德	• 在体育活动中表现出不怕困难、努力坚持学练的意志品质。 • 按照要求参与体育游戏。 • 在体育活动中尊重教师、爱护同学，能扮演不同的运动角色	在有一定难度的体育活动中表现出勇敢顽强、克服困难的意志品质。 • 按照规则和要求参与体育活动。 • 在体育活动中表现出文明礼貌、乐于助人的行为	• 在有挑战性的体育活动中能迎难而上，表现出自信和抗挫折能力。 • 遵守各种规范和规则，尊重裁判，尊重对手，表现出公平竞争的意识。 • 具有团队精神和集体意识，能接受比赛结果	• 积极应对体育活动中遇到的困难，表现出吃苦耐劳、敢于拼搏、勇于争先的精神。 • 做到诚信自律、公平公正，规则意识强。 • 具有责任意识和集体荣誉感，能正确看待比赛的胜负

拓展学习

为深化和运用本章所学内容，建议阅读如下学习资料。

李艺，钟柏昌，2015．谈"核心素养"[J]．教育研究（9）：17-23．

刘启迪，2004．课程目标：构成、研制与实现[J]．课程·教材·教法（8）：24-29．

泰勒，2014．课程与教学的基本原理[M]．罗康，张阅，译．北京：中国轻工业出版社．

张华，2000．论课程目标的确定[J]．外国教育资料（1）：13-19．

钟启泉，2003．现代课程论[M]．上海：上海教育出版社．

课后思考

1．论述课程目标与核心素养之间的关系。

2．请简述课程目标的特点与结构类型。

3．选择自己喜欢的一门学科课程，从课程核心素养、总目标、学段目标等方面分析这一学科的课程目标。

4．选择一门学科进行实际的课堂观察，从中分析教师在课堂教学中是否达到了课程目标的要求，存在什么问题。

第五章
中小学课程标准中的课程内容

思维导图

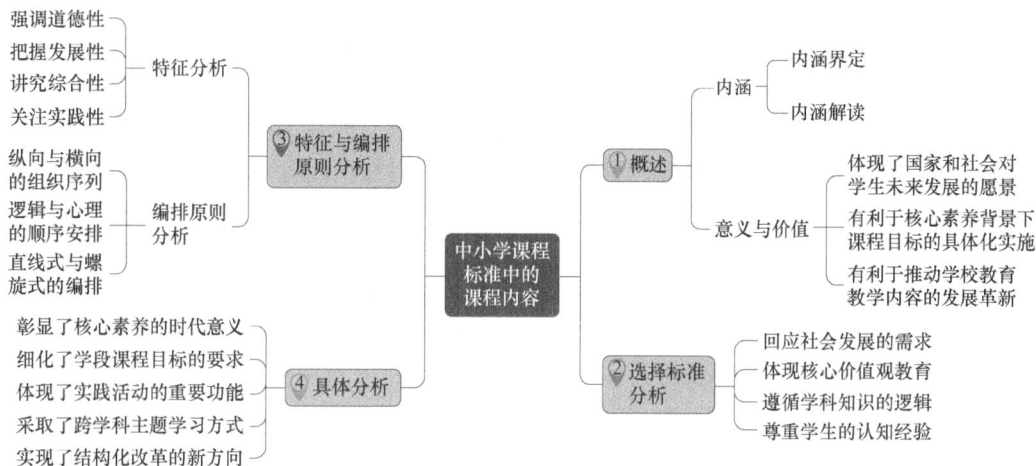

要点提示

课程内容是课程内在结构的基本要素,也是中小学课程标准的核心部分。课程专家、教师等群体对课程内容的选择、组织与编排,反映了不同的课程价值观、课程结构观及课程设计观。因而,在中小学课程标准中,关于课程内容的选择与结构安排是其核心内容之一。本章重在阐释课程内容的基本概念、特征、价值、编排标准,并对语文、数学、英语等学科课程标准进行具体分析。

学习目标

1. 了解课程内容的基本内涵。
2. 明晰课程内容的价值与选择标准。
3. 了解课程内容的特征与编排原则。
4. 理解中小学课程标准中的具体课程内容。

第一节　课程内容概述

以培养时代新人为目标,义务教育课程方案和课程标准(2022年版)开展了以核心素养为纲的课程内容改革，厘清了课程内容的内涵，以及核心素养与课程内容的关系，优化了课程内容结构与学科知识结构，对义务教育阶段的教学具有重要意义。

一、课程内容的内涵

学者们对课程内容概念的认识主要存在三种倾向。其一，课程内容即教材。该倾向将课程内容定义为教材或等同于教材，课程内容都是预先规定了的、不可变更的。其二，课程内容即学习活动。该倾向强调学习活动是将学生的直接经验与探究活动作为课程内容，这些内容是外显的、动态的。其三，课程内容即学习经验。该倾向将课程内容等同于学习经验，主张学生自身对课程内容的支配作用。

（一）课程内容的内涵界定

我国学者对课程内容的内涵界定有较为深入的研究。施良方指出，课程内容意味着学生学习的基本概念、基本原理、基本事实，包含学科知识的有效组织与学习方式的实现。钟启泉提出，课程内容是以课程目标为依据，有目的、有计划地筛选出来的一系列人类的直接经验与间接经验，并按照特定的逻辑顺序组织、编排，以符合学生实际的知识系统和经验体系。王本陆认为，课程内容是指不同学科中特定的原理、观点、问题及对它们的处理方式。课程内容是知识与技能、思想与观点、语言与行为等的总和。由此可见，课程内容的内在结构不仅包含基本事实、学科知识和学习方式等具体化的内容，而且涵盖了这些基本事实和学科知识是如何组织，以及在教学过程中是如何实施的。在课程内容实施的过程中，学生是学习的主体。学生经过自身的主动接受与选择，将人类经验同个人经验进行整合，从而转化为个体的认知、情感和价值观。这一系列活动完成之后，课程内容的学习才能实现其本身的意义。因此，课程内容与其匹配的教学组织形式具有内在的连贯性和统一性，这是实现课程目标的重要抓手。

（二）课程内容的内涵解读

中小学课程标准中的课程内容内涵可以从三个方面进行解读。

第一，课程的对象性内容。对象性内容是指精选出来的学科知识，通常可以计划和预设。学科知识是学科课程专家在人类经验的基础上创造和总结的主观内容、内在内容、动态内容，即已知的知识系统。对学生来说，这些学科知识往往是客观内容、外在内容、静态内容，即未知的知识系统。如果要将人类、学科专家、教师的已知系统转化成为学生的已知系统，那么教学除了对学生进行知识传递外，更重要的是帮助学生完成知识的建构。例如，《义务教育数学课程标准（2022年版）》明确规定了数与代数、图形与几何、统计与概率的核心内容和基本思想，每个领域的课程内容按"内容要求""学业要求""教学提示"三个方面呈现。这些都属于课程的对象性内容。

第二，课程的过程性内容。过程性内容是指实施的课程内容。在学习者习得对象性内容的过程中，必须知道如何学习对象性内容，以及使用怎样的方法获取对象性内容。学习方法和学习能力也是课程内容，但如果没有学习过程，过程性内容就不可能真正出现。过程性内容具有操作性、具身性和体验性，能够帮助学生在学习知识和掌握技能的过程中，实现自身情感、态度、价值观的升华。例如，《义务教育劳动课程标准（2022年版）》围绕日常生活劳动、生产劳动和服务性劳动，以任务群为基本单元，构建内容结构。日常生活劳动立足学生个人生活事务，注重培养学生生活能力和良好卫生习惯，树立自理、自立、自强意识。

第三，课程的结果性内容。结果性内容，是指学生在完成对象性内容与过程性内容的学习之后，获得的知识与技能、情感态度与价值观等。结果性内容能够真实反映所选择的课程内容的水平和质量，促进课程内容不断完善和精准。例如，《义务教育英语课程标准（2022年版）》提出了六要素整合的英语课程内容，即课程内容由主题、语篇、语言知识、文化知识、语言技能和学习策略等要素构成，并对六个要素的学习范围和学习要求按照三个基本级别进行描述。英语课程内容围绕这些要素，倡导通过学习理解、应用实践、迁移创新等活动，推动学生核心素养在义务教育全过程的持续发展。

二、课程内容的意义与价值

课程内容是课程结构的核心组成部分，是对课程目标的延展。因此，在中小学课程标准中，课程内容是最为详细的一部分，具有承前启后的作用。

（一）体现了国家和社会对学生未来发展的愿景

课程内容要发挥培根铸魂、启智增慧的作用，必须坚持马克思主义指导地位，体现中国和中华民族风格，体现党和国家对教育的基本要求。中小学课程标准规定的教育内容，充分体现了国家意志。中小学课程标准对课程内容作了精细化的规定，鲜明地彰显了新时代对青少年的培养要求。课程内容紧密结合育人目标，体现了课程改革的方向和先进的教育理念。同时，丰富了课程实施的形态，精选了符合国家发展和社会进步的学科知识体系，有利于进一步深化国家对青少年的培养要求。例如，《义务教育数学课程标准（2022年版）》提出，依据大数据的时代要求，在统计与概率领域，初中数学课程内容要引导学生感悟大数据计算，并在内容上增加分布式计算。在综合与实践领域，特别强调了跨学科知识、传统文化的深度融合，加强数学与现实生活、科学技术等方面的联系。由此可见，数学课程内容的变化充分体现了国家对义务教育阶段学生的培养要求。

（二）有利于核心素养背景下课程目标的具体化实施

课程内容与课程目标有着内在的逻辑关系。无论何种类型的课程，其内容的选择与编排首先要依据课程目标。换言之，课程内容在某种程度上既是课程目标的具体化，又是对课程目标要求的体现。因此，核心素养背景下课程内容的选择与编排制约着课程目标乃至教育目标的实现，从而影响着国家人才培养的规格和质量。2022年版义务教育课程标准描述了以核心素养为指向的课程目标。在此基础上，每个学科的课程内容依据学段或者级别目标也进行了具体化的呈现，如学生应该学习哪些内容，应该表现出怎样的核心素养。课程内容的内在逻辑结构，能够对学生的全面发展和素养提升产生一定影响。因此，课程内容有利于核心素养背景下课程目标的具体化实施。

例如，"综合与实践"是《义务教育数学课程标准（2022 年版）》中的重要组成部分。设立"综合与实践"的目标是培养学生的应用意识与创新意识等，帮助学生综合运用已有的知识和经验，并通过自主探索和合作交流，解决具有一定挑战性和综合性的问题，以发展学生解决实际问题的能力。同时，有利于学生加深对"数与代数""空间与图形""统计与概率"内容的理解，体会各部分内容之间的联系。考虑到学生的年龄特点，"综合与实践"部分在四个学段分别以不同的主题开展相关的学习活动。

（三）有利于推动学校教育教学内容的发展革新

课程内容是影响课程实施中教师"教"与学生"学"的重要因素。由于不同课程内容的性质存在差异，所以在教学过程中要求教师采用不同的教学活动方式。教师在教学过程中所选取的教学方法、教学组织形式，以及教学辅助工具、资料等，都必须结合课程内容的性质、特征和要求。教师需要针对不同的课程内容进行差异性教学，使学生在不同的教学形态下获得知识和经验。综合化地编制与安排课程内容，有利于实现课程的整体设计和课程综合化的教学实践。因此，2022 年版义务教育课程标准中的课程内容回答了核心素养背景下"什么知识最有价值"这一时代问题，推动了学校教育教学内容的不断更新。

例如，在《义务教育英语课程标准（2022 年版）》中，文化知识内容既包括物质文化知识，如饮食、服饰、建筑、交通等，也包括非物质文化知识，如价值观、道德修养、审美情趣、劳动意识等。文化知识的学习不仅限于了解和记忆具体的知识点，更重要的是发现、判断其背后的态度和价值观。由此可见，课程内容的变化与发展可以推动学校教育教学内容的不断革新。

▼ 课标摘要

《义务教育英语课程标准（2022 年版）》文化知识的内容要求（部分）见表 5-1。

表 5-1　《义务教育英语课程标准（2022 年版）》文化知识的内容要求（部分）

级别	内容要求
三级	（1）世界主要国家待人接物的基本礼仪和方式，体现文化的传承和人与人之间的相互尊重； （2）具有优秀品格的中外代表人物及其行为事迹； （3）中外优秀艺术家及其代表作品，以及作品中的寓意； （4）中外优秀科学家，其主要贡献及具有的人文精神和科学精神； （5）中外主要节日的名称、庆典习俗、典型活动、历史渊源； （6）中外餐桌礼仪，典型饮食及其文化寓意； （7）世界主要国家的名称、基本信息（如首都、地理位置、主要语言、气候特征等）、社会发展，以及重要标志物的地点、特征和象征意义； （8）中外名人的生平事迹和名言，以及其中蕴含的人生哲理； （9）不同文化背景下，人们关于生命安全与健康的态度和观念； （10）不同文化背景下，人们的理财观念和方式及其带来的影响； （11）中外大型体育赛事的项目名称、事实信息、历史发展、优秀人物及其传递的体育精神； （12）不同文化背景下，人们的劳动实践和劳动精神； （13）不同国家青少年的学习和生活方式

第二节　课程内容的选择标准分析

我们正处于知识全球化的时代，现有的学科种类、知识内容之多，不胜枚举。但是学生的学习时间和学习精力是有限的，所以严格而精心地选择课程内容十分必要。一般来讲，课程内容的选择须遵循以下标准。

一、回应社会发展的需求

随着时代的发展，课程内容具有鲜明性和时代特色，其文化知识内容也在不断更新。与时代背景不相符合的内容，要进行适当删减或替换。同时，还要采用恰当方式，使课程内容反映时代的要求，合理吸纳前瞻性知识。在国家竞争日益激烈的时代背景下，我们要弘扬以改革创新为核心的时代精神和以爱国主义为核心的民族精神等，完善整个课程体系的内容。一方面，学校应增设新的课程或者增加新的内容来适应科技的发展和时代的变更；另一方面，学校需要通过合理调适课程结构来增强课程的基础性，以缓解知识增长无限性与课程门类、内容及课时数有限性之间的矛盾，从而满足社会对基础教育的期待。

例如，根据《义务教育科学课程标准（2022年版）》中的课程内容反映时代精神，合理吸收社会和科技发展的新变化；重视科学课程的基础性、科学性、实践性的同时，保持课程内容与时俱进。这主要体现在三个方面。第一，即时反映当代经济社会发展的新动向和新思想。例如，了解我国和全球的能源状况，认识能源合理利用和开发与可持续发展战略的关系。第二，恰当体现当代科技发展的新成果，如高速铁路的发展，让学生能够理解科技发展对于现实生活的意义。第三，有针对性地反映现代社会所面对和着力解决的突出问题，如生态文明问题等。

二、体现核心价值观教育

教育并不是价值中立的。学校教育中的课程内容，必然要彰显国家的主流意识形态。因此，教材中呈现的内容传递着国家和民族的核心价值体系，使课程内容具有符合本国实际的价值倾向和道德考量，旨在帮助学生树立正确的世界观、人生观、价值观。可见，课程内容能够为学生提供良好的文化环境，适当渗透公平正义、惩恶扬善、珍爱生命、奉献社会、家国情怀等社会伦理精神，这需要注意两个方面。第一，根据不同课程的性质和特点，在课程内容中渗透道德教育与价值观教育的内容。国内外诸多学者从学科分类的视角，归纳和明确了不同学科知识应该教授怎样的道德教育。例如，语文课程内容蕴含伦理、正义、爱国等；历史课程内容蕴含理解、辩证、理性等；外语课程内容蕴含尊重、倾听、国际理解等。第二，依据不同课程内容采取多元有效的渗透方式，切忌以贴标签的方式强加核心价值观教育，导致课程内容与价值观教育"两张皮"的问题。例如，《义务教育语文课程标准（2022年版）》提出："注重理解中华优秀传统文化蕴含的核心思想理念、中华人文精神和传统美德，表达自己作为中华民族一员的归属感和自豪感；体会中国共产党在长期奋斗历程中培育形成的崇高精神和人格风范，体认英雄模范忠于祖国和人民的优秀品质，培育民族气节和爱国主义情怀。"

三、遵循学科知识的逻辑

义务教育阶段是基础教育的奠基阶段，因此，课程内容的选择必然要遵循学科知识逻辑，具体而言主要体现在以下两个方面。第一，课程内容的选择体现了学科知识的基础性。课程知识超越不同历史时期的考验，具有持久性、稳定性。这些能够在教材中呈现的知识既是对文化基础性的体现，也是人类在不同时期对真理、科学、美德的追求。第二，课程内容的选取体现了对文化多样性的尊重。课程内容尊重文化差异能够体现地域性，这是我国三级课程管理体制的具体体现。课程内容必须超越差异性以满足不同地域人们的共同价值追求，并将其作为学生知识和价值的共同基础。例如，《义务教育语文课程标准（2022年版）》中十分关注中华优秀传统文化、革命文化、社会主义先进文化等内容的渗透，同时强调尊重多样文化，吸取人类优秀文化的营养，以提高文化品位。此外，该课程标准对四个学段的要求中都涵盖阅读、背诵优秀诗文的基础知识内容，以学习任务群的呈现方式，让学生在真实的情境中感受优秀作品的魅力，提升思想文化修养，建立文化自信。

四、尊重学生的认知经验

课程内容能够被学生理解并且接受，是建立在尊重学生已有生活经验、知识经验的基础之上的。一方面，课程内容要以间接经验为主，帮助学生跳出自身经验的狭隘性；另一方面，课程内容要建立在学生直接经验的基础上，使学生可以真正领会课程内容的要义。课程内容脱离学生实际的生活，会导致学生不理解课程内容的真正内涵。从目前的课程内容设置来看，人们已经开始注重课程内容与学生生活经验的密切联系，不但在各科课程内容方面强调生活化，如教科书中的插图鲜明易懂，而且设置了综合实践活动课程，旨在直接从学生的生活中引出活动主题。

例如，《义务教育数学课程标准（2022年版）》在"数与代数"部分强调通过现实情境使学生体验、感受和理解"数与代数"的意义。无论在总体目标中还是在具体课程内容中，都提出要结合现实情境来理解、把握"数与代数"的概念与内容。例如，在第一学段中提出"在实际情境中感悟并理解万以内数的意义""在具体情境中，了解四则运算的意义，感悟运算之间的关系""在解决生活情境问题的过程中，体会数和运算的意义"；在第二学段中提出"在具体情境中，认识万以上的数，了解十进制计数法""结合具体情境，初步认识小数和分数，感悟分数单位""会运用数描述生活情境中事物的特征"。由此可见，课程内容的设置要结合学生的生活经验，让学生在真实的情境中体验数学的意义。

从整体上来看，我国课程内容的选择与编排主要体现了以下三个方面的特色。第一，充分彰显中国特色。基础教育阶段各学科内容以社会主义核心价值体系为引领，充分融入中华优秀传统文化的内涵和价值。第二，着重凸显时代特征。各学科以立德树人为根本目标，贯彻以人为本、以生为本的教育理念，注重学生核心素养的培育，特别重视对学生创新精神和实践能力的培养。同时，适当地添加体现国家发展、社会进步、科技成果等内容。第三，立足于拓宽国际视野。各学科课程内容在课程理念、知识观、学习观、课程评价、课程文化等方面既立足于中国国情，又不断拓宽国际视野，吸收并借鉴国际课程改革的发展经验。

第三节　课程内容的特征与编排原则分析

基于对课程内容的内涵与选择标准的界定与分析，还要进一步明晰在核心素养导向下课程内容所呈现的特征及编排的原则，便于中小学教师在教学实践中系统地建构课程内容。

一、课程内容的特征分析

（一）强调道德性

语文、历史、思想政治（道德与法治）三科为统编教材，其课程内容突出了德育为魂、能力为重、基础为先、创新为上，是国家事权、国家意志的集中体现。统编教材是培养德智体美劳全面发展的新时代社会主义青年的重要支撑，对增强学生的国家认同和爱国情感具有重要的现实意义。课程内容的道德性主要体现为以下三个方面。一是德育课程内容蕴含鲜明的道德教育意义，如在小学和初中开设了道德与法治课程，重点培养学生的道德素养与法治素养。二是各门学科课程内容关注德育目标的实现，如每篇语文课文都以显性的或隐性的描述展现了其道德思想性。三是活动课程内容增进德育功能实现，如综合实践活动包含社区服务、公益活动等内容和形式；道德与法治课程以发展学生的核心素养为导向，以"成长中的我"为原点，由"自我认识"到"我与自然""我与家庭""我与他人""我与社会""我与国家和人类文明"，不断扩展学生的认识和生活范围。

（二）把握发展性

我国课程内容的另一个特征是强调稳定。我国基础教育前后经历了八次课程改革，整体的课程结构是稳定的，即以分科课程为主，必修课程占绝对优势，同时课程设置也相对稳定。但是，我国课程内容在保持基本框架相对稳定的同时也有所发展。时代的进步推动了课程内容体系的发展，影响着学科课程和活动课程的设置及学科内容的修订。例如，《义务教育语文课程标准（2022年版）》首次以"学习任务群"的形式规定了语文课程内容。学习任务群强调在真实情境下，确定与语文核心素养生成、发展、提升相关的人文主题，组织学习资源，设计多样的学习任务。学生通过阅读与鉴赏、表达与交流、梳理与探究的自主活动，自己去体验环境，完成任务，发展个性，增长思维能力，形成理解、应用系统。这种有人文主题的任务群，是在学校课程总体设计和实施的环境下由学校和教师组织并完成的。它与过去的教学模式有内在的区别：课程有文本，但不以文本为纲；有知识，但不求知识的系统与完备；有训练，但不把训练当作纯技巧进行分解训练。

（三）讲究综合性

课程内容主要以国家规定的、统一的课程内容为主。我国课程内容十分注重综合性。

就各学科内容体系来说，课程内容具有综合性。一方面体现为各学科课程内容的完整性，即各学科具有比较完整的内部知识结构与编排的逻辑结构。另一方面体现为跨学科课程内容的综合性，不同学科课程内容存在跨界融合的可能性与必要性。课程内容的选择与设计需要考虑多方面的因素，如学生的发展阶段及认知能力，学科自身的知识逻辑和排列顺序等，尤其是数学、科学等学科。《义务教育科学课程标准（2022 年版）》中设置了13 个学科核心概念，学生通过学科核心概念的学习，理解物质与能量、结构与功能、系统与模型、稳定与变化四个跨学科概念。在课程内容的呈现上，每个学科核心概念分解成若干学习内容。这是义务教育阶段学生应该掌握的核心内容，其内容由简单到复杂螺旋上升，为培养学生的科学观念、科学思维、探究实践和态度责任的科学核心素养奠定基础。

（四）关注实践性

课程内容革新的关键是课程内容要与生产劳动、社会实践相结合。课程内容对生活实际的关注不断增加，精选了学生听得到、看得见、摸得着的标志性成果，突破性进展和普遍性经验等，让学生感受并体会到新时代党和国家取得的历史性成就。同时跳出学科知识罗列的窠臼，加强与学生经验、现实生活、社会实践的联系。各学科课程内容都关注到了实践性，并且拓展和增加了实践性的课程内容，强调知行合一，让学生在做中学、用中学、创中学。例如，《义务教育语文课程标准（2022 版）》指出，"语文课程是一门学习国家通用语言文字运用的综合性、实践性课程"。语文课程增加了实践表达的内容，旨在给予学生充分的表达机会。因此，在教科书的阅读课文部分设置了表达练习，以强调表达为重点的语文指导。语文课程的实践性要求教师要平衡阅读与表达的时间分配，为学生提供充足的表达机会。基于此，学生能够体会课文中作者语言运用的巧妙，促进学生更加主动、积极地积累语言经验，从而提高阅读的质量。因此，通过强化表达实践可以促进学生主动阅读，这是积累语言经验最有效的途径或手段。

二、课程内容的编排原则分析

为了使学生的多种学习内容能够产生有效的联结、发生积累的效应，我们还需要对所选择的课程内容进行重新组织和编排，从而使这些内容起到相互强化的效果。概而言之，课程内容的编排原则主要体现在以下三个方面。

（一）纵向与横向的组织序列

纵向组织，或称序列组织，就是按照一定的准则和先后顺序编排课程内容。强调课程内容的安排应当从已知到未知，从具体到抽象。学习任何一种新的知识和技能都是把已经习得的，并从属于它们的知识和技能作为基础。学生学习的复杂程度是由低到高的，因此，学习的内容应该由简单到复杂按顺序进行排列。例如，《义务教育数学课程标准（2022 年版）》中"数与代数"的内容编排体现了纵向组织的原则。"数与代数"是义务教育阶段学生数学学习的重要领域，在小学阶段包括"数与运算"和"数量关系"两个主题，初中阶段"数与运算"的内容是在小学阶段的基础上加深。可见，"数与代数"的内容在学段之间相互联结，由浅入深，螺旋上升，构成相对系统的知识结构。

▼ **课标摘要**

《义务教育数学课程标准（2022 年版）》小学阶段"数与运算"的要求见表 5-2。

表 5-2　《义务教育数学课程标准（2022 年版）》小学阶段"数与运算"的要求

学段	内容要求
第一学段 （1~2 年级）	（1）在实际情境中感悟并理解万以内数的意义，理解数位的含义，知道用算盘可以表示多位数。 （2）了解符号<，=，>的含义，会比较万以内数的大小；通过数的大小比较，感悟相等和不等关系。 （3）在具体情境中，了解四则运算的意义，感悟运算之间的关系。 （4）探索加法和减法的算理与算法，会整数加减法。 （5）探索乘法和除法的算理与算法，会简单的整数乘除法。 （6）在解决生活情境问题的过程中，体会数和运算的意义，形成初步的符号意识、数感、运算能力和推理意识
第二学段 （3~4 年级）	（1）在具体情境中，认识万以上的数，了解十进制计数法；探究并掌握多位数的乘除法，感悟从未知到已知的转化。 （2）结合具体的情境，初步认识小数和分数，感悟分数单位；会同分母分数的加减法和一位小数的加减法。 （3）在解决简单实际问题的过程中，理解四则运算的意义，能进行整数四则混合运算。 （4）探索并理解运算律（加法交换律和结合律、乘法交换律和结合律、乘法对加法的分配律），能用字母表示运算律。 （5）会运用数描述生活情境中事物的特征，逐步形成数感、运算能力和初步的推理意识
第三学段 （5~6 年级）	（1）知道 2，3，5 的倍数的特征，了解公倍数和最小公倍数，了解公因数和最大公因数，了解奇数、偶数、质数（或素数）和合数。 （2）结合具体情境探索并理解小数和分数的意义，感悟计数单位；会进行小数、分数的转化，进一步发展数感和符号意识。 （3）结合具体情境理解整数除法与分数的关系。 （4）能进行简单的小数、分数四则运算和混合运算，感悟运算的一致性，发展运算能力和推理意识

横向组织原则，是指突破学科之间的边界与传统意义上的知识内容，采用一些"大观念""广义概念""探究方法"等作为课程内容组织的要素，将课程内容与学生的已有经验进行有效联结的组织原则，注重知识的广度。横向组织原则，不仅关注知识的外在形式，还强调知识的实践应用。在实践中，横向组织安排课程内容为学校的教学带来很大挑战，如教师要熟悉和精通各门学科所包括的内容、学校课程表的安排、学生的考试方式等。

2022 年版义务教育课程标准使用大概念统整各学科课程内容，引领课程与教学改革，明确强调以学科大概念为要旨促进学科核心素养的落实。大概念是核心的、有组织的概念，能对个别的事实和技能赋予意义并加以连接。2022 年 4 月，我国教育部发布了 16 个学科的课程标准，建构了完整的课程核心素养体系，统领课程内容的组织和编排。例如，《义务教育语文课程标准（2022 年版）》提出了"学习任务群"的概念，将语文课程内容分为多个学习任务群，以促进学生通过任务群整合所学知识，建立起宏观系统的知识体系。

▶ 课标摘要

《义务教育语文课程标准（2022 年版）》学习任务群的要求（部分）见表 5-3。

表 5-3 《义务教育语文课程标准（2022 年版）》学习任务群的要求（部分）

拓展型学习任务群　整本书阅读
本学习任务群旨在引导学生在语文实践活动中，根据阅读目的和兴趣选择合适的图书，制订阅读计划，综合运用多种方法阅读整本书；借助多种方式分享阅读心得，交流研讨阅读中的问题，积累整本书阅读经验，养成良好的阅读习惯，提高整体认知能力，丰富精神世界
本任务群的学习按照四个学段，分别侧重不同的内容。——以小学阶段为例

第一学段（1～2 年级）

（1）阅读富有童趣的图画书等浅易的读物，体会读书的快乐。

（2）阅读、朗诵优秀的儿歌集，感受儿歌的韵味和童趣。

（3）阅读自己喜欢的童话书，想象故事中的画面，学习讲述书中的故事。

第二学段（3～4 年级）

（1）阅读表现英雄模范事迹的图书，如《小英雄雨来》《雷锋的故事》等，讲述英雄模范的动人故事。

（2）阅读儿童文学名著，如《稻草人》《爱的教育》等，感受作品传达的真善美，用自己喜欢的方式讲述故事大意。

（3）阅读中国古今寓言、中国神话传说等，学习其中蕴含的中华智慧，口头或书面分享自己获得的启示。

第三学段（5～6 年级）

（1）阅读反映革命传统的作品，如《可爱的中国》《小兵张嘎》《闪闪的红星》等，讲述自己感受到的家国情怀和爱国精神。

（2）阅读文学、科普、科幻等方面的优秀作品，如《寄小读者》《十万个为什么》《海底两万里》等，学习梳理作品的基本内容，针对作品中感兴趣的话题展开交流。

（3）梳理、反思小学阶段的阅读生活，运用口头或书面方式，与同学分享自己整本书阅读的经历、体会和阅读方法

（二）逻辑与心理的顺序安排

逻辑顺序是指依据学科本身的体系和内在的结构来编排课程内容。心理顺序是指按照学生的心理发展阶段特征来组织课程内容。课程内容的心理顺序强调学生是课程的主体和中心，一切学科本身的逻辑都要服务于学生的成长和发展。在新时代课程改革的背景下，课程内容的编排倾向于把学科逻辑顺序和学生心理顺序统一起来。具体而言，一是课程内容应该考虑学科固有的体系。学科体系反映了客观事物发展的内在联系，每一门学科的各部分内容之间都是存在逻辑关系的，学生通过学习完整的学科体系，可以更清晰地理解自然界和人类社会的发展历程。二是课程内容是为学生安排的。课程内容的选择必然要考虑学生的心理特征，在学生认知和接受能力范围内合理安排课程内容。

例如，《义务教育道德与法治课程标准（2022 年版）》指出，道德与法治课程内容以"成长中的我"为原点，由"自为认识"到"我与自然""我与家庭""我与他人""我与社会""我与国家和人类文明"，不断扩展学生的认识和生活范围。道德与法治课程内容体现了"个人—社会—国家—世界"的逻辑思路，这六个方面的内容各有侧重，又相互联系、相互贯通。道德与法治课程以道德与法治教育为框架，有机融入国家安全教育、生命安全与健康教育、劳动教育，以及信息素养教育、金融素养教育等相关主题，强化中华民族传统美德、革命传统和法治教育。可见，道德与法治课程内容体现了逻辑顺序与心理顺序。课程内容在组织和选择的过程中，依据课程设计思路与核心素养目标要求，

以及不同阶段学生的身心发展特征，分学段按主题进行科学设计。因此，教师在实施课程中要将课程内容融会贯通，在全面、准确把握本课程标准的前提下，根据各地区、学校和学生的实际情况与学生的身心发展特征进行适当调整。

（三）直线式与螺旋式的编排

直线式是指将一门课程内容形成逻辑上前后连贯的直线，并且前后内容之间不重复。螺旋式是指不同学习阶段的课程内容会重复出现，但是其深度和广度在逐渐扩展。课程内容的组织呈现了直线式和螺旋式的编排原则。一方面，这种编排形式持续不断地为学生呈现新的知识，使学生保持对学习内容的新鲜感和积极性；另一方面，学生从小学开始学习各学科最基本的原理，并随着学年的递升及螺旋式地反复逐步提高。课程内容要向学生呈现学科的基本原理和概念等，而且在不断递升的学年中拓展，以便学生全面掌握这门学科。

例如，在《义务教育英语课程标准（2022 年版）》中，按照义务教育阶段英语课程的总目标要求，英语课程内容由主题、语篇、语言知识、文化知识、语言技能和学习策略等要素构成。围绕这些要素，学生通过学习理解、应用实践、迁移创新等活动，推动其核心素养在义务教育全程中持续发展。其中语言知识是语言运用能力的重要组成部分，是发展语言技能的重要基础。语言知识技能分为一级、二级和三级，共三个标准。例如，对词汇的要求，根据学生的知识掌握程度及认知水平的发展，在英语词汇内容的编排上逐渐扩大词汇量和加大词汇的难度。同时，在词汇记忆与应用的过程中同样会回顾和复习已经掌握的词汇。可见，英语课程内容的编排深刻体现了直线式与螺旋式的原则。

▼ 课标摘要

《义务教育英语课程标准（2022 年版）》词汇知识内容要求见表 5-4。

表 5-4　《义务教育英语课程标准（2022 年版）》词汇知识内容要求

级别	内容要求
一级	（1）知道单词由字母构成； （2）借助图片、实物理解词汇的意思； （3）根据视觉和听觉提示，如图片、动作、动画、声音等，说出单词和短语； （4）根据单词的音、形、义学习词汇，体会词汇在语境中表达的意思
二级	（1）在语境中理解词汇的含义，在运用中逐步积累词汇； （2）在特定语境中，运用词汇描述事物、行为、过程和特征，表达与主题相关的主要信息和观点； （3）能初步运用 500 个左右单词，就规定的主题进行交流与表达，另外可以根据实际情况接触并学习三级词汇和相关主题范围内 100~300 个单词，以及一定数量的习惯用语或固定搭配
三级	（1）了解英语词汇包括单词、短语、习惯用语和固定搭配等形式； （2）理解和领悟词汇的基本含义，以及在特定语境和语篇中的意义、词性和功能； （3）通过识别词根、词缀理解生词，辨识单词中的前缀、后缀及其意义； （4）在特定语境中，根据不同主题，运用词汇给事物命名，描述事物、行为、过程和特征，说明概念，表达与主题相关的主要信息和观点； （5）围绕相关主题学习并使用约 1600 个单词进行交流与表达，另外可以根据实际情况接触并学习相关主题范围内 100~300 个单词，以及一定数量的习惯用语或固定搭配
三级＋	围绕相关主题接触并使用约 1800 个单词进行交流与表达，另外可以根据实际情况接触并学习相关主题范围内约 200 个单词，以及一定数量的习惯用语或固定搭配

第四节　课程内容的具体分析

为了体现核心素养导向的课程目标，各个学科的课程内容经过了精细的筛选、重组与整合。根据课程内容结构化的整合理念，2022年版义务教育课程标准在内容体系与内容结构上进行了调整。我们主要从以下五个方面对课程内容进行具体分析。

一、彰显了核心素养的时代意义

发展学生核心素养是新时代党的教育方针的具体化、精细化要求。义务教育新课程标准为了建立核心素养与课程内容之间的联系，充分挖掘各个学科对落实立德树人根本任务的独特价值，明晰了学生在学习不同学科后应该形成的正确的价值观、必备品格与关键能力。此外，课程内容对知识与技能、过程与方法、情感态度与价值观三维目标进行了整合，在此基础上围绕核心素养精选、重组了课程内容。这明确了课程内容要求，有利于进一步指导教学实施。

在核心素养背景下，中小学课程标准以核心素养为中心进一步精选学科课程内容，使课程内容结构化；以主题为引领，使课程内容情境化。这些都有效促进了核心素养的落实。课程内容结合学生年龄特点和学科特征，强化了习近平新时代中国特色社会主义思想，有机融入了社会主义核心价值观，中华优秀传统文化、革命文化和社会主义先进文化等内容，努力呈现了经济、政治、文化、科技、社会、生态等发展的新成就、新成果，充实和丰富了学生社会责任感、创新精神、实践能力。例如，《义务教育语文课程标准（2022年版）》设置了基础型、发展型、拓展型学习任务群的课程内容，为语文教学的开展提供了具体操作思路。英语课程内容以主题群为引领，整合主题、语篇、语言知识、文化知识、语言技能和学习策略等，为英语核心素养的落实提供具体指导。

📝 **资料卡片**

义务教育阶段英语课程内容分析——以语言知识为例

按照义务教育阶段英语课程的总体目标要求，《义务教育英语课程标准（2022年版）》对语言知识提出了级别要求。其中，语言知识包括语音、词汇、语法、语篇和语用知识，是发展语言技能的重要基础。《义务教育英语课程标准（2022年版）》对语言知识的内容做出了三个等级的具体要求，在教学过程中需要注意以下两个方面。

首先，明确语言知识在英语学习中的作用和意义。九年义务教育阶段学生应该学习和掌握的英语基础知识包括语音、词汇、语法、语篇和语用知识五个方面的内容。在教学过程中，让学生学习和掌握英语中稳定的符号规则体系，如语音规则、拼写规则、语义规则等基础语言知识，有利于他们提高英语学习的效率，促进他们形成语言能力的核心素养。使学生掌握一定的英语基础知识是基础教育阶段英语课程的基本目标之一。

其次，厘清语言知识与语言能力之间的关系。语言知识是语言能力的组成部分。英语基础知识是发展英语听、说、读、写等语言能力的重要基础，但语言知识本身也是语言学习的目标之一。因此，课程内容应该包含语言知识与语言能力两个部分，二者相互影响。语言教学不能停留在知识的传授和学习上，要把语言知识落实到听、说、读、写的实践上，提高听、说、读、写的质量。学习和掌握语言知识的最终目的，是让学生将所学的知识运用于语言实践之中，提升学生的语言能力和学习能力等核心素养。

二、细化了学段课程目标的要求

在中小学课程标准中，每一学科课程都划分了不同的学段。根据学生的年龄特征、认知水平、学科特点等因素，每个学段设立相应的学段目标，然后根据学段目标设置对应的课程内容。例如，语文课程划分了四个学段，1~2年级为第一学段，3~4年级为第二学段，5~6年级为第三学段，7~9年级为第四学段。学段目标从"识字与写字""阅读与鉴赏""表达与交流""梳理与探究"四个方面提出要求。数学课程同样划分了四个学段，在各学段中，安排了四个部分的课程内容，即"数与代数""图形与几何""统计与概率""综合与实践"。英语课程虽然没有划分学段，但是围绕主题、语篇、语言知识、文化知识、语言技能和学习策略五个方面的内容划分了三个不同的标准等级，每个阶段的学生对应不同的等级进行学习。

每个学段的课程内容都是对学段课程目标的精细化呈现。课程内容的阶段性体现了知识与技能、过程与方法由浅入深、由简到繁的基本序列，也体现了学生身心发展不同阶段的主要特征。每一学科的学段课程内容都是对课程学段目标的深刻诠释，在学段目标的引领下，课程内容的选择与课程实施有了更加明确的方向。

资料卡片

中小学数学课程内容分析——以图形与几何为例

"图形与几何"部分的学习内容，以发展学生的空间观念、几何直观、推理能力为核心展开，主要包括"图形的认识与测量"和"图形的位置与运动"两个主题。学段之间的内容相互关联，螺旋上升。

"图形的认识与测量"包括立体图形和平面图形的认识、线段长度的测量，以及图形的周长、面积和体积的计算。首先要明确认识的对象。在小学阶段的第一学段（1~2年级），要求在图形认识与测量的过程中，形成初步的空间观念和量感。例如，能通过实物和模型从不同角度观察简单物体，能通过实物或模型辨认长方形、正方形等。在第二学段（3~4年级），需要认识的图形增加了线段、射线和直线等一维图形；对角的认识扩大到平角、周角，增加了三角形、四边形等。在第三学段（5~6年级），除了增加点、平面、菱形、梯形外，更多的是对已有图形从整体到局部的理解。关于"图形的认识与测量"内容的安排，体现了从生活到数学、从直观到抽象、从整体到局部的特点，且三维、二维、一维图形交替出现，目标要求逐渐提高。其次，明确图形认识的要求。图形认识的要求主要包括两个方面，一是对图形自身特征的认识；二是对图形各元素之间、图形与图形之间关系的认识。在小学三个学段中，认识同一个或同一类图形的要求有明显的层次性，即从"辨认"到"初步认识"，再从"认识"到"探索并证明"。

三、体现了实践活动的重要功能

在中小学课程标准中,不同学科课程内容都设置了一个共同的议题——实践活动。在《义务教育语文课程标准(2022 年版)》中课程内容主要以学习任务群的方式呈现。语文学习任务群由相互关联的系列学习任务组成,其中包含一个基础型学习任务群、三个发展型学习任务群和两个拓展型学习任务群。这些任务群共同指向学生的核心素养发展,具有情境性、实践性、综合性等特征。例如,"拓展型学习任务群"旨在加强语文课程内部诸多方面的联系,加强与其他课程及与生活的联系,促进学生语文素养全面协调地发展,培养学生学会灵活使用常用语文工具书和网络,检索所需的信息和资料。同时,学会以多种形式表达和交流自己对自然、社会与人生的感受和思考。在《义务教育数学课程标准(2022 年版)》中课程内容设置了"综合与实践",注重探索发现和演绎证明的有机结合,有利于增强学生发现问题和提出问题的能力、分析和解决问题的能力。在《义务教育科学课程标准(2022 年版)》中课程内容提出了各学段的"学习活动"等。可见,国家的顶层设计开始逐渐重视学生的自主性、合作性、探究性学习方式,使学生不仅能够习得知识,而且能够通过探究性活动提升自己的实践能力与生活能力。

实践活动在课程内容中不断凸显,说明其对学生能力提升具有重要意义。实践活动的重要功能表现在以下两个方面。第一,能够帮助学生综合运用已有的知识和经验。学生通过自主探索和合作交流,解决与生活经验密切联系的、具有一定挑战性和综合性的问题,发展解决问题的能力。第二,能够培养学生的实践创新和交流合作能力。实践活动是一种新的课程形态,其内核是自主、合作、探究。因此,实践活动能够培养学生在实践中的研究能力、思维能力、交际能力与合作意识。例如,《义务教育数学课程标准(2022 年版)》设置了"综合与实践"模块,让学生在实际情境和真实问题中,运用数学和其他学科的知识与方法,经历发现、提出、分析、解决问题的过程,感悟数学知识与其他学科知识之间、数学与科学技术和社会生活之间的联系,形成和发展数学核心素养。"综合与实践"模块主要包括主题活动和项目学习等。

课标摘要

《义务教育数学课程标准(2022 年版)》"综合与实践"课程内容见表 5-5。

表 5-5　《义务教育数学课程标准(2022 年版)》"综合与实践"课程内容

学段	主题活动
第一学段(1~2 年级)	主题活动 1:数学游戏分享 主题活动 2:欢乐购物街 主题活动 3:时间在哪里 主题活动 4:我的教室 主题活动 5:身体上的尺子 主题活动 6:数学连环画

续表

学段	主题活动
第二学段（3～4 年级）	主题活动 1：年、月、日的秘密 主题活动 2：曹冲称象的故事 主题活动 3：寻找"宝藏" 主题活动 4：度量衡的故事
第三学段（5～6 年级）	主题活动 1：如何表达具有相反意义的量 主题活动 2：校园平面图 主题活动 3：体育中的数学 项目学习 1：营养午餐 项目学习 2：水是生命之源

四、采取了跨学科主题学习方式

教育部针对课程内容颁布的系列文件包括设置综合课程、实施跨学科统整的课程体系等内容。2014 年发布的《教育部关于全面深化课程改革落实立德树人根本任务的意见》指出："要在发挥各学科独特育人功能的基础上，充分发挥学科间综合育人功能，开展跨学科主题教育教学活动，将相关学科的教育内容有机整合，提高学生综合分析问题、解决问题能力。"2022 年 4 月，教育部印发《义务教育课程方案（2022 年版）》，指出，"优化内容组织形式""设立跨学科主题学习活动，加强学科间相互关联，带动课程综合化实施，强化实践性要求"。这些都体现了课程应重视学科知识、社会生活和学生经验的整合，改变课程过于强调学科本位的现象。因此，学校要设置综合课程，增设综合实践活动，加强课程的选择性。

在《义务教育数学课程标准（2022 年版）》中，数与代数、图形与几何、统计与概率是义务教育阶段数学学习的核心内容，每个学段设置相应的主题。综合与实践领域根据不同学段学生特点，以跨学科主题学习为主，采用主题式和项目式学习的方式，设计真实的情境问题，引导学生综合运用数学学科和跨学科的知识与方法解决问题。这样的课程内容组织形式，体现了从跨学科的视角深度融合数学元素的课程内容安排。在《义务教育英语课程标准（2022 年版）》中，英语课程内容包含主题、语篇、语言知识、文化知识、语言技能和学习策略六要素。其中，主题语境涵盖人与自我、人与社会、人与自然三大范畴，各主题群之下设若干子主题内容，涉及人文社会科学和自然科学领域等诸多内容，为学科育人提供了话题和语境。主题语境涵盖内容广泛，充分彰显了英语课程知识的跨学科组织特点。《义务教育道德与法治课程标准（2022 年版）》提出"以社会发展和学生生活为基础，构建综合性课程""坚持学科逻辑与生活逻辑相统一，主题学习与学生生活相结合"的组织方式。道德与法治课程在不同学段设置了道德教育、生命安全与健康教育、法治教育、中华优秀传统文化与革命传统教育等主题，这些主题中的内容融合了语文、历史、生物等学科的知识，体现了跨学科的课程内容组织形式。

资料卡片

道德与法治课程内容分析

——以第四学段（7～9 年级）中华优秀传统文化教育为例

义务教育第四学段是 7～9 年级的初中年级段，是小学高年级段的延续，与高中相衔接，也是培育道德品格，形成正确的世界观、人生观、价值观的重要时期。对于优秀传统文化与革命传统的教育内容，可以结合初中阶段语文、历史等学科所学内容开展跨学科主题学习活动，在学习初中阶段知识的同时，培养学生的跨学科素养。

在第四学段的"中华优秀传统文化教育"学习主题中，弘扬中华优秀传统文化讲仁爱、重民本、守诚信、崇正义、尚和合、求大同的核心理念。让学生理解中华民族孝悌忠信、礼义廉耻的荣辱观念，崇德向善、见贤思齐的社会风尚；感悟天下兴亡、匹夫有责的担当意识，厚植爱国主义情怀等。在义务教育语文课程标准的课程内容中，首先就强调了围绕创造性转化和创新性发展，确定中华优秀传统文化内容主题，注重讲仁爱、重民本、守诚信、崇正义、尚和合、求大同等核心思想理念。这些内容和道德与法治课程中关于优秀传统文化教育的内容不谋而合。因此，我们可以设计针对优秀传统文化的跨学科主题学习活动，使学生在学习一个主题的过程中，形成跨学科的认识，进而培育学生的跨学科素养。

五、实现了结构化改革的新方向

首先，强化课程内容的育人价值。课程内容必须站在课程育人的高度，落实立德树人根本任务，促进育人方式改革。从国家对人才培养的需求来看，学科知识必须置于育人方式改革语境下，进行结构化整合处理，以增强知识学习与学生实际生活及知识整体结构的内在联系，体现综合化、实践性，实现减负提质。从学生的学习、发展逻辑设计课程内容来看，学科知识是手段，学生学习和发展是目的。学科知识的筛选、重组与整合要依据学生学习和发展的需要。此外，学科知识要进入核心素养培育的课程内容中，避免知识的死记硬背、机械训练等，强化课程内容的育人导向。

其次，充分彰显学习中心内容观。在课程内容的理解上，以学习为中心是一种复合型的课程内容观。它主要包含以下几个问题。其一，内容问题：教什么、学什么。其二，过程方法问题：怎么教、怎么学。其三，目的价值问题：为什么教、为什么学。其四，结果水平问题：教得什么样、学得什么样。这种复合型的课程内容观，更有利于从学科知识本位转向核心素养本位，突出习得知识的方式和运用知识的能力和价值，从而打破死记硬背、题海战术等知识技能训练的禁锢，克服高分低能、价值观缺失等乱象。学生可以在主题活动中，通过完成活动任务获取新知识并解决问题。学生在亲历实践、探究体验、反思合作等深度学习的过程中，能逐步形成并发展核心素养。

最后，开发大观念、大任务等课程内容形态。课程内容结构化的设计方面强调以核心素养为焦点，建构大概念、大主题、大任务等单元教学组织形态。课程内容的结构单元设计，有利于综合运用知识解决现实问题。同时，课程内容结构化设计作为学习内容聚合机制和学生学习动机激发机制，可以有效清理、归纳、整合学科知识点或主题活动内容，在学习内容安排层面切实实现减负、增效、提质。

资料卡片

《义务教育地理课程标准（2022年版）》的新变化

《义务教育地理课程标准（2011年版）》主要是以区域地理学的领域（地球与地图、

世界地理、中国地理、乡土地理）平铺设计安排课程内容，学科逻辑很强，但对学生学习立场考虑不够。《义务教育地理课程标准（2022年版）》则体现学生学习立场，建构出学科活动与学科知识一体化的地理学习内容体系：以认识宇宙环境、地球环境与人类社会关系这条核心线索为主干，将运用地理工具和参与地理实践这两条支撑线贯穿其中，形成学科知识与学科活动一体化的课程内容体系。

拓展学习

为深化本章所学内容，建议阅读如下学习资料。

陈华，吴刚平，2022．推进素养为纲的课程内容结构改革［J］．中国教育学刊（7）：71-78．

和学新，2017．课程的理论基础研究［M］．桂林：广西师范大学出版社．

王本陆，2017．课程与教学论［M］．北京：高等教育出版社．

吴刚平，2022．素养时代课程内容的概念重建［J］．全球教育展望（4）：16-17．

俞红珍，2005．课程内容、教材内容、教学内容的术语之辨：以英语学科为例［J］．课程·教材·教法（8）：49-53．

课后思考

1．课程内容的特征及编排的原则是什么？

2．核心素养背景下数学课程内容的历史变化是怎样的？

3．请结合《义务教育语文课程标准（2022年版）》，简述发展型学习任务群的主要内容。

第六章
中小学课程标准中的学业质量

思维导图

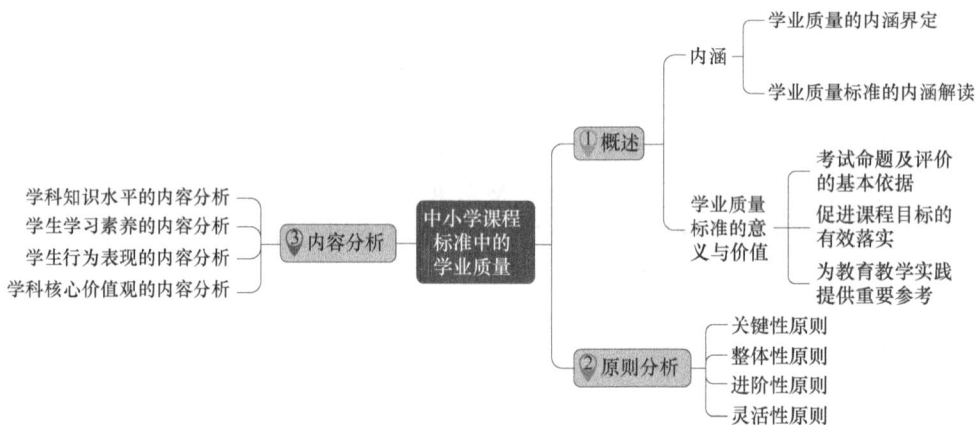

要点提示

学业质量是对学生完成某一阶段课程学习后的成就或表现的描述，反映了学生学习结果性目标和过程性目标的达成情况。学业质量标准作为课程标准的重要组成部分，与课程内容相互照应，对实现课程目标及多元化的课程评价具有重要的参考价值。在核心素养背景下，学业质量标准明晰了学科的育人导向及其质量要求，阐明了义务教育阶段学生应该达到的核心素养发展水平和应具备的行为表现。本章在介绍学业质量概念与价值的基础上，分析了研制学业质量标准的原则及内容结构，旨在帮助师生对学业质量标准有更清晰的认识。

学习目标

1. 了解学业质量标准的内涵和价值。
2. 掌握学业质量标准研制的原则。
3. 理解学业质量标准的内容。

第一节　学业质量概述

《国家中长期教育改革和发展规划纲要（2010—2020 年）》明确提出要"建立国家义务教育质量基本标准和监测制度"，要求"建立以提高教育质量为导向的管理制度和工作机制，把教育资源配置和学校工作重点集中到强化教学环节、提高教育质量上来"。2022 年 4 月，教育部公布《义务教育课程方案（2022 年版）》与十六个学科课程标准，具体阐述了学业质量的内涵与标准。这对加强中小学学生学习过程的监测与学习结果的管理，进一步提高教育质量、促进学生核心素养的发展具有重要的时代意义。

一、学业质量的内涵

（一）学业质量的内涵界定

学业，顾名思义，就是"学习的功课和作业"。狭义上的学业大致包括三个方面：一是学生按照相应的规定习得的知识、技能等；二是学校或教师为学生布置的作业；三是学生在上课之前所做的预习等准备工作。广义上的学业，是指按照一定的学制年限，在遵循课程标准的前提下，教师有计划、有组织地指导学习者系统地掌握知识与技能、过程与方法，形成正确的态度和价值观的发展过程。质量，一般是指产品或工作的优劣程度。教育教学中的学业质量（learning quality）可以定义为：学生按照国家规定，在学习知识、技能、方法等过程中达成的成就及其优劣程度。由此可见，学业质量是一个综合性的概念，主要指学生在学校、家庭、教师及自身等因素的影响下，通过学科课程的学习所表现出的道德品质、行为规范、学业成就等。与此同时，学业质量也是一个关系性的概念，主要强调影响学业质量的多重因素，如学习动机、师生关系、教学方式、学校环境等。总而言之，学业质量是学生通过课程学习在认知、情感、技能等方面所表现出来的变化程度和发展状态。在核心素养背景下，学业质量更加强调学生在完成课程阶段性学习后的学业成就表现，在一定程度上反映了对学生核心素养发展的要求。

（二）学业质量标准的内涵解读

学业质量标准是贯穿核心素养的重要维度，是对学生学业成就及其具体表现的整体刻画。学业质量标准规范了各学科课程内容的学习要求，明确界定和描述了学生应具备的学科核心素养及其达到的具体水平。简而言之，学业质量标准是学科核心素养的内容化、模块化、具体化、可测化。它主要是指学生学习本课程后所获得的能够体现学科素养的规范性成就标准或表现标准。这里有两个关键词，一是"成就"，二是"表现"。学业质量标准的内涵，可以从以下四个方面进行解析。

第一，学业质量标准是指学生在完成某一学段、某一学科的学业后，应该具备的核心素养发展水平。学业质量标准是对学业表现的明确规定。换言之，学业质量标准是义务教育阶段的学生在完成每一个学段，或者完成整个阶段的学业后，应该形成的核心素养，以及这些素养需要达到的具体水平。

第二，学业质量标准是课程实施过程的测量尺度，与课程目标直接相关联。学业质量标准的突破口在于对学生学习活动应该实现的课程目标设计，如教学成果的设计、评价标准的设计、评价方式的设计。简言之，学生学业质量标准的设计着眼于课程目标的实现，目的在于设计相应的衡量学习成果的标准。

第三，学业质量标准是学业成就的衡量标准。学业质量标准以分科的形式对各学科课程的预期作出了简单陈述，明确了各学段学习过程与结果及学业质量要求。

第四，学业质量标准是学业水平考试命题的依据。学业质量标准来源于核心素养，最终回归于核心素养。它既能够体现教育质量的水平，也是评价教学效果的重要导向。总而言之，学业质量标准是指导教学实施、考试评价、试题命制与教材编写的重要依据。

◤ 课标摘要

语文课程学业质量标准是以核心素养为主要维度，结合课程内容，对学生语文学业成就具体表现特征的整体刻画。依据义务教育四个学段，按照日常生活、文学体验、跨学科学习三类语言文字运用情境，整合识字与写字、阅读与鉴赏、表达与交流、梳理与探究等语文实践活动，描述学生语文学业成就的关键表现，体现学段结束时学生核心素养应达到的水平。四个学段的语文课程学业质量标准之间相互衔接，体现学生核心素养发展的进阶，为核心素养评价提供基本依据。

—— 《义务教育语文课程标准（2022 年版）》

二、学业质量标准的意义与价值

学业质量标准作为义务教育阶段新课程标准的重大创新性成果，是衡量教育质量的一个重要指标，在学科教学的每个环节发挥着重要的作用。

（一）学业质量标准是考试命题及评价的基本依据

学业质量标准在义务教育阶段的考试评价中具有规范性的作用，为各级各类考试评价和考核标准提供了理论框架和实践依据。各级各类考试是测量学习结果的指挥棒，很大程度上影响了教师和学生在课堂中教与学的内容。成绩导向的评价机制过分强调人才的选拔目的，会导致学科育人价值的式微。因此，课程改革势在必行。教育部在印发的2022 年版义务教育课程标准中新增了学业质量相关规定，充分体现了核心素养的内涵和"双减政策"的意义。学业质量标准的关键在于满足不同学段核心素养的要求。同时，学业质量的提出变革了义务教育阶段考试评价的基本支点。因此，学业质量标准中关于核心素养要求及其培养方案的内容，是义务教育阶段学业水平等各类考试的重要依据。

学业质量标准是考试命题及其评价的基本依据，主要体现在两个方面。从形式上看，学业质量标准具有学段性的分层标准；从内容上来看，学业质量标准强调课程内容的综合性。因此，学业质量标准为教学设计与实施、考试评价设计等提供了参考依据。深入研究学业质量标准的学段分层，掌握学业质量分层的思维方式与课程内容要求，是适应新时代核心素养和"双减政策"的必然选择，也是把握义务教育阶段试题命制和考试评价的重要方向。2022 版义务教育课程标准指出，以学业质量标准作为依据，重在建构过程性评价与形成性评价相结合的评价体系，充分重视过程性评价，对学生的认知水平、道德素质、实践能力等进行科学细致的评价。这就说明，学业质量标准是对核心素养的分层评价，涵盖全面系统的学业评价要求。例如，模块化的学业表现标准和评价标准、学习主体的学业表现标准和评价标准、单元的学业表现标准和评价标准、课堂教学目标的表现标准和评价标准等。

📋 **资料卡片**

《义务教育数学课程标准（2022年版）》中的学业质量标准是考试命题的重要指南。学业质量标准下的义务教育数学考试命题需要注意以下几个方面。首先，以结构化数学知识主题为载体，注重评估学生的"四基"及在此过程中所形成的核心素养。其次，基于情境和问题导向的"四能"评估。从学生熟悉的生活与社会情境，以及符合学生认知发展规律的数学与科技情境中，在经历"用数学的思维与数学的语言分析和解决问题"的过程中形成模型观念、数据观念、应用意识和创新意识。最后，将学生实践探索活动中积累的经验纳入评估。考查学生在数学的学习中养成的独立思考、合作探究、批判反思等必备品格，全面评价学生数学核心素养的发展水平。

（二）学业质量标准可以促进课程目标的有效落实

学业质量标准与课程目标都是2022年版义务教育课程标准的重要组成部分。具体来说，学业质量标准以课程目标为基本指向，是对其应达到的核心素养水平的具体描述。课程目标是学科在促进学生核心素养发展中的预期目标，它明确规定了学生在阶段性学习后应该知道什么、理解什么、做到什么。因此，课程目标不仅是国家对课程学习结果的具体反映，而且体现了不同学段学生的核心素养应达到的水平。学业质量标准是课程目标的具体检验指标。也就是说，学业质量标准能够检验义务教育阶段的课程目标是否达成，以及达成的程度如何。基于此，学业质量标准是对课程目标的进一步具体化、细化，是一种表现性标准。它规定了学生在课程学习中实际应该达到的程度，是学生学习能力的评判准则。

学业质量标准在一定程度上是对课程目标的进一步完善和细化。因此，学业质量标准可以促进课程目标的有效落实。一方面，学业质量标准体现了课程目标的要求。课程目标聚焦于核心素养，划定了不同学科、不同学段的核心素养目标。素养本位的学业质量标准明确了各学科的育人价值和质量要求，直接反映了不同学段学生应达到的学业水平。另一方面，学业质量标准有利于促进课程目标的实现。核心素养导向的课程目标指向现实问题或任务的解决，学业质量标准是根据核心素养所提出的必备品格和关键能力要求，与课程目标相结合而制定的。学业质量标准明确了教师在具体学科领域应该培养学生的哪些能力和素养及达到什么水平，因此在教学实践中更具有可操作性，对促进课程目标的落实、核心素养的落地具有重要意义。

（三）学业质量标准为教育教学实践提供重要参考

学业质量标准与课程内容的内在结构体系具有密切的关联性。学业质量标准指向学生通过一个阶段的学习而形成的必备品格和关键能力，但是品格和能力的形成关键在于围绕课程内容所进行的教育教学实践。因此，学业质量标准是课程实施与教学实践的重要指标体系。

学业质量标准既体现了核心素养的水平要求，也结合了具体的课程内容，更清晰地反映出义务教育不同阶段的学生"学什么"和"学到什么程度"。在学校的课程改革与教学实践中，学业质量标准可以帮助教师更精准地把握教学的深度和广度。同时，学业质量标准规定了学习的表现标准和评价的表现标准，以此为依据来考查学生、教师与教学，主要包括学生的核心素养要求是否达标，教师的课堂教学是否适切，教学质量是否提质增效等。这些不仅为教师日常的教学提供了重要的、可参考的依据，并且有助于教师及时、精准地把握学生的知识掌握情况及素养提升程度，从而对学生的发展与对应学段要求之间的差距做出合理的判断。因此，学业质量标准有利于帮助教师和学生把握教与学的深度、广度和完成度。

学业质量标准不仅充分体现了核心素养的表现，而且结合学科课程内容建立了理论框架。但是，我们也要认识到学业质量标准不能完全等同于核心素养的表现标准。学业质量标准更要依托义务教育阶段的课程内容。这就表明学校所设置的课程，无论是国家课程还是校本课程，都应该以学业质量标准作为重要的参考。同时，教师在开展教学活动时也要依据学业质量标准，注重培养学生的核心素养，帮助学生形成正确的情感、态度和价值观。此外，教师要整体把握不同学段的学业质量标准，变革传统课堂教学方式，采用具有情境性的项目式、议题式等教学方式。总之，教师教学方案的设计、教学方法的选择、教学活动的开展等都应该以学业质量标准作为重要参考方向，去探究适合于核心素养时代的教与学的方式、方法。

资料卡片

数学课程学业质量标准描述了以核心素养为导向的义务教育阶段数学学业成就表现，为数学课程的教学实施提供了依据。数学课程学业质量标准在深度与广度上对学生的学习目标、教师的教育目标进行了描述。学业质量标准是促进数学核心素养落地的标尺。数学课程学业质量标准从"四基""四能"及情感、态度、价值观等方面对数学核心素养的要求做了充分的阐释，指导教师在教学过程中注重"四基""四能"，全面落实学生核心素养发展目标。教师依据学业质量标准进行教学方案的设计、教学方法的选择、教学活动的开展，同时，还需要注重对数学概念、数学思想的整体把握。

第二节　学业质量的原则分析

学业质量不仅包括学生在基础知识、基本技能方面所达到的水平，还包括时代发展所要求的学生应必备的收集处理信息、自主获取知识、分析与解决问题、交流与合作、创新精神与实践能力等核心要素。学业质量以学科核心素养为依据，将学生核心素养发展的要求进行不同学段、不同层次的划分。也就是说，学业质量所要体现的是学生在核心素养方面的发展程度、行为变化、量和质等内容。

一、关键性原则

关键性原则，指学业质量标准凝练了核心素养的关键特征，并以此作为不同学段学生应该达到的素养标准。这些关键特征的析出和凝练,又取决于核心素养的内涵表现及义务教育三个或四个学段的具体要求。因此,学业质量标准根据核心素养划分了三个或四个学段的水平标准。例如,《义务教育道德与法治课程标准（2022 年版）》明确描述了道德与法治课程要培养的核心素养包括政治认同、道德修养、法治观念、健全人格、责任意识。学生在不同学科、不同学段表现出来的学业成就具有关键性特征,如道德与法治课程学业质量标准呈现的是学生学习成效的典型特征,以反映课程目标的达成度。

资料卡片

对"政治认同"的学段要求。首先,明确《义务教育道德与法治课程标准（2022 年版）》对"政治认同"的概念界定和对学习道德与法治的重要性表述。"政治认同"是指具备热爱伟大祖国、中华民族、中华文化、中国共产党、中国特色社会主义的情感,以及为中华民族伟大复兴而奋斗的志向,能够自觉践行和弘扬社会主义核心价值观。政治认同主要表现为政治方向、价值取向和家国情怀。培育学生的政治认同,有助于他们形成正确的世界观、人生观、价值观,坚定正确的政治方向。《义务教育道德与法治课程标准（2022 年版）》根据对学生核心素养的要求及义务教育阶段学生的认知特点,将学业质量标准的政治认同划分了四个学段的要求。第一学段和第二学段对学生的要求相对简单,即要求学生能够了解模范人物的事迹,讲述中华民族传统美德等。第三学段和第四学段,要求学生理解马克思主义指导地位、伟大建党精神、维护国家安全、构建人类命运共同体等。这样的学段要求,能够使学生通过道德与法治课程的学习,循序渐进地达到"政治认同"这一素养的要求。

二、整体性原则

整体性原则,是指学业质量标准体现了对不同学段、不同课程目标的整体性规划。从纵向看,某一学科的每个核心素养,都在一定程度上反映了复杂问题情境的变化趋势,并且每一个核心素养的每一个方面都有不同层次的划分,如英语课程中关于语言能力素养的学业质量要求分别细化为一级（3～4 年级）、二级（5～6 年级）、三级（7～8 年级）。同时,它们能在同一学段之间建立逻辑关系,并结合具体的课程目标,形成学业质量标准的学段划分。所以,每个学段都涵盖了核心素养的要求。从横向看,对学业质量标准进行划分包括以下三个步骤:第一,对核心素养分别进行水平划分;第二,将核心素养与具体课程内容相结合;第三,每个核心素养的三个或四个学段分别在横向上组合起来,形成学业质量的学段标准。

课标摘要

《义务教育劳动课程标准（2022 年版）》中的学业质量分析［第一学段（1～2 年级）］（部分）见表 6-1。

表 6-1 《义务教育劳动课程标准（2022 年版）》中的学业质量分析［第一学段（1～2 年级）］（部分）

核心素养目标（学段目标）	学业质量标准（劳动素养要求）
懂得人人都要劳动、劳动成果来之不易的道理。初步感知劳动的艰辛与乐趣，学会尊重他人的劳动付出。喜欢劳动，具有主动劳动、积极参加劳动的愿望	在简单的日常生活、生产劳动中，认识到人们的衣、食、住、行、用都离不开劳动，懂得人人都要劳动的道理，积极主动参与班级劳动，初步体会劳动对日常生活的重要性；能在力所能及的劳动实践中体会劳动的艰辛和快乐，初步形成喜欢劳动、积极参加劳动的态度（劳动观念）
完成比较简单的个人物品整理与清洗，居室、教室等卫生保洁、整理与收纳，以及垃圾分类等劳动任务，参与简单的家庭烹饪。形成"自己的事情自己做"的意识，具有初步的个人生活自理能力	在完成清洁与卫生、整理与收纳、烹饪与营养等劳动任务的过程中，初步掌握基础知识、基本步骤与操作方法，初步形成个人生活自理能力；在简单的工艺制作劳动、农业劳动中，初步掌握简单的手工技能，会使用简单的工具，能照顾身边常见的动植物（劳动能力）
关心、照顾身边常见动植物，初步形成关爱生命、热爱自然的意识。参与简单的手工制作活动，初步学会规范使用相应工具。对工艺制作具有一定的好奇心	能做到不浪费粮食，爱护学习用品、生活用品等，懂得珍惜劳动成果；在劳动过程中遵守劳动纪律和安全规范；初步养成"自己的事情自己做"、认真负责、有始有终的劳动习惯和品质（劳动习惯和品质）
在劳动过程中遵守纪律、不怕脏、不怕累，具有初步的劳动安全意识，初步养成有始有终、认真劳动的习惯	能在劳动过程中不怕脏、不怕累（劳动精神）

由此可见，学业质量标准的学段要求是结合课程内容对核心素养的细化，如在横向上，劳动课程的每一个学段对劳动素养的四个方面的学习达成度进行详细描述，形成了相对应的学业质量标准（劳动素养要求），体现了核心素养学段目标与学业质量标准之间的逻辑关系。劳动课程的学业质量标准（劳动素养要求）是对其核心素养目标的进一步细化和完善。例如，"劳动观念"这一要求，在核心素养目标中并没有做具体的说明，但在学业质量标准（劳动素养要求）中进行了清晰的划分，要求低年级的学生体会劳动的重要性，形成积极的劳动态度。

三、进阶性原则

进阶性原则，是根据学生在核心素养上的发展水平确定不同学段的具体质量标准，而不是仅仅采用非常、比较、一般等限定词来描述质量标准的变化。此外，还需要注意，不同学段的学生发展水平之间有明确的递进关系。因此，在具体明确学业质量标准的核心素养要求时，要进行横向与纵向的考量。

从纵向看，核心素养的每个方面在三个或四个学段中均具有连续性和递进性。例如，道德与法治中的"政治认同"这一素养从低到高的学习达成度划分为第一学段（1～2年级）、第二学段（3～4年级）、第三学段（5～6年级）、第四学段（7～9年级），它们存在层层递进的关系。第一学段为最低水平，第四学段为最高水平，各水平要求之间相衔接，并且更高一层学段的素养标准涵盖了前一学段的表现，以体现核心素养不断递进的发展趋势。

我们以道德与法治课程中的"政治认同"这一核心素养为例进行说明。

▶ 课标摘要

《义务教育道德与法治课程标准（2022 年版）》"政治认同"学业质量（部分）见表 6-2。

表 6-2　《义务教育道德与法治课程标准（2022 年版）》"政治认同"学业质量（部分）

学段	政治认同
第一学段 （1～2 年级）	能够准确讲出中国的全称，知道国旗、国歌、国徽是国家的象征，能够认识中国版图，知道主要传统节日与纪念日的来历与含义，具有作为中国人的自豪感，能够识别道路交通和安全标识，具有一定的安全意识（政治认同、法治观念）
第二学段 （3～4 年级）	在地图上能够指出家乡所在省份和地理位置，了解中华优秀传统文化的代表性成果，举例讲述新中国建设的伟大成就，对祖国未来充满信心，能够结合实例讲述维护国家统一与民族团结的意义，知道祖国领土神圣不可侵犯（政治认同、法治观念）
第三学段 （5～6 年级）	知道马克思主义的指导地位、中国共产党的主要革命历史与党的根本宗旨，初步了解中国特色社会主义道路的意义、习近平新时代中国特色社会主义思想精髓（政治认同、法治观念）；……，举例讲述在长期奋斗中构建起的中国共产党人的精神谱系（政治认同、道德修养）；……，了解中华民族对人类文明的贡献（政治认同、道德修养）；能够结合实例简要说明维护国家安全的重要性，……（政治认同、法治观念、责任意识）；……讲述构建人类命运共同体的意义（政治认同、责任意识）
第四学段 （7～9 年级）	能够结合史实阐明伟大建党精神是中国共产党的精神之源，……；能够结合实例初步阐释中国共产党为什么能、马克思主义为什么行、中国特色社会主义为什么好，……，能够深刻理解中国特色社会主义进入新时代，党和国家事业取得的历史性成就、发生的历史性变革（政治认同、道德修养）；……；能够举例说明社会主义先进文化、革命文化和中华优秀传统文化的主要特征，坚定文化自信（道德修养、政治认同）；能够结合实例理解维护国家安全的重要性，……（政治认同、法治观念、责任意识）；……阐述构建人类命运共同体的意义（政治认同、责任意识）

由此可见，第一学段和第二学段关于"政治认同"的内涵描述，属于"知道、了解、讲故事"的认知层面，可以概括为两个关键点：一是能够讲述革命英雄人物的事迹；二是了解中华优秀传统文化。第三学段和第四学段关于"政治认同"的内涵描述，属于"理解、说明"的认知层面，在前两个学段的基础上，增加了"马克思主义理论指导、建党精神、国家安全观"等更高层次的理论与国际视野。关于"政治认同"的学业质量标准，从了解、讲故事到理解、说明的内涵表述，充分体现了这一核心素养的整体性与学段之间的连续性和递进性。

四、灵活性原则

学业质量标准的学段划分是有弹性的。一方面，遵循学生身心发展的认知规律，要求学生达到学段的质量标准；另一方面，各学段之间并不是完全孤立的。根据不同课程的性质，核心素养的学段划分具有弹性，能使学生根据自身的学习情况达成学业质量要求，如大部分学生的核心素养发展顺序是逐级的，只有少部分学生能够直接跨越一个以上学段的目标获得发展。因此，学业质量的学段划分只是一个参考，教师应根据具体的学情，适当调整学业质量标准，满足学生发展的需要，即学段划分是最低要求，每个学段之间是有连接的。例如，第三学段的学生应该达到第三学段的学业质量标准，但是也可能达到第四学段的标准。因此，在核心素养背景下，要鼓励优秀的学生达到更高水平的学业质量标准。

▶ 课标摘要

《义务教育语文课程标准（2022 年版）》"跨学科学习"学业质量（部分）见表 6-3。

表 6-3 《义务教育语文课程标准（2022 年版）》"跨学科学习"学业质量（部分）

学段	质量描述
第一学段 （1～2 年级）	在跨学科学习和探究活动中有好奇心和求知欲，喜欢观察、提问，能用自己喜欢的方式呈现学习所得
第二学段 （3～4 年级）	参加跨学科学习活动，乐于观察、提问、交流，能参与简单的活动策划、组织工作；能根据不同学习活动主题搜集、整理信息和资料，提出自己感兴趣的问题；能用照片、图表、视频、文字等展示学习成果，并与他人分享
第三学段 （5～6 年级）	积极参加跨学科学习活动，能利用多种信息渠道获取资料，在简单的调查、访谈等活动中记录真实生活；能根据活动需要，结合自己的知识积累和生活经验提出要探究、解决的主要问题；能借助跨学科知识和相关材料，与同学合作探索解决问题的具体方法，运用相关知识解释自己的想法，记录探究的过程及结论，写简单的研究报告；能组织讨论和专题演讲，发表自己的观点，在交流反思中辨别是非、善恶和美丑。能根据校园、社会生活的需要，自己或与同学合作撰写活动计划、实施方案或活动总结
第四学段 （7～9 年级）	能针对学习和生活中的问题，开展跨学科学习，根据需要策划创意活动，从相关学科材料中搜集资料，整合信息，发现解决问题的线索；能通过多种方式获取资料；能广泛搜集信息，关注信息的权威性和科学性；能运用实证性材料对相关问题作出合理的解释与推断；能通过梳理、分析材料提炼出自己的看法；能有条理地列出提纲，用策划书、调查报告、小论文等形式发表研究成果，力求格式规范、内容完整、条理清晰。通过合作，能综合运用绘画、表演、创作等多种活动样式开展校园活动和社会活动

由此可见，对语文课程"探究与梳理"的递进要求，包含多渠道获取信息，梳理跨学科知识和材料，撰写研究报告、小论文，创作校园或社会活动等方面。它们之间并不是孤立的，其关键性特征与连结点是"梳理"与"探究"，是在信息收集、整理的过程中开展跨学科学习。因此，对一些学生来说，在义务教育阶段的语文能力是有可能实现跨越式发展的，尤其在探究与跨学科学习的能力方面，存在较快领悟与提升的可能性。

第三节　学业质量的内容分析

学业质量标准，以教育的方针政策和根本任务为依据，按照核心素养的主要维度，结合课程目标和课程内容等，规定和设计学生课程学习应该达到的发展水平，体现了新时代的教育质量观。从形式上看，学业质量标准是学生学业发展的预期结果和评价指标；从本质上看，学业质量标准的内容和结构体现了学生学业发展的价值取向。

一、学科知识水平的内容分析

义务教育阶段的学科知识，是经过严格筛选的对学生的成长和发展具有重要意义和价值的知识。学科知识是学科课程的核心内容，同时也是学业质量标准的基本组成部分。任何一门学科都含有特定的概念、定理、规则等，而且它们以学科逻辑特有的方式进行排列和组织，共同构成了某一学科的知识体系。例如，语文学科的拼音、字词、语法、修辞等；数学学科中的数与代数、图形与几何、统计与概率等；英语学科中的语言知识、语言技能、词汇知识等。通常而言，学科知识以符号的形式存在于学科课程中，由知识的逻辑形式和意义系统等要素构成。但是，学生对于各个学科知识的学习和掌握，并不仅仅是知识符号的获取与简单记忆。因此，在学业质量标准中研制的知识标准，着眼于学生通过学科知识的深度理解、实践应用等获得这些上位的概念性知识，而不是着眼于学生对概念、原理等的机械记忆。

课标摘要

能结合具体情境，认识万以内的数及其大小关系，描述四则运算的含义，能进行简单的整数四则运算，形成初步的数感、运算能力和符号意识；能结合现实生活中的事物，认识并描述常见的立体图形和平面图形特征，会对常见物体的长度进行测量，形成初步的空间观念和量感；能对物体、图形或数据按照一定的标准分类，形成初步的数据意识。认识货币单位、时间单位和基本方向，尝试用数学方法解决问题，积累数学活动经验，形成初步的量感和应用意识。

结合现实生活情境，尝试用数学语言描述生活中的实际问题，运用所学的数学知识和方法解决问题，形成初步的数感、量感和应用意识。

通过操作、游戏，制作等丰富多彩的活动，对数学产生一定的好奇心，形成学习数学的兴趣和初步的合作交流意识与独立思考的学习习惯。

——《义务教育数学课程标准（2022 年版）》第一学段（1～2 年级）的学业质量标准

二、学生学习素养的内容分析

学生在学习过程中形成的素养和品质是学业质量标准的重要支撑。因此，学业质量标准的内容重点体现了学生学习素养的发展标准。当前我国正处于教育改革与发展的关键时期，在核心素养的背景下，我国义务教育阶段学生的学业质量标准应该凸显学生的学习素养标准，并将其作为基础性标准。学生的学习素养标准重点关注了学习能力、实践能力、操作能力及应用能力等核心能力。同时，也规定了不同年级、不同学段的学生应该具有的学习方法、学习品质和习惯及思维方法等内容。这些内容体现了我国中长期教育改革与发展的要求。教育部颁布的《国家中长期教育改革和发展规划纲要（2010—2020 年）》，强调要发展学生的学习能力、实践能力和创新能力等。因此，义务教育阶段的学业质量标准从学习能力标准、实践能力标准、创新能力标准等方面，明确了学生学习素养的基本标准。例如，《义务教育物理课程标准（2022 年版）》明确描述了学生应该具备的学习能力、实践能力、创新能力等学习素养。

课标摘要

能认识物质的形态、属性及结构，认识运动和力、声和光、电和磁，认识机械能、内能、电磁能及能量的转化与守恒，能掌握所学的物理概念和规律；在学习和日常生活中，能从物理学视角观察事物，把所学概念和规律与实际情境联系起来，解释常见自然现象和解决常见物理问题，能综合运用物理概念和规律，分析和解决熟悉情境下的简单物理问题，具有初步的物理观念。

在熟悉的情境中，会用所学模型分析常见的实际问题；在进行简单物理实验和其他实践活动中，能对活动中的信息进行归纳推理，得到物理结论，在面对日常生活中的实际问题时，能运用所学物理概念、规律进行简单的演绎推理，得到结论……能从物理学视角对生活中不合理的说法进行质疑并说出理由，发表自己的见解。

——《义务教育物理课程标准（2022 年版）》

三、学生行为表现的内容分析

学生学业表现的内容描述是学业质量标准的核心部分，规定了学生在某一学段学习某一门课程内容之后应该达到的学业表现水平和评价指标。义务教育阶段不同学段的学生表现水平是存在差异的。学业表现水平重点论述了通过该学段的学习，学生应当获得哪些知识及应该具备哪些能力。因此，学业表现水平反映了课程教学与学生学习的广度、深度及复杂度，描绘了各种评价测量的方式。学生达到某一学段的学业标准后，他们所能表现出来的具体行为特征是外显的和可观测的。每个学段的学业表现标准都有相应的指标，教师可以利用指标作为评价基础，判断学生是否达到预期的学习结果。例如，《义务教育英语课程标准（2022 年版）》中的一级（3～4 年级）学业质量标准对该学段学生在学习英语学科知识基础上，应该产生怎样的行为表现作出了详细的描述。

课标摘要

《义务教育英语课程标准（2022 年版）》一级（3～4 年级）学业质量标准见表 6-4。

表 6-4 《义务教育英语课程标准（2022 年版）》一级（3～4 年级）学业质量标准

序号	学业质量描述
1-1	能听懂日常生活中的问候并进行回应，用语基本得体
1-2	能与他人互动交流，对赞扬、道歉、致谢等作出回应，用语礼貌
1-3	能借助图片、手势等，听懂简单指令并作出反应
1-4	能通过简单的动画、配图故事等语篇材料了解世界主要国家的风土人情
1-5	对英语有好奇心，在阅读配图故事、对话等简单语篇材料时，能积极思考，尝试就不懂之处提出疑问
1-6	在跟读简短的音视频材料时，能模仿说话者的语音、语调
1-7	能用简单的语言介绍自己的基本情况和熟悉的事物（如个人喜好、学校生活等）
1-8	能通过读、看等方式，认读或说出典型的中外文化标志物
1-9	能正确书写所学的单词和句子
1-10	能参照范例，仿写简单句
1-11	乐于观察生活中的语言和文化现象，尝试从不同角度看待事物
1-12	愿意参与课堂生活，与同伴一起通过模仿、表演等方式学习英语

四、学科核心价值观的内容分析

在核心素养背景下，通过学习一门学科课程，学生应该形成哪些核心价值观念，形塑怎样的核心素养和行为方式，是学业质量标准明确规定的。在各种利益的驱动下，教学的教化功能大多停留在知识层面，并未真正落实到观念层面。所以，课程本身的道德人文情怀与教育功能没有得到外显。简单机械的知识教学和重复训练不利于培养新时代学生的核心素养。因此，在核心素养背景下，基础教育课程的"情感、态度、价值观"

目标应得到充分的重视。学业质量标准就是从正面回答了学生在学习不同学科课程之后需要树立怎样的核心价值观的问题，对促进所学知识的价值转化具有重要价值。例如，《义务教育历史课程标准（2022年版）》在学业质量标准的论述中明确了学生通过学习历史应该具备的核心价值观念，包括认同社会主义核心价值观、铸牢中华民族共同体意识等。

课标摘要

能够通过学习世界历史，了解世界文明的多元性、差异性及其发展的不平衡性，知道资本主义、社会主义和殖民地半殖民地民族解放运动的发展，了解世界历史的形成过程，初步具有国际视野和全球意识，初步理解和平与发展的时代主题，形成构建人类命运共同体的意识。

——《义务教育历史课程标准（2022年版）》

这部分学业质量标准体现了学生通过学习世界史，应该具备历史解释、唯物史观、家国情怀等核心价值观念。

拓展学习

为深化和运用本章所学内容，建议阅读如下学习资料。

付华安，2017. 核心素养：研制基础教育学业质量标准的关键 [J]. 教学与管理（9）：119-121.

辛涛，2016. 学业质量标准：连接核心素养与课程标准、考试、评价的桥梁 [J]. 人民教育（19）：17-18.

杨向东，2012. 基础教育学业质量标准的研制 [J]. 全球教育展望（5）：32-41.

杨向东，2022. 素养本位学业质量的内涵及意义 [J]. 全球教育展望（5）：79-93.

叶丽新，2020. 学业质量标准：从充分理解到运用与发展 [J]. 教育发展研究（10）：44-49.

课后思考

1. 学业质量标准的内涵和意义是什么？
2. 学业质量的研制对教学工作具有怎样的启示？
3. 以《义务教育数学课程标准（2022年版）》为例，我们可以从哪些方面分析学业质量的内容？

下　篇

　　本篇主要围绕中小学课程标准中的教学建议、评价建议、教材编写、课程资源开发与利用、教学研究与教师培训展开论述。第七章阐释了教学建议的内涵与价值，具体分析了中小学课程标准中教学建议的特点和内容。第八章介绍了教学评价的内涵及相关概念，解读教学评价原则，归纳概括教学评价的具体内容，探析学业水平考试相关内容。第九章对教材内涵及价值进行分析，明确了中小学课程标准中教材编写的相关原则，阐释了中小学课程标准中教材编写建议的具体内容。第十章介绍课程资源基本概念，阐述了中小学课程资源开发与利用的价值，介绍了中小学课程资源开发与利用的原则，分析了中小学课程资源开发与利用的要点。第十一章在介绍教学研究与教师培训内涵的基础上，阐述了教学研究与教师培训的功能，分析了中小学教学研究与培训的原则与具体内容。

第七章
中小学课程标准中的教学建议

思维导图

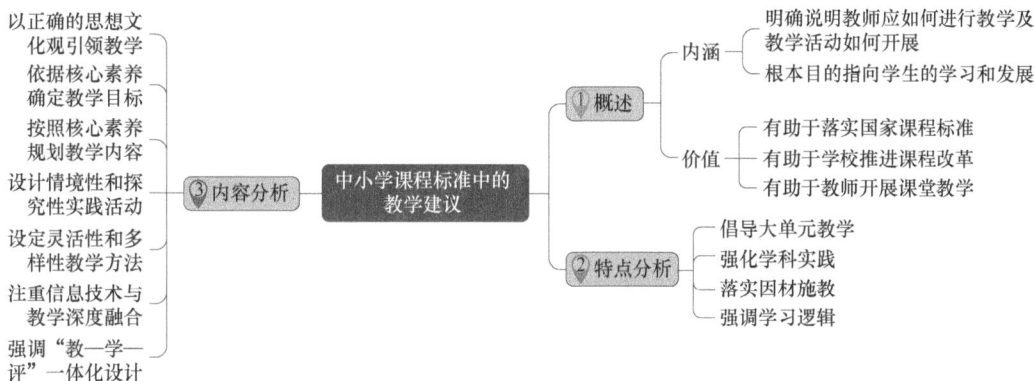

- ③ 内容分析
  - 以正确的思想文化观引领教学
  - 依据核心素养确定教学目标
  - 按照核心素养规划教学内容
  - 设计情境性和探究性实践活动
  - 设定灵活性和多样性教学方法
  - 注重信息技术与教学深度融合
  - 强调"教—学—评"一体化设计

中小学课程标准中的教学建议

- ① 概述
  - 内涵
    - 明确说明教师应如何进行教学及教学活动如何开展
    - 根本目的指向学生的学习和发展
  - 价值
    - 有助于落实国家课程标准
    - 有助于学校推进课程改革
    - 有助于教师开展课堂教学
- ② 特点分析
  - 倡导大单元教学
  - 强化学科实践
  - 落实因材施教
  - 强调学习逻辑

要点提示

教学建议是中小学课程标准课程实施部分的重要内容，其主要规定了各门课程在教学目标、教学方式、学习内容、教学过程等方面的要求。把握教学建议有利于教师开展教学活动，准确、全面地理解教学要求。教师需要根据教学目标适当处理教学内容，并根据教学建议选择适合的教学方法和评价方式。本章主要阐释教学建议的内涵与价值，具体分析中小学课程标准中教学建议的特点和内容。

学习目标

1. 了解教学建议的内涵与价值。
2. 理解中小学课程标准中教学建议的特点。
3. 熟知中小学课程标准中教学建议的具体内容。

第一节　教学建议概述

在课程标准中，教学建议是课程实施的重要组成部分，体现了课程改革的理念和要求。教学是落实课程标准的主要途径，教师应该认真学习和领会教学建议，并在教学过程中认真贯彻落实。

一、教学建议的内涵

在中小学课程标准中，课程实施部分围绕教学建议、评价建议、教材编写建议、课程资源开发与利用、教学研究与教师培训这五个方面进行了详细阐述。教学建议是课程实施中最为重要的一环，影响中小学课程标准能否在实践中贯彻落实。教学建议明确说明教师应如何进行教学及教学活动应如何开展，其根本目的指向学生的学习和发展。教学建议规定了教学目标、教学内容、教学方式、学生学习方式等，既体现了课程改革的理念和要求、课程性质的要求、教学的原则，也体现了学生身心发展规律及学科知识形成和建构的要求。例如，《义务教育语文课程标准（2022 年版）》强调："教师要准确理解义务教育语文课程的基本理念，把握学生核心素养发展的基本规律，根据课程目标、课程内容和学业质量的要求，创造性地开展语文教学，充分发挥语文学科独特的育人功能。"因此，教师应该把握教学建议的指示，明确学科教学的正确方向，追求课堂教学的最优化，培育学生的核心素养。

二、教学建议的价值

（一）有助于落实国家课程标准

课程标准反映了国家对学生学习结果的统一要求，即学生应达到的关键能力、必备品格和正确价值观。教学建议从教学目标、教学内容、教学方式、教学设计等方面进行了详细描述，旨在指导教师选择合适的教学内容和教学方法，落实课程标准对学生学习结果的要求。在教学过程中，教师要依据教学建议来确定教学目的、设计教学活动、组织教学内容、改进教学方式等。教学建议是教学的参考依据，其在帮助教师理解课程标准的教学重点与难点的同时，也为教师预留了灵活实施的空间。一方面，教师要整体思考课程标准、教学、教材与评价的一致性。另一方面，教师也要根据国家制度、性质，以及学校情况、学生学情等灵活实施课程。教学建议是课程实施部分的一种具体化表现，具有较强操作性，能够指导教师落实国家课程标准。它能帮助教师系统地、全面地理解所教学科的课程理念、课程性质、课程目标，并贯彻落实到实际的教育教学过程之中。

（二）有助于学校推进课程改革

2022 年版义务教育课程标准的印发标志着新一轮课程改革进入核心素养时代。教学建议反映了课程改革的理念，明确了教学的新变化、新突破。这些新变化充分体现了学校教学要与课程改革相适应。2022 年版义务教育课程标准强调核心素养，教学建议从教学目标到教学内容再到教学方式等都围绕着这一课程改革的主题进行系统论述，旨在促进以核心素养为导向的教学变革。例如，《义务教育语文课程标准（2022 年版）》将核心素养的主题从"语文课程"转换到"语文教学"，主要包括"立足核心素养，彰显教学目标以文化人的育人导向""体现语文学习任务群特点，整体规划学习内容""创设真实而富有意义的学习情境，凸显语文学习的实践性"。这些教学建议为教师开展语文教学提供了依据，是落实核心素养的重要路径。课程改革必然引起学校课程改革，也只有学校课程做出动态调适才能有效地推进新一轮的课程改革。在此前提下，教学建议为学校课程改革指明了方向，为贯彻新课程理念奠定了基础。

（三）有助于教师开展课堂教学

教学建议是对课堂教学的要求和指示，理解与把握教学建议有助于教师开展教学活动。课程理念反映了一门课程的基本立场与核心观点，课程目标规定了课程要达成的任务，教学建议则将课程理念、课程目标转变为课堂教学的具体内容。教学建议强调教学要体现课程的基本理念和学生发展的核心素养目标，从而对教学内容进行适当的选择和整合；精心设计以学生为主体的教学过程，积极引导学生参加学科实践活动，帮助学生通过实践体验来理解学习内容，学会运用所学知识解决问题。中小学课程标准引入大观念、大任务或大主题驱动的问题学习、项目学习、任务学习等综合学习形式，提出跨学科主题活动。教学建议则对大单元教学、跨学科主题活动、综合实践活动、学生学习方式等给出了明确指示和一些具体案例。例如，《义务教育历史课程标准（2022年版）》的教学建议部分对"以核心素养为导向整合教学内容"进行了具体阐释。这部分内容主要说明了基于单元主题学习整合教学内容，把握教学内容中的关键问题、确定教学重点，运用大概念对教学进行整合这三个方面，明确这些要求能够帮助教师厘清综合性学习的核心内涵。教学建议对教学内容的整合、教学方式的具体要求、课程实施的难点都进行了明确说明，对教学活动具有很强的指导性，这有助于教师进一步开展课堂教学和优化课堂教学。

第二节 教学建议的特点分析

2022年版义务教育课程标准对教学建议进行了大幅度修订，与2011年版中的教学建议相比发生了比较大的变化。修订后的教学建议主要有如下特点：倡导大单元教学、强化学科实践、落实因材施教、强调学习逻辑。教学建议的变化及其特点对义务教育课程教学的变革具有重要的启示作用。

一、倡导大单元教学

2022年版义务教育课程标准围绕素养导向的大单元教学对教学建议进行了系统、具体的描述，对教师教学提出了更为明确的要求。教学建议关注学生核心素养的发展，其目标主要包括创意实现、形成美感、确立观念、解决问题、完成任务、制作产品、形成作品、编制方案。这种高阶位的素养目标需要采用"大单元"的学习方式。大单元是指通过大观念（大概念）、大问题、大项目及大任务等组织方式，把单元内容和学生习得的内容结构化。教学建议贯穿着大单元教学的思路，所展现出的内容更加系统全面，示例更加具体形象。这可以帮助教师梳理教学思路，更好地落实核心素养。教学建议对大单元教学的描述主要包括以下四个方面。

（一）素养本位的单元设计

教师设计课程与开展教学时要注重素养目标，利用大概念来组织单元教学内容。例如，《义务教育历史课程标准（2022 年版）》中的教学建议指出："单元内容的整合需要将单元中的相关专题内容连为一条教学线索，并明确单元下各课的侧重和关联，尤其要挖掘和梳理单元主题学习内容中蕴含的具有培育核心素养意义的要素，从而整体发挥单元学习的教育效果。"《义务教育数学课程标准（2022 年版）》中的教学建议还指出："为实现核心素养导向的教学目标，不仅要整体把握教学内容之间的关联，还要把握教学内容主线与相应核心素养发展之间的关联。"此外，素养本位的单元设计要针对拟定的教学目的和教学内容，充分考虑学生的认知水平，按照学习进阶设计促进学生自主、探究、合作的教学活动。

（二）真实情境的深度学习

课程改革除了改内容、换教材，还需改变学习方式。2022 年版义务教育课程标准要求教师从"单元"整体的视角设计课型，而不是在单个课时中思考学习方式的变革。例如，《义务教育语文课程标准（2022 年版）》中的教学建议指出，"综合考虑教材内容和学生情况，设计不同类型的学习任务，依托学习任务整合学习情境、学习内容、学习方法和学习资源，安排连贯的语文实践活动"。《义务教育化学课程标准（2022 年版）》中的教学建议指出："真实、生动、直观且富有启迪性的学习情境，能够激发学生的化学学习兴趣，引发学生的思考，帮助学生建构大概念和核心概念，促进学生核心素养的发展。"

（三）问题解决的进阶测评

教师要从真实问题解决的角度对学生进行评价，注重测评的进阶性，而不是"原地踏步练习"。这就要求教师首先了解学生已有的认知发展水平，明晰教学与测评的阶段性目标和高阶目标，以及各个专题之间的"衔接点"和"进阶点"，为学生设计不同梯度的探究任务和评分量规。其次，在问题探究的过程中，教师要随时关注学生的思维状况，通过精心设问、恰当引导等方式渗透学习方法，引导学生自主获得思维与能力的发展。最后，教师要基于有梯度的评分量规促进学生"升阶"。例如，《义务教育语文课程标准（2022 年版）》中的教学建议提出，要"设计不同类型的学习任务""关注不同学习任务群之间的内在联系"。《义务教育科学课程标准（2022 年版）》中的教学建议还提出："适时追问，及时点拨，激发学生在探究和实践中的思维活动。"

（四）线上线下的智能系统

线上线下混合式学习是在传统学习的模式中融入互联网学习的形式，目前得到了广泛应用。这种学习方式既整合了大量的学习资源，又保留了传统课堂中师生互动的教学氛围，有效提升了学生的学习效果。随着智能时代的到来，线上线下混合式学习将会发展得更加完善。这种智能系统将渗透于素养本位的单元设计、真实情境的深度学习、问题解决等阶段测试环节。例如，《义务教育化学课程标准（2022 年版）》中的教学建议指出："教师应紧紧围绕核心素养发展的关键环节，注重运用启发式、探究式、建构式、线上线下混合式等多样化的教学方式，促进学生自主学习和深度学习，发展科学思维能力。"《义务教育数学课程标准（2022 年版）》中的教学建议指出："利用技术支持平台将在线学习与课堂教学相结合，开展线上线下融合的混合式教学。""加强线上网络空间与线下物理空间的融合，突破传统数学教育的时空限制，丰富学习资源，为学生自主学习创造条件。"

二、强化学科实践

中小学课程标准强调以核心素养为纲，强化学科实践。教师在落实国家课程标准过程中遇到的最大问题，就是如何将核心素养转化为具体可行的教学行为，并落实到具体的教学过程中。这不仅需要理论引领，更需要实践指导。素养目标绝不是靠上一节课就能达成的，也不是靠听讲就能培育出来的，而是需要真实的学科实践来实现。教学建议强化了学科实践，提供了解决问题的思路和方法。学科实践是了解学科知识发明、创造与应用的过程，它要求学生像学科领域专家那样主动地进行学科探究。在课堂教学中，学生能够通过对学科知识的探究、运用、实践，促进自身核心素养的发展。

（一）明确各学科学习方式

于学生而言，学科实践能够使自身深刻体会学科意蕴，是一种典型的学习方式。不同学科所体现出来的学科实践是不一样的，每一门学科都有其典型的学习方式。以前，教师没能有效引导学生进行"自主、合作、探究"活动，最主要的原因是教师没有把"自主、合作、探究"的理念与具体的学科结合起来，如数学教师不知道"自主、合作、探究＋数学"是什么，认为这些理念与数学学科无关。现在，教学建议明确了各学科典型的学习方式，能帮助教师理解和把握学科实践，具有很强的可操作性。例如，《义务教育地理课程标准（2022 年版）》中的教学建议指出："教师要努力创造条件，组织学生开展地理实践活动，如地理实验、社会调查和野外考察等，使学生有机会在真实环境中经历体验式学习。""地理实践活动的设计和实施要与课程内容相结合，让学生体验'认知—实践—深化认知'这一完整的地理实践过程。"又如，《义务教育科学课程标准（2022 年版）》中的教学建议指出："探究和实践是科学学习的主要方式，要加强对探究和实践活动的研究与指导，整合启发式、探究式、互动式、体验式和项目式等各种教与学方式的基本要求。"

（二）注重学科与实践的融合

学科成于专业实践，并在实践中得以发展。教学建议高度重视学科与实践的融合，要求教学目标制定要聚焦问题解决的实践程度，尤其关注学生探究问题和解决问题的正确价值观、必备品格和关键能力。首先，在"教学方法"上要求创设真实而富有意义的学习情境。例如，《义务教育物理课程标准（2022 年版）》中的教学建议指出："教师在教学目标设计中应重视对学生科学探究能力的培养，同时关注实验探究对培养学生物理观念、科学思维、科学态度与责任的重要意义。"《义务教育历史课程标准（2022 年版）》中的教学建议指出："创设历史情境有多种方式，如通过展示历史文献、历史影像，参观历史遗址、历史博物馆、纪念馆等再现历史情境；通过当前国内外发生的事件回溯历史的源头，即从现实情境中探寻历史问题；通过衣食住行、言谈话语等日常生活情境，使学生感受与之相关的历史由来，切入所要认识的历史问题。"

其次，在"教学设计"上要求创设学科情境。学科与实践融合要求教学要反对用不科学的方法开展，如物理不碰物，不做实验，如何能知道物之理；化学不见化，不做实验，就看不见变化；生物不懂生，教了学生什么是细胞、什么是遗传，考了 100 分也不知道什么是生命观念。例如，《义务教育数学课程标准（2022 年版）》中的教学建议强调："综合与实践领域的教学活动，以解决实际问题为重点，……，通过综合运用数学和其他学科的知识与方法解决真实问题，着力培养学生的创新意识、实践能力、社会担当等综合品质。"这要求教学联系生活实际，体现知识的创生、验证、传播与分享的过程，这种过程体现在教学活动中，即学科与实践融合的过程。

三、落实因材施教

教学建议的一个显著特征是强调关注学生的主体性和差异性，因材施教。教育公平与教育质量是教育事业的永恒主题。经济社会发展对教育不断提出新的要求，人民对教育质量的期待日益增长，我国的教育需求已从"有学上"发展到"上好学"，这需要提高教育质量，建立高质量教育体系。这就要求为每一位适龄儿童、少年提供适合的学习机会，考虑如何"适合每个人"的问题，也就是要落实因材施教、因人导学，充分考虑学生的主体性和差异性。

（一）关注学生认识水平

在中小学课程标准中，各学科教学建议都强调以学生为主体，关注学生的个体差异、兴趣爱好等。教师要发挥引导性作用，鼓励学生选择适合自己的学习方式。同时，教师还要根据学情有针对性地采取教学策略，根据学生的认知水平与已有经验对教学内容进行整合，关注学生核心素养的发展。为此，一方面，教学建议在"学习内容"部分提出要根据学生的需要提供学习支持。例如，《义务教育语文课程标准（2022 年版）》中的教学建议指出："根据学生需求提供学习支持，引导学生在完成任务、解决问题的过程中积累语文学习经验，发展未来学习和生活所需的基本素养。注意减轻学生学习负担，避免死记硬背、机械训练；注意幼小衔接，减缓坡度，降低难度，增强学习的趣味性和吸引力。"另一方面，教学建议在"教学设计"部分提出以学生为主体进行设计。例如，《义务教育科学课程标准（2022 年版）》中的教学建议指出，"以学生为主体进行教学设计""充分考虑学生的认知水平，针对拟定的教学目标和教学内容，按照学习进阶设计促进学生自主、探究、思维、合作的教学活动""从学生已有经验出发，选择合适的情境素材"。

（二）注重个性化学习环境

在中小学课程标准中，各学科教学建议部分都强调突出和发挥学生在教学中的主体地位，引导学生掌握学习方法，使学生有明确的学习策略和学习规划，学会学习，这需要教师对学生进行学习方法指导。教学建议在"教学方式"方面提出要选择能引发学生思考的教学方式。例如，《义务教育数学课程标准（2022 年版）》中的教学建议指出："根据不同的学习任务和学习对象，选择合适的教学方式或多种方式相结合，组织开展教学。

通过丰富的教学方式，让学生在实践、探究、体验、反思、合作、交流等学习过程中感悟基本思想、积累基本活动经验，发挥每一种教学方式的育人价值，促进学生核心素养发展。"基于此，在课堂教学中，教师应以学生为主体开展多种多样的教学活动，让学生通过亲身参与，表达自己的观点，交流不同的看法，吸纳合理的意见，完善自己的认识。同时，教师也要及时引导学生概括总结，对不同观点进行质疑批判和吸纳融汇。

此外，中小学课程标准中的"教学建议"部分指出要发挥大数据在教学中的积极功能。学校和教师利用大数据分析和诊断学生的学业表现，优化教学，提供及时、准确的反馈和个性化指导；充分利用网络平台和信息技术工具，支持学生开展自主、合作、探究性学习，为学生的个性化、创造性学习提供条件；积极关注教学流程、教与学的方法、资源支持、学习评估等新变化，探索线上线下相结合的混合式学习。例如，《义务教育语文课程标准（2022年版）》中的教学建议指出："积极利用网络资源平台拓展学习空间，丰富学习资源，整合多种媒介的学习内容，提供多层面、多角度的阅读、表达和交流的机会，促进师生在语文学习中的多元互动。"

四、强调学习逻辑

教学建议强调学习逻辑，需考虑到学习设计的重要性，关注学习体验与大概念教学。长期以来，学术界对课程的理解一直存在两极端"争吵"，即站在学科的立场批判生活，站在生活的立场批判学科。从学科逻辑角度来看，学科知识并不是概念的简单相加，而是有其特定的逻辑主线。如果让学生全面地、系统地、整体地把握学科知识，就要厘清学科知识之间的内在关联，掌握学科知识的基本结构。在教学中，教师往往把知识分解为彼此割裂的多个主题或多个事实进行传授，这导致学生获得的知识是碎片化的。从生活逻辑来看，课程以学生生活经验为基础，关注的是学生从课本上、生活上及其相互作用中所形成的经验。这类课程在实际活动中存在教育过程的随意性、内容的不确定性和评价标准的不公平性等问题。生活逻辑是针对学生所学到的知识而言的，是学生真正理解的知识。这类知识又是具体的，难以迁移的。因此，我们要站在学习的立场上来思考课程的问题。学习逻辑融合学科逻辑和生活逻辑，依靠整合论帮助学生认识学科结构，让学生在头脑中将知识"竖成线、横成片"或"由点构成线、由线构成面"，形成由点、线、面筑成的立体式的整体知识结构网络。这是一种进阶取向，期待通过习得的过程，实现从"双基"到"素养"的升华。

（一）加强学习内容的整体规划

在中小学课程标准中，教学建议体现了以学习逻辑作为教学重要依据的特点，要求根据学生学习逻辑整体规划学习内容，帮助学生建立基于学科本质的结构化知识体系。教学建议在"教学内容"部分提出了要整体把握教学内容的要求。例如，《义务教育数学课程标准（2022年版）》中的教学建议指出："为实现核心素养导向的教学目标，不仅要整体把握教学内容之间的关联，还要把握教学内容主线与相应核心素养发展之间的关联。""通过合适的主题整合教学内容，帮助学生学会用整体的、联系的、发展的眼光看问题，形成科学的思维习惯，发展核心素养。"

部分学科课程标准凝练了学习任务群，如语文课程、劳动课程。在此前提下，教师要明确学习任务群的定位和功能，准确理解每个学习任务群的学习内容和教学提示。教师在设计不同类型的学习任务时，还应考虑这些任务是否符合教材内容和学生情况，是否能整合学习情境、学习内容、学习方法和学习资源，是否能形成连贯的实践活动。同时，教师还要关注不同学习任务群之间的内在联系，以及同一学习任务群在不同学段的连续性和差异性问题；关注不同地区学校和学生的差异，合理安排学习内容，把握学习难度，组织学习活动。例如，《义务教育语文课程标准（2022 年版）》中教学建议指出："注重语文与生活的结合，注重听说读写的内在联系，追求语言、知识、技能和思想情感、文化修养等多方面、多层次发展的综合效应。"

（二）重视跨学科主题学习的有效开展

在中小学课程标准中，教学建议还十分关注学生的综合性学习，要求学校和教师加强学科内的知识整合，推进跨学科学习，建设综合课程。学生的生活是完整的，跨学科主题学习既联系了学生的生活，又把学生的生活提高到科学的高度。《义务教育课程方案（2022 年版）》指出："设立跨学科主题学习活动，加强学科间相互联系，带动课程综合化实施，强化实践性要求。""原则上，各门课程用不少于 10% 的课时设计跨学科主题学习。"根据学科特点，2022 年版义务教育课程标准中的教学建议提出了学习任务群、跨学科主题学习活动及综合实践活动。例如，《义务教育数学课程标准（2022 年版）》中的教学建议指出："改变单一讲授式教学方式，注重启发式、探究式、参与式、互动式等，探索大单元教学，积极开展跨学科的主题式学习和项目式学习等综合性教学活动。"

第三节　教学建议的内容分析

教师要准确理解中小学课程标准中教学建议的具体内容，把握学生核心素养发展的基本规律，根据课程目标、课程内容和学业质量的要求，创造性地开展教学，充分发挥学科独特的育人功能。

一、以正确的思想文化观引领教学

在中小学课程标准中，以正确的思想和文化观引领教学是教学建议的重要内容。中小学课程作为立德树人的重要载体，是上层建筑的重要表现，承载着中国共产党的政治使命，具有鲜明的意识形态属性。《义务教育课程方案（2022 年版）》指出："义务教育要在坚定理想信念、厚植爱国主义情怀、加强品德修养、增长知识见识、培养奋斗精神、增强综合素质上下功夫，使学生有理想、有本领、有担当，培养德智体美劳全面发展的社会主义建设者和接班人。"各学科课程承担着立德树人的根本任务，因此，教学建议必须坚持正确的方向，体现思想性与正确的文化观。

教学建议全面融入了习近平新时代中国特色社会主义思想，并倡导将社会主义先进文化、革命文化、中华优秀传统文化、国家安全、生命安全与健康等重大主题有机融入教学，增强教学思想性。例如，《义务教育语文课程标准（2022 年版）》中的教学建议指出："引导学生在学习语言文字运用的过程中，逐步树立正确的世界观、人生观、价值观，体认和传承中华优秀传统文化、革命文化、社会主义先进文化，积淀深厚的文化底蕴，增强文化自信。"可见，语文课程是一门学习通用语言文字运用的综合性、实践性课程，工具性与人文性的统一是语文课程的特点。教师应理解核心素养的内涵，全面把握语文教学的育人价值，突出文以载道、以文化人，把立德树人作为语文教学的根本任务，清晰、明确地体现教学目标的育人立意。

课标摘要

上好道德与法治课，关键在教师。教师要不断提高自己的理论水平和专业素养，按照政治强、情怀深、思维新、视野广、自律严、人格正的要求，……针对性。

思政课是落实立德树人根本任务的关键课程，道德与法治课程是义务教育阶段的思政课，旨在提升学生思想政治素质、道德修养、法治素养和人格修养等。

——《义务教育道德与法治课程标准（2022年版）》

历史教学要坚持以唯物史观为指导，引导学生正确认识人类历史的发展，落实立德树人根本任务，充分发挥历史课程的育人功能。

义务教育历史课程是学生在马克思主义唯物史观指导下，了解中外历史发展进程、传承人类文明、提高人文素养的课程，具有思想性、人文性、综合性、基础性特点，具有鉴古知今、认识历史规律、培养家国情怀、拓宽国际视野的重要作用。

——《义务教育历史课程标准（2022年版）》

二、依据核心素养确定教学目标

在中小学课程标准中，制订核心素养导向的教学目标是教学建议的突出表现，它要求各个学科要以发展学生核心素养为目标，依据学生终身发展和社会发展需要，从立德树人这一根本任务出发，加强正确价值观引导，注重必备品格与关键能力培育。例如，《义务教育语文课程标准（2022年版）》中指出："注意在识字与写字、阅读与鉴赏、表达与交流、梳理与探究的过程中，整体提升学生的核心素养。"《义务教育地理课程标准（2022年版）》中的教学建议提出"教学目标设计要体现核心素养培育的整体性。"

课标摘要

每一个特定的学习内容都具有培养相关核心素养的作用，要注重建立具体内容与核心素养主要表现的关联，在制订教学目标时将核心素养的主要表现体现在教学要求中。例如：确定小学阶段"数与运算"主题的教学目标时，关注学生符号意识、数感、量感、运算能力等的形成；……推理能力等的形成。

——《义务教育数学课程标准（2022年版）》

教学建议与课程目标直接挂钩，我国课程目标的建设经历了由"双基"到"三维目标"再到"核心素养"的发展过程。中小学课程标准已从重视学生知识和能力的发展转化为注重学生核心素养的发展，旨在实现对知识、技能、情感等方面的有效统整。基于此，教学目标开始关注素养，不只是关注知识点。知识点目标是阶段性目标，是小步子、小阶段的目标。素养目标更关注所学知识的综合应用，强调真实情境的问题解决。教学目标重视学生运用知识做事，持续地做事、正确地做事，因此教师要领会核心素养的内涵。一方面，教师要根据不同学科的知识特点，系统规划教学目标，体现核心素养发展的全面性和进阶性。另一方面，教师要在充分掌握本学科基本内容的基础上，从整体上制订适切的教学目标。教师要针对本学科不同章节、不同学段的教学内容，将学生所需达成的核心素养转化成具体的教学目标，以促使核心素养的最终形成。

三、按照核心素养规划教学内容

在中小学课程标准中，整体规划教学内容是实现"核心素养型"教学目标的重要途径，其目的在于对知识进行统整，以促进学生系统性学习。以核心素养为导向，要明确课程内容的内在联系，突出课程内容结构化、系统化。中小学课程标准基于学科特点提出了整体规划教学内容的要求。例如，《义务教育英语课程标准（2022年版）》中教学建议要求"对单元内容进行必要的整合或重组，建立单元内各语篇内容之间及语篇育人功能之间的联系，形成具有整合性、关联性、发展性的单元育人蓝图"。《义务教育语文课程标准（2022年版）》中的教学建议提到："综合考虑教材内容和学生情况，设计不同类型的学习任务，依托学习任务整合学习情境、学习内容……注重听说读写的内在联系……"《义务教育数学课程标准（2022年版）》中的教学建议提到："在教学中要重视对教学内容的整体分析，帮助学生建立能体现数学学科本质、对未来学习有支撑意义的结构化的数学知识体系。"可见，整体规划教学内容既能够帮助学生形成相对完整的知识观，也能促使学生学会用整体的、联系的、发展的眼光看待问题。教师在落实这一教学建议时，一方面要考虑教学内容前后的关联性、逻辑性及顺序性，另一方面也要考虑不同学段教学内容的递进性、衔接性。

第一，基于学习任务群整体规划学习内容。部分学科课程凝练了学习任务群，如语文课程、劳动课程。关于学习任务群，教学建议要求教师要明确学习任务群的定位和功能，准确理解每个任务群的学习内容和教学提示，综合考虑教材内容和学生情况，设计不同类型的学习任务，并依托学习任务整合学习情境、学习内容、学习方法和学习资源，创设连贯的学科实践活动。同时，还要关注不同学习任务之间的内在联系。

第二，基于专题分类整合教学内容。教师进行教学设计时，需要在分析课程内容结构的基础上对有利于发展学生核心素养的教学内容进行有效整合。一些学科课程由若干学习专题组成，如历史课程、科学课程。这些专题是教材中学习单元的组成部分，教师在分析教材时，应将教材中的单元作为一个整体进行通盘考量。例如，《义务教育历史课程标准（2022年版）》中的教学建议指出："单元的主题是围绕某个历史时期的核心内容或关键问题确定的，它构成了一个完整的学习情境和学习范围，为学生具体学习历史、认识历史提供了路径，搭建了平台。"

第三，根据跨学科主题学习活动和综合实践活动整合教学内容。部分学科课程标准明确列出了跨学科主题学习活动及综合实践活动的教学要求，如语文课程、数学课程、历史课程、物理课程。中小学课程标准给出了关于专题活动的教学提示，指导教师开展综合学习活动。例如，《义务教育物理课程标准（2022 年版）》在跨学科实践专题部分，将"跨学科实践"分为"物理学和日常生活""物理学与工程实践""物理学和社会发展"，并对每个主题提出明确的活动建议。

四、设计情境性和探究性实践活动

在中小课程标准中，教学建议提出要重点培养学生在真实情境中综合运用知识解决问题的能力，强调课程与劳动生产、社会实践相结合，充分发挥实践的独特育人功能，突出了探究式学习的价值，注重知行合一、学思结合，倡导"做中学""用中学""创中学"。例如，《义务教育科学课程标准（2022 年版）》中的教学建议提到，"要加强对探究和实践活动的研究与指导，整合启发式、探究式、互动式、体验式和项目式等各种教与学方式的基本要求"。《义务教育数学课程标准（2022 年版）》中的教学建议提到，"以解决实际问题为重点，以跨学科主题学习为主，以真实问题为载体，适当采取主题活动或项目学习的方式呈现"。

课标摘要

创设学习情境，教师应利用无时不有、无处不在的语文学习资源与实践机会，引导学生关注家庭生活、校园生活、社会生活等相关经验，……激发学生探究问题、解决问题的兴趣和热情，引导学生在多样的日常生活场景和社会实践活动中学习语言文字运用。

——《义务教育语文课程标准（2022 年版）》

核心素养落地生根的关键在于推动知识与素养间的教学转化，而化知识为素养的教学过程始于情境创设与问题提出，核心是知识运用与协作探究。教师在教学过程中要注重情境设计和协作探究对学生主动参与实践活动的促进作用，从而发展学生的核心素养。开展情境性和探究性的实践活动，需要注意以下两方面。一方面需要教师结合学生个体的兴趣及需要，将课堂知识、社会问题与学生经验进行联结，有计划、有组织、创造性地开展内容丰富、形式多样、因地制宜的课外活动，将个体知识经验应用于活动之中；另一方面需要教师设计真实性学习任务，如解决生活中的一个实际问题、创新一个产品、制作一个演示作品等。通过这些学习任务，真实地呈现生活中的情境或项目，驱动学生在亲历做事、成事中理解知识、生成知识，实现化知识为素养的目标。

五、设定灵活性和多样性教学方法

在中小学课程标准中，"灵活运用多种教学方式"是教学建议中的重要内容。不同学科的教学内容、不同学段的学习主体均存在一定的差异，教师需要灵活运用不同的教学方式，培养学生的学习兴趣，提升学习的积极性。例如，《义务教育历史课程标准（2022年版）》指出："在历史教学过程中，教师应根据课程标准的要求、教学内容的特点、学生的认知水平和学习状况，采用多样的、适宜的教学方式和教学方法。"《义务教育物理课程标准（2022 年版）》明确提出："教师应依据学生发展阶段、教学内容特点、教学资源等的情况，灵活选用教学方式，促进教学目标的有效达成。"例如，倡导情境化教学、突出问题教学、注重"做中学""用中学"、合理运用信息技术。《义务教育化学课程标准（2022 年版）》中的教学建议提到，"教师可以采用多种探究活动形式，提倡以小组为单位合作开展探究活动"。

在教学过程中，教师应根据不同的学习任务和学习对象，选择合适的教学方式或多种方式相结合，组织开展教学。比如，英语教师可以采用表演英语剧、歌曲说唱、游戏竞赛等形式增添学习的乐趣。数学教师可以采用讲解式、演示式、游戏式等方式帮助学生形象化理解。科学教师可以采用观察式、标本展示、实验探究等方式让学生更加直观地了解科学现象，走进实际生活。教师应通过丰富的教学方式，让学生在实践、探究、体验、反思、合作、交流等学习过程中感悟基本思想、积累基本活动经验，发挥每一种教学方式的育人价值，促进学生核心素养的发展。

六、注重信息技术与教学深度融合

在教学活动中，随着人工智能等技术性手段日益广泛地应用于教育领域，教学的信息化程度也日益加深，"教与学环境"或"教与学方式"发生了巨大转变，并不断诱发教学活动的根本性变革。在中小学课程标准中，教学建议明确要重视大数据、人工智能等对教学改革的推动作用，改进教学方式，促进学生学习方式的改变。这一内容主要表现在两个方面。一是运用现代信息技术改进教学方式。在教学过程中利用信息技术对文本、图像、声音、动画等进行综合处理，丰富教学场景，激发学生学习的兴趣和探索新知的欲望。例如，《义务教育数学课程标准（2022 年版）》中的教学建议指出："利用技术支持平台将在线学习和课堂教学相结合，开展线上线下融合的混合式教学。"《义务教育英语课程标准（2022 年版）》中的教学建议指出，"努力营造信息化教学环境，基于互联网平台开发和利用丰富的、个性化的优质课程资源，为学生搭建自主学习平台"。二是利用网络资源平台促进学生自主学习。教师要充分利用网络平台和信息技术工具，支持学生开展自主、合作、探究性学习，为学生的个性化、创造性学习提供条件。加强线上网络空间与线下物理空间的融合，突破传统课堂教学的时空限制，丰富学习资源，为学生自主学习创造条件。教师应根据情况指导学生做好时间管理，规划学习任务，利用数字化平台、工具与资源开展学习活动，加强学生的自我监控、自我评价、激励机制。例如，《义务教育生物学课程标准（2022 年版）》中的教学建议指出："教师应重视运用互联网技术、移动通信技术和人工智能等现代信息手段，开发和利用数字化资源，丰富师生互动交流方式，促进学生个性化学习。"

▼ 课标摘要

在教学中，教师要努力将现代信息技术与历史教学内容的展现相结合，通过多媒体手段呈现具体的、形象的、动态的、多维的历史情境；恰当运用现代信息技术的优势，组织学生开展各种学习活动，促进学生的自主学习、合作学习和探究学习。随着现代信息技术与历史教学的深度融合，教师要积极探索线上教学的模式，并将线上教学与线下教学有机结合。

——《义务教育历史课程标准（2022 年版）》

此外，教学建议还提出教师要重视在教学过程中渗透科学、技术、社会相关关系的教育，积极组织跨学科实践活动，着力培养学生的社会责任感、创新精神和实践能力。例如，《义务教育生物学课程标准（2022 年版）》中的教学建议指出："在教学过程中，应重视通过具体事例展现社会需求驱动生物科学、技术和工程学的发展，……以及科学和技术影响社会发展。"引导学生通过图书、报刊、音像和网络等多种媒体主动了解更多相关信息，深化对科学、技术、社会紧密联系的认识。又如，《义务教育劳动课程标准（2022 年版）》指出："学校在实施劳动课程时要始终以开放的姿态，积极与家庭和社区紧密合作，建构'家庭—学校—社区'一体化劳动教育环境。"

七、强调"教—学—评"一体化设计

"教—学—评"一体化是教学建议新增的重要内容。这要求教师要准确了解教、学、评在育人过程中的不同功能，树立"教—学—评"一体化的整体育人观念。"教"主要体现为基于核心素养目标和内容载体而设计的教学目标和教学活动，决定着育人方向和基本方式，直接影响育人效果；"学"主要体现为基于教师指导，学生作为主体参与的实践活动，决定着育人的效果；"评"主要发挥监控教与学过程和效果的作用，为促教、促学提供参考和依据。教师要注重三者相互依存、相互影响、相互促进的内在关联性，确保发挥其功能。具体而言，教师要分析各教学要素之间的内在联系，设计并实施目标、活动、评价相统一的教学。明确教什么、为什么教、怎么教、怎么评等方面的内涵和要求，并建立相互关联机制，体现以学定教、以教定评，使评价内嵌于教学之中，成为教学的有机组成部分。在评价过程中，教师要通过观察、提问、追问及合理、科学的测试等方式，收集学生学习真正发生的证据，包括理解了什么、能表达什么、会做什么，以及是否形成了正确的价值观等，及时诊断学生在学习过程中的问题，根据需要提供必要支架和及时反馈，帮助学生达成预设的教学目标，以评促学，以评促教。例如，《义务教育化学课程标准（2022 年版）》中教学建议指出，"教师应秉持化学课堂教学的核心素养导向理念，积极探索大概念引领的课堂教学改革"，"重视'教—学—评'一体化，实现课堂教学从掌握知识到发展素养的转变"。

拓展学习

为深化和运用本章所学内容，建议阅读如下学习资料。

崔允漷，2019. 指向学科核心素养的教学即让学科教育"回家"[J]. 基础教育课程（Z1）：5-9.

李凯，吴刚平，2022. 为素养而教：大概念教学理论指向与教学意蕴 [J]. 比较教育研究（4）：62-71.

林恩·埃里克森，洛伊斯·兰宁，2018. 以概念为本的课程与教学：培养核心素养的绝佳实践 [M]. 鲁效孔，译. 上海：华东师范大学出版社.

刘徽，2020. "大概念"视角下的单元整体教学构型：兼论素养导向的课堂变革 [J]. 教育研究（6）：64-77.

余文森，2017. 核心素养导向的课堂教学 [M]. 上海：上海教育出版社.

课后思考

1. 通过本章的学习，请简述教学建议的内涵与价值。

2. 仔细研读中小学课程标准，结合专家的解读，谈谈新时代的教学有哪些新变化、新突破。

3. 选择一门自己感兴趣的学科课程，认真分析该课程标准，对其教学建议内容进行分析。

第八章
中小学课程标准中的评价建议

思维导图

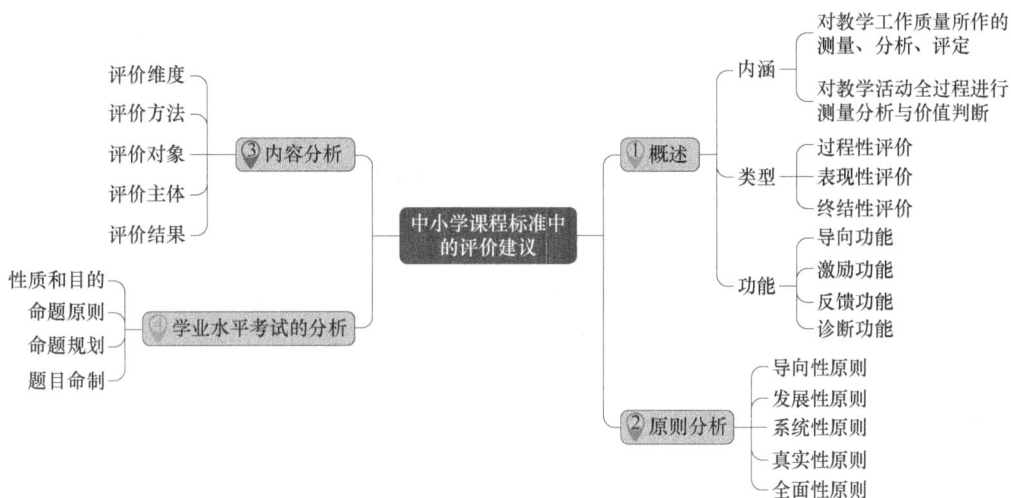

要点提示

　　教学评价作为学校教育活动的重要组成部分，其不仅可以保证学校教育活动往正确的方向发展，也能够提升教学质量。《义务教育课程方案（2022年版）》重点强调要全面落实新时代教育评价改革要求，改进结果评价，强化过程评价，探索增值评价，健全综合评价，着力推进评价观念、方式方法改革，提升考试评价质量。本章将在介绍教学评价的内涵及相关概念的基础上，解读教学评价原则，重点对教学评价内容进行归纳概括，最后探析学业水平考试相关内容。

学习目标

1. 掌握教学评价的基本内涵、类型及功能。
2. 了解教学评价原则。
3. 把握教学评价内容。
4. 理解学业水平考试命题要求。

第一节　教学评价概述

中小学课程标准在课程实施部分对评价建议作出了详细阐述，指明教学评价是课程实施过程中的重要组成部分，在一定程度上影响着中小学课程标准能否在实践中贯彻落实。因此，想要深入理解中小学课程标准中的评价建议部分，首先要明晰教学评价的内涵、类型、功能。

一、教学评价的内涵

评价，一般是指对一件事或人进行判断分析并得出结论的过程。王道俊和郭文安在《教育学》中将教学评价定义为对教学工作质量所作的测量、分析和评定。据此，评价对象是包括课堂教学的教师、学生、教学目标、教学过程、教学工具、教学空间等在内的全部因素。教学评价比一般的评价有更为具体的评价对象与评价标准。《义务教育道德与法治课程标准（2022年版）》《义务教育英语课程标准（2022年版）》等各学科课程标准从功能、内容、要求等方面对教学评价的内涵进行了细化，认为教学评价应贯穿于课堂教学的全部环节，包括课堂评价、作业评价、单元评价和期末（终）评价等。因此，教育工作者应合理发挥教学评价的诊断、激励、导向和改善功能，坚持以评促学、以评促教，积极推进"教—学—评"一体化的实现。

综上所述，教学评价是对教学工作质量所作的测量、分析、评定，具有检验、提升教学质量的重要作用。教学评价往往需要依照教学目标和学业质量标准，以科学的评价依据，广泛利用信息技术手段，对教学活动的全过程进行测量分析与价值判断。因此，教师需要在义务教育课程方案和课程标准（2022年版）的指引下，正确理解和开展教学评价，促进学生核心素养的发展。

二、教学评价的类型

教学评价有多种分类形式，常见的有以下几种：根据评价在教学中发挥的作用和实施的时间不同，可分为诊断性评价、形成性评价和总结性评价；根据评价与预定目标的关系，可分为目标本位评价和目标游离评价；根据评价的范围，可分为宏观评价和微观评价；根据评价的参照标准不同，可分为相对性评价、绝对性评价与个体内差异评价；根据评价的方法不同，可分为量化评价和质性评价等。

《义务教育课程方案（2022年版）》强调，要全面落实新时代教育评价改革要求，改进结果评价，强化过程评价。中小学课程标准贯彻了课程方案中的评价理念，注重了评价的过程性、综合性、表现性。例如，语文、物理、地理、化学等学科课程标准强调，要加强过程性评价；道德与法治、地理、英语、生物学等学科提到要重视表现性评价；语文、英语等学科指出要关注终结性评价。可见，中小学课程标准非常重视过程性评价、表现性评价和终结性评价。

（一）过程性评价

过程性评价，是指在教学中及时观察与测量学生知识的掌握度和能力的发展状况，包括向学生提问题、进行书面测试及检查批改作业等，它贯穿于教学活动的全过程。过程性评价侧重于教学实施过程中对学生进行的评价，更为关注学生在评价中的主体参与感。教师可以依据教学过程中学生知识技能、情感态度等方面的发展状况，适时地测量与考查学生的学业质量状况，发现学生需要改进的问题。

过程性评价在中小学课程标准中得到了强化，不同学科具有多样化的要求和原则，但都贯穿于课堂教学活动中。例如，《义务教育地理课程标准（2022年版）》强调："过程性评价侧重评价在日常教学过程中学生所表现出来的学习进步情况，应贯穿整个教学过程。"《义务教育信息科技课程标准（2022年版）》指出："过程性评价的主要目的是提升学生对自我的认识，促进学生的学习，改进教师教学和优化教学环境。"因此，教师在教学中要注重将过程性评价与结果性评价相结合，重视评价在学生核心素养发展中的重要作用。此外，教师要结合学业质量标准与教学目标，对学生在教学过程中的表现进行及时的评价，并据此调整教学策略，使学生享受学习过程。

资料卡片

过程性评价在劳动课程中的实施案例

某校在四年级劳动课程阶段综合评价时，采用过程性综合评价（表8-1），测评的劳动任务为剪纸。

表8-1 劳动课程过程性综合评价表（示例）

劳动内容	参加的劳动项目	劳动时长	劳动表现
日常生活劳动			
生产劳动			
服务性劳动			
劳动周			
参与的项目	项目概述		
劳动成果			
成果名称	成果简介		
劳动测评			
测评任务	任务表现		
综合评价结果	优秀　　　良好　　　合格　　　不合格		

测评的劳动任务如下。

1. 任务名称

剪纸。

2. 任务描述

按照中国传统年俗，每逢春节来临，很多家庭都要贴对联、贴"福"字窗花来增添节日喜庆气氛。请你设计并制作一件剪纸作品，用于春节期间的房间装饰。

3. 任务要求

① 使用"春"或"福"中的一个字来进行设计，简要说明设计意图。

② 至少选用一种工具（剪刀或刻刀）进行制作。

4. 测试时间

40分钟。

5. 材料与工具准备

红色A3复印纸、剪刀、刻刀、切割垫板。

6. 任务测评

根据评价标准（表8-2）对学生的设计说明、作品及劳动过程中的表现进行评价。

表8-2　剪纸任务的评价标准（示例）

核心素养	主要表现特征
劳动观念	积极、愉快地参加劳动
劳动能力	文字构图设计合理，有一定的局部造型变化；熟练使用剪刀或刻刀；剪纸作品线条较流畅
劳动习惯和品质	认真完成劳动任务，劳动过程中注意力集中；能规范摆放好剪刀或刻刀，能主动整理桌面，将废弃纸屑投入相应的垃圾桶，保持桌面干净整洁
劳动精神	遇到困难努力解决；对作品品质要求高，精益求精

该劳动课程评价案例基于过程性评价表格和劳动任务开展了劳动课程过程性评价，详细说明了过程性评价在教学中的具体实施步骤。它是对学生的劳动知识与技能进行的过程性评价，反映了学生劳动课程学习情况和核心素养的发展情况，对义务教育阶段实施过程性评价具有实际指导意义。

（二）表现性评价

表现性评价，是指在真实或接近于真实的教学情境中，对学生完成一系列教学任务和在解决问题的过程中所展现出的行为表现进行的评价。这一评价类型关注的是学生利用先前所学知识解决复杂问题或任务时所展现出的品质与能力。表现性评价注重学生在评价中的主体地位，关注评价的整体进程，强调真实评价任务的重要性，重视学生在评价过程中的个体发展。

基于不同学科的教学特点和任务，各科中小学课程标准给出了多种表现性评价建议。例如，《义务教育化学课程标准（2022年版）》强调："注重活动表现评价。选择有价值的学习活动进行表现性评价，制订具体的评价目标和要求，通过多种形式收集学生的表现证据，作出诊断和评价，并进行针对性的教学指导。"《义务教育劳动课程标准（2022年版）》也指出："劳动课程的评价方法以表现性评价为主，可以采用劳动任务单、劳动清单、劳动档案袋等工具。"可见，中小学课程标准都十分重视表现性评价，并且强调综合利用纸笔测试与表现性评价，发挥各种评价方法的优势，保障表现性评价能以有效的形式开展。

资料卡片

表现性评价在化学课程中的实施案例

以"二氧化碳的实验室制取与性质"实验的活动表现评价为例，设计评价目标及要求（表8-3）。

表8-3　"二氧化碳的实验室制取与性质"实验的评价目标及要求

评价维度	评价目标及要求
实验设计	（1）能根据二氧化碳的制备反应设计气体发生装置，并进行说明论证。 （2）能根据二氧化碳的性质选择收集方法，并进行说明论证。 （3）能根据二氧化碳的性质设计二氧化碳的验满方案
实验实施	（1）具有安全意识，能正确地做好防护，能按照实验室安全规则，安全有序地完成仪器组装、试剂取用、气体收集和验满等操作，能仔细观察和记录实验现象。 （2）在实验过程中，能注意节约使用试剂，保持实验台整洁，在实验结束后，能将仪器清洗干净、回归原位和摆放整齐，关好水电
实验报告	能基于实验现象得出相应的实验结论，提出还需要继续探讨的问题，按规范要求书写实验报告
合作交流	善于合作，能主动、流畅地表述自己的实验方案和实验结果，能倾听建议
反思评价	能对实验设计、实验实施和结论进行讨论、反思，能归纳实验室制取气体的一般思路

总体评价：

该表现性评价案例从实验活动的五个维度出发，制订了实验活动的评价目标和要求，旨在通过可观测、可量化的方式对学生参与实验活动的全过程进行评价，这对于提升学生学习的有效性、激发学生的学习兴趣具有重要意义。

（三）终结性评价

终结性评价也称为总结性评价、结果性评价，是在课程开发阶段或课程实施结束后开展的评价。终结性评价强调在搜集资料的同时，考查与测量课程实施的具体效果，其目的在于检验课程是否具有推广意义与价值。此外，终结性评价也是不同课程计划进行比较的依据，能够为课程决策人员提供建议。

中小学课程标准强调将终结性评价和过程性评价结合起来使用。教师在教学中在注重过程性评价的同时要完善终结性评价。例如，《义务教育英语课程标准（2022年版）》指出："应将形成性评价与终结性评价相结合、定性评价与定量评价相结合，使评价全面、准确和灵活。"可见，中小学课程标准丰富了教学评价的方式，使评价更具全面性和灵活性。

学业水平考试是终结性评价的常见形式。中小学课程标准建议在教学评价中以学业水平考试的形式进行终结性评价。例如，《义务教育地理课程标准（2022年版）》提到：

"学业水平考试是依据学业质量标准和学业要求，对学生完成本课程后课程目标的达成度进行终结性评价的考试。"

三、教学评价的功能

中小学课程标准指出，要充分发挥评价的引导和诊断功能，在了解学生的学习状况与现存问题的基础上改进教学方式、调整教学现状；突出评价的导向性、科学性，提升评价的质量，实现以评促学、以评促教、以评育人。因此，依据中小学课程标准的指导要求，教学评价应体现导向功能、激励功能、反馈功能和诊断功能。

（一）导向功能

导向功能是指引导评价对象转变思想和行动，朝着理想目标发展的功效和能力。充分发挥教学评价的导向作用，可以转变严肃的课堂气氛，激发学生学习主动性，促进融洽、民主、合作的师生关系的建立，对于从整体上提高教学质量具有重要意义。例如，《义务教育数学课程标准（2022 年版）》强调："发挥评价的育人导向作用，坚持以评促学、以评促教。"《义务教育地理课程标准（2022 年版）》也指出："要充分发挥评价对地理课程日常教学的正面导向作用，切实引导地理教学方式方法朝着培育学生核心素养的方向转变。"可见，中小学课程标准中的教学评价都强调评价的导向功能。教学评价要促进教与学的发展，需采用口头评价、记录表评价等多种方式，引导学生朝着理想的方向前进。

（二）激励功能

激励功能是指合理有效地运用教学评价，能够激发和维持学生的内在动力，提高学生学习的积极性和创造性，从而达到提升学习有效性的教学目标。一方面，积极、正面的评价有利于提升学生的自信心，进而激发学生学习的兴趣，促进其不断进步。另一方面，合理的负面评价也会给予学生适当的压力与焦虑，激励学生发奋图强。例如，《义务教育物理课程标准（2022 年版）》指出，"充分发挥评价的诊断和激励功能，促进学生核心素养的发展"。其他学科的课程标准也体现了评价的激励功能在教学中的价值。《义务教育道德与法治课程标准（2022 年版）》也提到："要充分发挥评价的诊断、激励和改善功能，促进学生发展和改进教师教学。"因此，教师在发挥评价的激励功能时，既要注意增强学生学习的主动性和自信心，激励学生进步，也要通过合理的负面评价给予学生压力，促使其成长。

（三）反馈功能

反馈功能是指教学评价能够将教学信息及时反馈给教师与学生，使师生及时了解到教学活动的实施结果。一方面，教师在了解到学生学习程度的反馈结果后，能适时地调整教学策略；另一方面，学生通过评价反馈可以清晰地认识到自己的优点与缺点，从而调整学习计划。例如，《义务教育劳动课程标准（2022 年版）》提出："发挥评价的反馈改进功能，促进学生认真参与劳动学习与实践，改进教师教学安排。"《义务教育体育与健康课程标准（2022 年版）》也提到："评价的主要目的是对学生的学习行为进行观察、诊断、反馈、引导和激励，以判断课程目标达成度，给教师和学生提供即时、多元的有效反馈，促使学生更积极地学与教师更有效地教。"因此，教学中应重视发挥评价的反馈功能，帮助师生准确了解学习状况，并及时调整教学和学习行为。

（四）诊断功能

评价的诊断功能是指对教学的成效、矛盾和问题做出判断的功效和能力。一方面，评价可以诊断教学的问题与效果，以此实现对教学实际情况的合理鉴定；另一方面，评价也可以鉴定学生的知识掌握情况和能力的发展程度，为学生升学、未来职业选择等提供一定的指导。例如，《义务教育化学课程标准（2022 年版）》强调："评价是教学系统不可或缺的重要组成部分，主要功能是诊断学习效果、改进教学，促进课程目标的落实。"《义务教育历史课程标准（2022 年版）》指出，"综合发挥评价与考试命题的导向、鉴定、诊断、激励、调控和改进功能，准确判断学生核心素养的达成度"。因此，教学评价要发挥好分析教学结果成因的功能，判断课程目标达成度，给教师和学生提供即时、多元的有效反馈，促使学生更积极地学与教师更有效地教。

第二节　教学评价的原则分析

中小学课程标准针对各学科教学的特点与要求重点分析了不同学科教学评价的基本原则。本节在明确教学评价的内涵及相关概念的基础上，通过解读各学科义务教育课程标准探析教学评价原则。

一、导向性原则

导向性原则是指教学评价要坚持立德树人根本任务，体现素养导向的育人价值，牢记为党育人、为国育才使命，确保正确的教育方向，明确评价的目的在于促进学生价值观、必备品格、关键能力等核心素养的发展。2022 年版义务教育课程标准所强调的素养立意充分体现了导向性原则。例如，《义务教育道德与法治课程标准（2022 年版）》提出，"要注重从学生理想信念、爱国情怀、担当精神、品德修养、法治观念、日常品行表现等方面加以考查，引导学生践行社会主义核心价值观，弘扬社会主义先进文化、革命文化和中华优秀传统文化"。可以看到，中小学课程标准都强调核心素养导向的评价原则，要充分发挥评价中的育人作用。因此，教学评价要围绕学业质量标准和教学目标的建议，依照核心素养、课程总目标和学段目标的要求，重视对学生正确价值观、必备品格、关键能力等核心素养水平的评价。

课标摘要

第一，教学评价应以学生核心素养的全面发展为出发点和落脚点。评价目标和评价方式应与课程目标保持一致，评价结果应为后续教学决策提供依据。教师要提供针对性强的描述性评价结果和及时、准确的反馈，促进学生学习。

——《义务教育英语课程标准（2022 年版）》

二、发展性原则

发展性原则是指教学评价应发挥改进和优化教学、促进学生不断进步的作用。2022年版义务教育课程标准对评价改进教学的表述，体现了发展性原则。例如，《义务教育俄语课程标准（2022年版）》指出："评价旨在考查教与学的成效，找出教与学的问题，调整教与学的方法。评价重在关注学生核心素养的培养路径和发展趋向，找出教学过程中存在的问题，改进教学方法。"《义务教育科学课程标准（2022年版）》建议，"根据评价结果发现教学过程中存在的问题，研究有针对性的改进措施……根据评价结果改进教学方法和教学过程。"可见，中小学课程标准强调要通过评价来促进教学问题、方法、过程的改进，以及督促学生在此过程中取得进步。因此，教师要遵循评价的发展性原则，根据评价结果的反馈有效调整教学策略，促进教学内容的整合、教学设计的优化，进而合理改进整个教学过程。此外，倡导学生参与评价结果的判断和解释，让学生充分认识到自己取得的成就、已有的优势和潜能及存在的问题和不足，促进学生反思与改进，最终提升反馈的效果。

课标摘要

过程性评价应有助于教与学的及时改进。教师要有意识地利用评价过程和结果发现学生语文学习的特点与问题，提出有针对性的指导意见，促进学生反思学习过程、改进学习方法。要依据评价结果反思日常教学的问题和不足，优化教学内容，改进教学设计，调整教学策略，完善教学过程。第一学段的评价要特别重视保护学生的学习兴趣和积极性。

——《义务教育语文课程标准（2022年版）》

三、系统性原则

系统性原则是指教学评价应整体、系统地贯穿学生学习的始终。一方面，教学评价要关注教师、家长和学生等多元评价主体的作用，提升评价的全面性；另一方面，教学评价应采用多样化的方式，体现多渠道、多视角、多层次的特点。中小学课程标准体现了对多元教学主体和多种评价方式的关注。例如，《义务教育历史课程标准（2022年版）》指出，"要从社会、学校、教师、学生等不同评价主体的视角进行评价；倡导过程评价的校内外结合，对学生校外的学习情况进行评价，并将这方面的评价与校内进行的多种评价结合起来"。《义务教育科学课程标准（2022年版）》提出："强调主体多元，充分发挥学校、教师、学生等参与评价的积极性，综合利用各评价主体的评价结果，促进教与学方式的改变；强调方法多样，将定性评价和定量评价相结合，单项评价与整体评价相结合，纸笔测试与表现性评价相结合，综合利用各种方法，保证评价结果的准确性和有效性。"

由此可见，教师在教学评价的实践中应当遵循系统性原则。一方面，要系统性地安排评价主体参与教学评价。充分发挥学校、教师、学生和家长等不同评价主体的作用，从不同角度对学生的学业水平作出评价，促进学生全面发展。另一方面，应综合利用多种评价方式。例如，书面与口头测验、活动观察、采访访谈、成长记录袋等，将线上与线下、定量与定性、自我与同伴、过程性与终结性等评价方式相结合。每种评价方式有其适用的条件与情境，教师应充分考虑到教学实况与学生发展状况，采用适当的评价方式。

▼ 课标摘要

　　坚持多主体评价。充分发挥学校、教师、学生、家长等不同评价主体或角色的作用，形成多方共同激励的机制，从各个渠道，采取多种方式全面观察和收集学生在各种场景中的日常品行表现，各评价主体之间要充分沟通交流，形成育人合力，增强学生学习的动力和信心。

——《义务教育道德与法治课程标准（2022 年版）》

　　可以通过课堂观察了解学生的学习过程、学习态度和学习策略，从作业中了解学生基础知识和基本技能的掌握情况，从探究活动中了解学生独立思考的习惯和合作交流的意识，从成长记录中了解学生的发展变化。

——《义务教育数学课程标准（2022 年版）》

四、真实性原则

　　真实性原则是指评价的情境要贴近真实生活经验，符合学生真实的学习和生活状况，真实地记录学生在现实情境中的表现，反映真实问题。中小学课程标准关注了真实评价情境与行为表现的作用。例如，《义务教育道德与法治课程标准（2022 年版）》指出："注重引导学生对自己的学习历程进行写实记录，丰富评价内容，提高评价的全面性、准确性。"《义务教育物理课程标准（2022 年版）》指出："评价内容要注重选择课堂教学真实情境中学生的行为表现。这种真实情境应贴近学生经验，引导学生不断生成问题并经历问题解决过程。"总之，一方面，中小学课程标准强调评价情境要贴近真实生活，以课堂教学为主，兼顾课内外、校内外多种情境活动，从不同情境中学生的行为表现来判断学生核心素养的发展状况。另一方面，中小学课程标准认为评价的过程与结果应该具有真实性，即要真实记录学生在不同情境与活动中的行为表现，真实展现出学生所存在的问题，不得弄虚作假。

五、全面性原则

　　全面性原则是指评价要拓宽视野、丰富内容，关注多种活动中学生表现出的行为与能力，从而准确判断学生核心素养的达成情况。中小学课程标准强调评价内容应全面而丰富。例如，《义务教育信息科技课程标准（2022 年版）》建议："评价内容应体现全面性。要从考查知识和技能具体掌握情况入手，注意分析学生能力表现、思维过程、情感态度等发展状况，全面评价学生信息意识、计算思维、数字化学习与创新、信息社会责任，把握核心素养整体发展情况。"《义务教育语文课程标准（2022 年版）》提出："评价内容应立足重点，关注各个学段的水平进阶。评价要真实、完整地记录学生参与语文实践活动的整体性表现，关注学生在活动中表现出来的沟通、合作和创新能力。"中小学课程标准强调评价内容要基于多样的活动任务，全面记录学生在学习活动过程中展现出的行为、情感等，并以此判断学生核心素养的发展水平。因此，教学评价的全面性原则，主要体现在通过多种方式记录学生在学习活动中的表现，评价的内容要尽可能涵盖学习态度及能力、学习行为及方式、学习活动及表现等，以全面多样的形式考查学生核心素养的达成度。

第三节　教学评价的内容分析

中小学课程标准不但明确了教学评价的原则，而且对教学评价的其他相关内容都作出了详细阐述。本节在解读教学评价原则的基础上，对教学评价的维度、方法、对象、主体及结果等内容作出系统分析。

一、评价维度的分析

中小学课程标准依照综合化、全面化的评价要求，针对义务教育阶段各个学科的特点提出了不同的教学评价维度。通过总结各学科课程标准，评价维度大致可划分为学生学习态度、学习参与程度、学习内容掌握程度、核心素养的发展状况四个方面。例如，《义务教育语文课程标准（2022年版）》强调："过程性评价重点考察学生在语文学习过程中表现出来的学习态度、参与程度和核心素养的发展水平。"《义务教育道德与法治课程标准（2022年版）》指出："要对学生核心素养的综合发展状况进行评价，兼顾学生学习态度、参与学习活动的程度以及对课程内容的理解应用水平。"

具体而言，第一，学生学习态度是指学生对学习的个人理解、看法及评价，是学生对学习的情感态度表现及其所展现出的行为倾向，包括对教师与学校的态度、对学习材料的态度、对学习情境的态度等。第二，学习参与程度是指学生在课堂中投入学习的生理和心理资源总量，可以通过学生参与活动的积极性与参与度、学生对问题是否感兴趣等多方面考查。第三，学习内容掌握程度是指学生对教师课堂上所传授的知识或信息的理解、掌握程度，包括对核心知识能否提出自己的看法、表达出自己的心得、说出自己的理解等。第四，核心素养的发展状况是指学生文化基础、自主发展、社会参与三大方面的发展情况，主要包括人文底蕴、科学精神、学会学习、健康生活、责任担当、实践创新六大素养，具体又可划分为国家认同等十八个基本要点。

因此，教学评价要按照学生学习态度、学习参与程度、学习内容掌握程度、核心素养的发展状况四个方面来进行。教师既要关注学生在知识和技能上的理解，又要注重学生能力表现、思维过程、情感态度等核心素养的发展。

课标摘要

全面考核和评价学生核心素养的形成和发展。例如，通过对叠放杯子总高度变化规律的探究，考查学生对函数概念的理解，用数学思想分析、解决实际问题的能力，由现实问题抽象出数学问题的能力。

——《义务教育数学课程标准（2022年版）》

二、评价方法的分析

2022年版义务教育课程标准强调评价方法的多样化，即以质的评价为基础，并与量的评价相结合，形成多元化的教学评价系统，避免以往重量轻质的问题。因此，针对不同学科的教学特点，课程标准提出了多种教学评价方法的建议。通过对2022年版义务教育课程标准的整理分析可以发现，课堂观察、活动讨论、书面测验、口头测验、成长档案袋等评价方法适用于大部分学科。例如，《义务教育科学课程标准（2022年版）》提出，"将定性评价和定量评价相结合，单项评价与整体评价相结合，纸笔测试与表现性评价相结合，综合利用各种方法，保证评价结果的准确性和有效性"。《义务教育历史课程标准（2022年版）》指出："评价要进行整体规划和设计，重点关注课堂评价、作业评价、单元评价、跨学科主题学习评价和期末评价。"

具体而言，第一，课堂观察是一种适用于大部分学科的评价方法，能够很好地考查教学中不易被量化的行为表现和技艺性内容。教师可以通过记录学生行为并写成日志或报告，或采用等级量表进行课堂观察等形式进行评价。第二，活动讨论是指教师通过组织学生参与活动，引导学生讨论某一问题从而进行评价的方式。该评价方法易于提升学生参与课堂活动的积极性。第三，测验就是通过让学生回答一系列与教育目标相关的、有代表性的问题，提取学生认知等方面信息，并根据一定的标准判断学生学习成效的过程。测验包括书面测验、口头测验等。第四，成长档案袋评价指让学生成为评价的直接参与者，学生可以自己选择档案袋中的内容，并据此判断学习效果。评价结果由教师、学生、家长等人员对档案袋中的作品、成绩单等进行考量而得出。

因此，教学评价可以采用课堂观察、活动讨论、书面测验、口头测验、成长档案袋等方法来进行。在教学评价中，教师要充分发挥不同方法的优势，将学生自我评价与同伴评价、单项评价与整体评价、定量评价与定性评价、终结性评价与过程性评价有机结合，发挥不同评价方式的优势，多角度评定学生的核心素养发展水平，保障评价策略的适切性和评价结果的有效性。

三、评价对象的分析

课程实施中的评价对象有多种，如课堂评价、作业评价、单元评价，以及期末评价。教师要抓住重点环节，发挥好教学评价的作用。

▼ 课标摘要

应注重将评价渗透到地理教学过程各环节。建议对学生的答问、演讲、演示、绘图、读图与分析、观察与观测、调查、制作等各种活动进行评价，加强评价对教学过程中教与学的实时诊断作用，提高教学效率，增强教学效果。

——《义务教育地理课程标准（2022年版）》

（一）课堂评价

课堂评价是教学评价的有机组成部分，主要是针对学生在课堂教学中所展现的学习行为、学习方式和学习表现的评价。教师应依照预先制订的教学目标，适时针对学生在学习过程中的进步和困难状况进行评价。中小学课程标准针对课堂评价给出了多条建议，如《义务教育物理课程标准（2022 年版）》提到了课堂评价要注意的几方面："重视评价目标的确立、评价内容的选择和评价指标的制订"。因此，依据中小学课程标准对课堂评价的建议，可以从三个维度来理解课堂评价。

第一，评价目标应具体明确、可测可评。评价目标应与核心素养和学业质量标准保持一致性，并且尽可能细化、具体，确保目标是可观察、可测量、可实现的。例如，《义务教育物理课程标准（2022 年版）》提出："评价目标应依据核心素养内涵和学业质量标准确立，重视学生个体差异和课堂生成，关注学生在问题解决、讨论发言、动手操作等活动中表现出来的知识理解、技能掌握、能力发展和学习态度等情况。"

第二，评价内容应全面真实。评价的内容要尽可能涵盖多方面，如学习态度及能力、学习行为及方式、学习活动及表现等方面。因而，为确保评价的真实性和准确性，教师应对学生的学习兴趣、思维活动、学习方法、知识理解、学习困难及其原因等进行全方位的评价。例如，《义务教育英语课程标准（2022 年版）》指出："课堂评价主要指对学生课堂学习行为、学习方式和学习表现的评价。教师应根据课堂教学目标，及时了解学生的学习过程、学习进步和学习困难。"

第三，评价指标要具有层次性、生成性。评价指标是考查教学质量和效果的标准，应具有层次性和生成性。层次性强调评价指标既要反映学生学习过程的状态、进程与成效等，也要反映学生核心素养典型特征。生成性强调评价指标要能反映学生的优势与不足，为学生进一步改进提供指导。例如，《义务教育物理课程标准（2022 年版）》提出："评价指标应具有层次性、生成性特点，能反映学生的优势和不足，能为学生进一步改进提供指导。"

（二）作业评价

作业评价是教学评价的一部分，是学生完成自身学习过程的一个环节，用以促进和检验学生的学习效果。中小学课程标准对作业评价作出了具体要求。

第一，作业设计理念要明确。教师必须明确作业评价所蕴含的育人价值，坚持素养导向的作业评价设计理念。例如，《义务教育语文课程标准（2022 年版）》强调，"教师要以促进学生核心素养发展为出发点和落脚点，精心设计作业"。

第二，作业内容要紧扣课堂学习的目标和内容。作业评价应以掌握课堂学习内容为基本要求和评价标准，不仅要有对基础知识、技能的练习，还要创设综合实践活动，重视对学生的知识理解、探究、应用能力的评价。例如，《义务教育历史课程标准（2022 年版）》提到，"作业评价要紧扣课堂学习的内容和目标，在注意理解和应用的基础上，加强综合性、探究性和创新性，体现层次性"。

第三，作业形式要注重多样性。作业既要有基础性的书面作业，又要有复习巩固类、拓展延伸类和综合实践类等多种类型的作业。例如，《义务教育科学课程标准（2022 年版)》明确提出了"作业形式要体现多样性"。

第四,作业评价要注意及时性。教师要细致地批改作业,及时向学生提供改进信息,根据学生素养发展状况和个体的差异性,有针对性地提出意见与建议,组织学生开展互评和自评,促进学生不断进步。例如,《义务教育英语课程标准(2022年版)》建议:"教师还要对学生作业进行跟踪评价,不仅关注学生是否改正了作业中的错误,还要关注学生成长进步的过程,以及良好习惯和态度的养成。"

（三）单元评价

单元评价是在完成一个单元的学习之后,对学生所达到的学业水平作出的评价,重点关注学生对整个单元的学习状况。单元评价应聚焦核心素养和单元教学目标,在发挥多元评价主体作用的同时,统筹设计整个单元评价。

第一,单元评价应坚持素养导向。单元评价要坚持以核心素养为导向,测评学生在单元学习过程中知识、技能、情感态度等方面的综合发展状况。例如,《义务教育英语课程标准(2022年版)》指出:"单元评价应根据单元教学目标,围绕核心素养综合表现进行设计,通过多元主体参与的方式,采用多种手段和形式组织实施。"

第二,评价问题要具有基础性。单元评价要关注学生对本单元基础知识的了解和掌握情况,重点考查学生理解了什么和会表达什么。例如,《义务教育俄语课程标准(2022年版)》强调:"评价问题具有基础性,充分考虑学生对单元基础知识的理解,重点考查学生'理解了什么''理解得怎么样'。"

第三,评价容量要具有适切性。单元评价的目的是测评学生对单元内容的了解和掌握度。因此,考查时间、题量要与单元内容等相匹配,对学生要具有适切性。例如,《义务教育科学课程标准(2022年版)》指出:"单元测评的主要目的是检验学生对单元内容的掌握程度,因此,要考虑用合适的时间和题量(或测试任务)来考评学生。"

（四）期末评价

期末评价是对学生整个学期的学习情况开展的评价,是结合学生作业评价、单元评价和期末考试进行的综合评定。期末评价主要关注学生通过系统学习,对本学期课程的基本概念、基本原理和基本方法的掌握情况。中小学课程标准针对期末评价也给出了诸多建议。例如,《义务教育艺术课程标准(2022年版)》指出:"期末考核要依据本学期的课程目标、内容、教学实际组织实施,注重采用综合性的题目或任务,可运用表演、展示、纸笔测试、档案袋等方式。"《义务教育英语课程标准(2022年版)》指出,可以通过"建立学习档案袋,记录学生在学习过程中所做的努力和取得的成绩;开展师生面谈,通过了解学生对自己学习情况的感受和看法,评价学生的进步,帮助学生解决问题"。中小学课程标准建议期末评价应立足于核心素养目标,对学生整个学期的学习情况开展评价。具体来看,在评价方法上,期末评价要采用综合性和表现性、纸笔测试和非纸笔测试相结合的评价方式。在评价内容上,期末评价应尽量展现核心素养的正确导向,题目应尽可能涵盖本学期所学的主要内容,且呈现形式应明确具体,问题选择应具有代表性,题目内容情境应贴近现实生活。

四、评价主体的分析

中小学课程标准强调评价主体的多元化，建议有效发挥学校管理者、教师、学生、家长等不同评价主体的作用，提倡多元评价主体的积极参与。同时，中小学课程标准对不同评价主体如何发挥积极作用提出了具体实施建议。例如，《义务教育数学课程标准（2022 年版）》提出："评价主体应包括教师、学生、家长等。综合运用教师评价、学生自我评价、学生相互评价、家长评价等方式，对学生的学习情况进行全方位的考查。"《义务教育语文课程标准（2022 年版）》也指出："鼓励学校管理人员、班主任、家长参与过程性评价，通过多主体、多角度的评价反馈，帮助学生处理好语文学习和个人成长的关系，发掘自身潜能，学会自我反思和自我管理。"

具体而言，第一，中小学课程标准建议教师不但要发挥自身在教学评价中的主导作用，而且要鼓励学生开展自我评价及学生互评，以此增进学生自我反思，促进学生成长。第二，学生需要发挥自身在评价中的能动性，反思自身在学习过程中的不足之处，激发自我学习潜能，提升自我发展水平。第三，发挥校外其他评价主体的积极作用，帮助学生明确校内学习与个人生活之间的关系，以此促进学生的进步。

因此，教学评价既应看到学生主体在评价中的作用，考虑到学生个体能力和学习基础等方面的个体差异，引导学生进行自我评价和相互评价，也应鼓励学校管理人员、班主任、家长等积极参与评价，最终促进校内与校外评价的有机结合，提升教学评价的有效性。

五、评价结果的分析

中小学课程标准强调，评价结果的呈现要重视学生的进步，明确学生现有发展水平与可提升空间之间的差距，以此来促进后续教学的有效开展。评价结果的运用应有助于学生自信心和学习兴趣的激发，培养学生良好的学习习惯，促进学生核心素养的发展。例如，《义务教育数学课程标准（2022 年版）》指出："根据学生的年龄特征，评价结果的呈现应采用定性与定量相结合的方式，关注每一名学生的学习过程。第一学段的评价应以定性的描述性评价方式为主，第二、第三学段可以采用描述性评价和等级评价相结合的方式，第四学段可以采用等级评价和分数制评价相结合的方式。"

中小学课程标准建议采用多种方式呈现评价结果，强调将定性评价与定量评价相结合，并且分学段使用不同的评价方式，避免以单一分数来评价学生的学习结果。对于评价结果的运用，教师要有效利用评价的反馈、导向、激励和改进功能，及时将评价结果反馈给学生，帮助学生探寻有助于学习改进的办法，促进学生的进步。例如，《义务教育数学课程标准（2022 年版）》指出："教师要注意分析全班学生评价结果的变化，了解自己教学的成绩和问题，分析、反思教学过程中影响学生能力发展和素质提高的原因，寻求改善教学的对策。同时，以适当的方式，将学生一些积极的变化及时反馈给学生。"因此，评价结果要以多样化的形式向学生呈现，如口头评价、记录表、等级制等，也要及时进行反馈。对学生的不足，评价结果要能给予充分的、有针对性的指导；对学生的进步，评价结果能予以鼓励，帮助其利用个人长处补足短处，促进学生的发展。

> **课标摘要**

　　评价的反馈对象为学生、教师、教学管理人员和地方教育行政部门。给学生的反馈，包括评语和数据，基于评价结果对学生的学业表现进行有针对性的分析，并给出进一步提升的建议；给教师的反馈，宜结合日常教学的调研分析，提出具体的教学改进指导建议；给教学管理人员的反馈，需特别关注增值评价和学校的典型经验；给地方教育行政部门的反馈，可以从课程建设、课堂教学改革、教学资源研发和教师专业素养发展等方面，为教育质量提升提供政策性建议。

——《义务教育化学课程标准（2022 年版）》

第四节　学业水平考试的分析

　　中小学课程标准的评价建议部分除了对教学评价的相关内容作出了分析，还针对各学科的学业水平考试给出了具体规定。为全面贯彻落实中小学课程标准中的要求，对学业水平考试进行全方位和系统分析极为必要。

一、考试性质和目的的分析

　　学业水平考试由省级或地方教育行政部门组织与实施，主要根据学业质量标准，在课程完结后进行，对学生课程目标的达成情况予以检验。学业水平考试旨在考查学生义务教育阶段完结时的学业发展水平，它为高一级学校的招生录取提供参考，为评价区域和学校教学质量提供思路，为提升教学提供改进建议。同时，中小学课程标准针对不同学科学业水平考试的特点也给出了各学科的考试目的。例如，《义务教育道德与法治课程标准（2022 年版）》指出，道德与法治学业水平考试的"目的是检测学生在义务教育结束时道德与法治的学业成就"。《义务教育地理课程标准（2022 年版）》提出："学业水平考试命题以考查学生地理课程目标的达成度为目标，依据学业质量标准，充分体现基于核心素养的命题导向与立意，正确处理核心素养和学科内容、情境、任务之间的关系，准确测评学生地理课程的学业成就，落实素养导向的课程改革要求。"

> **课标摘要**

　　义务教育化学学业水平考试由纸笔测试、实验操作性考试和跨学科实践活动三部分组成。实验操作性考试包括实验基本操作、探究实验的设计和实施；对跨学科实践活动，根据学生日常完成的表现进行综合评定。

——《义务教育化学课程标准（2022 年版）》

二、命题原则的分析

　　中小学课程标准基于不同学科要求提出了不同的命题原则。其中，各学科共同强调了以下三类命题原则。

第一，坚持素养立意，凸显育人导向。2022年版义务教育课程标准强调命题应围绕素养立意，设计与核心素养相匹配的试题形式，实现对学生核心素养发展状况的准确把握。例如，《义务教育科学课程标准（2022年版）》建议，"强化育人导向，注重考试命题的素养立意，全面考查学生的科学观念、科学思维、探究实践和态度责任"。

第二，遵循课标要求，严格依标命题。命题应严格遵循课标要求，保障命题立意、命题框架、试题情境和范围、任务难度等贴近课程标准的要求，以此确保命题的科学性、规范性。例如，《义务教育生物学课程标准（2022年版）》指出，"依据课程标准所规定的课程目标、内容要求、学业要求和学业质量命题，认真开展实验探究和跨学科实践活动的考查，保证命题的科学性和规范性"。

第三，丰富试题形式，引领改革方向。学校在命题时不仅要适当选用传统题型，更应以核心素养为导向创新试题形式。试题内容要体现综合性、探究性和开放性，要有利于引领教学方式改革。同时，试题设计要在素材选取、情境设置、设问方式、评分标准拟定等方面进行创新，使其能够引领课程改革。例如，《义务教育地理课程标准（2022年版）》指出："题型应支持和引导地理教学改革的方向，有利于以综合性、实践性为特点的地理课程教学的落实。"

三、命题规划的分析

命题规划是保证命题质量的基础，制订命题规划要明确内容范围、水平要求、考试形式、试卷结构、题目命制等。2022年版义务教育课程标准详细指出了命题规划要注意的内容。

第一，科学制订命题框架。要依据课程目标和课程内容，依照学业质量标准建议，合理制订命题框架。命题框架的制订要具有科学性，包括考试目标、考试内容、核心素养在试题中的分布、试题类型与数量、考试时长、试题样例及参考答案等。在研制考试命题框架时，内容范围、核心素养的体现程度等要符合中小学课程标准的规定和要求，保证学业水平考试能够准确考查课程目标的达成度。例如，《义务教育英语课程标准（2022年版）》建议："科学制订命题框架。依据课程目标、课程内容和学业质量标准，构建命题框架。"

第二，合理选择测评形式。考试形式应该丰富而合理，不能只局限于纸笔考试形式，而要积极创设如"闯关""游戏"等情境型、展示型、活动型等花样考试形式，有能力的地区可以充分利用信息技术等资源开展考试。例如，《义务教育艺术课程标准（2022年版）》建议："采用丰富多样的艺术测评形式，如主题创作、项目设计、展示展演，以及凸显艺术特点的纸笔考试等。"

第三，整体规划测评结构。试题结构要基于核心素养目标及课程内容的基本要素，按照学业质量标准的要求，进行系统规划。首先，规划结构时要明确考查内容在试卷中的比例，合理规划内容结构。其次，要确定题型及其比重，明确选择题、建构题、表现题等题型的搭配，考虑客观题与主观题的分配，合理规划探究性、开放性、综合性等试题的占比。最后，题量和难度都要适中，精简题目数量，尤其要减少单纯考查知识熟练度的题目，保证题目的有效性。例如，《义务教育信息科技课程标准（2022 年版）》指出："确定各部分测评内容在试卷中的比例，明确题型、题量、难易度等。"

四、题目命制的分析

中小学课程标准指出，要努力探求与核心素养立意相适配的命题规划和考试试题，促进核心素养的落地。2022 年版义务教育课程标准给出了题目命制的流程，主要包括明确考查意图、创设合理情境、设置合理问题和科学制定评分标准。

第一，明确考查意图。题目命制第一步要明确的是在评价中如何实现对学生核心素养的考查。题目命制要坚持素养立意，明确每个题目考查的课程内容及其所反映的核心素养达成度。例如，《义务教育道德与法治课程标准（2022 年版）》建议："命题应从课程性质、时代要求、学生发展三个主要维度体现考查核心素养立意。"

第二，创设合理情境。情境素材是命题的重要构成要素。素材的选取要根据情境来定，这一情境要贴合学生的认知水平和真实的生活经验。题目命制在明确考查意图后，应明确学生认知水平和实际生活经验，创设真实、典型、适切、复杂的情境。此外，情境呈现方式也要多样，要充分利用文字、数据、图片等表达形式。例如，《义务教育道德与法治课程标准（2022 年版）》提出："情境素材选取要源于真实的社会生活，情境的描述和展开要符合生活常识。情境既要具有一定的复杂性，又要符合学生的认知发展水平。"

第三，设置合理问题。题目要有明确、清晰的层次和严谨的逻辑，要指向核心素养的具体要求，呈现方式应尽量简洁。试题设问的角度和表述方式要具有科学性、合理性和有效性，能明确体现学科知识和学生能力，要确保题目能真实有效地考查学生的核心素养达成度。例如，《义务教育数学课程标准（2022 年版）》指出："问题的设置要有利于考查对数学概念、性质、关系、规律的理解、表达和应用，注重考查学生的思维过程，避免死记硬背、机械刷题。"

第四，科学制定评分标准。评分标准的制定应充分考虑到学业质量标准所规定的表现特征，明确所要考查的问题或任务的具体要求，判断学生在预估状态下的作答情况，从而科学地制定参考答案和评分标准。例如，《义务教育地理课程标准（2022 年版）》提出："评分标准的拟定要遵循学业质量标准，符合育人理念。评分要点准确，分值权重合理，等级描述清晰，便于阅卷操作。"

资料卡片

1. 化学试题命制流程图

化学试题命制的基本流程图如图 8-1 所示。

图 8-1　化学试题命制的基本流程图

2. 历史学业水平考试试题样例

唐朝诗人刘禹锡的诗作"礼闱新榜动长安，九陌人人走马看。一日声名遍天下，满城桃李属春官。自吟白雪诠词赋，指示青云借羽翰。借问至公谁印可，支郎天眼定中观。"描写的是（   ）。

A. 开放的社会风气　　　　B. 三省六部制的实施

C. 科举考试后的盛况　　　D. 长安城的节日气氛

参考答案：C

本题为选择题，材料是一首古诗，涉及隋唐时期制度创设的相关内容，考查学生核心素养中史料实证的水平达成度，即考查学生能否从史料中提取有效信息，并作出正确判断。

拓展学习

为深化和运用本章所学内容，建议阅读以下学习资料。

谢翌，等，2021. 基于学习体验的过程性课程评价 [J]. 课程·教材·教法（5）：18-25.

严奕峰，2021. 论素养本位课程评价 [J]. 课程·教材·教法（5）：11-17.

殷世东，2021. 中小学劳动教育课程评价体系的建构与运行：基于 CIPP 课程评价模式 [J]. 中国教育学刊（10）：85-88.

张俊列，2018. 中国课程评价研究 40 年：历程、主题与展望 [J]. 课程·教材·教法（10）：59-66.

周文叶，2014. 中小学表现性评价的理论与技术 [M]. 上海：华东师范大学出版社.

课后思考

1. 谈一谈你对教学评价的认识。

2. 请简述教学评价应当遵循哪些原则。

3. 尝试分析《义务教育数学课程标准（2022 年版）》中学业水平考试的命题规划。

第九章
中小学课程标准中的教材编写

思维导图

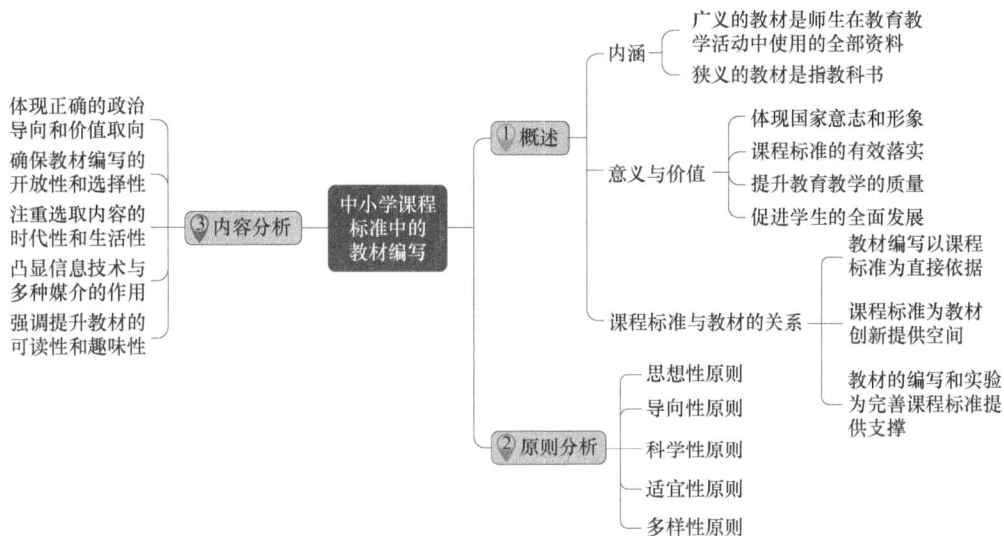

要点提示

教材作为课程体系的重要结构形式，是教师教学和学生学习的主要材料。教材的编写是教育教学体系建设中的重要环节，对教材质量的提升和发展具有举足轻重的作用。本章在分析教材内涵及价值的基础上，分析了中小学课程标准中教材编写的相关原则。同时，对中小学课程标准中有关教材编写建议的具体内容进行了介绍与分析。

学习目标

1. 掌握教材的基本内涵。
2. 明晰教材编写的意义与价值。
3. 把握教材编写的原则。
4. 了解中小学课程标准中的教材编写建议。

第一节　教材编写概述

教材作为课程结构的重要组成部分，为课程实施和教育教学提供了基本载体和直接依据，教材编写的水平直接影响中小学教育教学质量的提升。因而，掌握教材的内涵，明晰教材编写对国家、学生、教育教学的价值意义，厘清中小学课程标准与教材之间的内在关系对中小学课程标准的进一步落实具有重要的保障作用。

一、教材的内涵

教材作为课程的载体，通常有广义和狭义之分。广义的教材一般是指师生在教育教学活动中使用的全部资料，包括教科书、学生练习册、教师教学用书、教师自主设计的教学材料、媒体资料等，也就是一般意义上的课程材料，其典型的观点有：教材是"教师和学生据以进行教学活动的材料，是教学的主要媒体。通常按照课程标准（或教学大纲）的相关规定，根据学科门类和年级顺序进行编辑，包括文字教材（含教科书、讲义、讲授提纲、图表、教学参考书等）和视听教材"。狭义的教材通常是指，在学科课程的范畴之中系统编制的教学用书，即教科书。2022 年 4 月，教育部印发的《义务教育课程方案（2022 年版）》和各学科课程标准，对教材的编写进行了更细致的界定和要求，表明课程标准与教材之间存在不可忽视的联系。在此基础上，我们认为，教材是依据课程标准编写，业已出版并投入使用的学科教学材料，其中教科书是主体，同时包括学生练习册、教学参考用书和辅助资料等。就其结构而言，一个体系完整的教材结构通常由两部分组成：一部分是知识系统结构，体现的是学科知识自身的内在逻辑和层次关系；另一部分是知识应用结构，说明的是知识与事物的联系及知识与人的关系。

教材作为一种教育教学的工具和材料，是课程结构的重要组成部分，也是课程实施和教育教学的基本载体与依据，更是体现国家意志、落实国家事权、服务国家战略、维护国家安全的重要途径，在整个学校教育体系中具有不可替代的作用。由此，教材本身要区别于一般的书籍，是课程标准的具体化。随着时代的更迭，信息技术对教材编写的影响愈加广泛和深远，促使教材的性质发生了一定程度的"化学变化"，如数字教材、电子教材等概念或产品，均体现了教材形态的变革，表明教材作为教育教学的核心资源，正随着社会、科技、文化等的发展进行相应的变革。

二、教材编写的意义与价值

（一）有利于体现国家意志和形象

作为国家课程方案和课程标准的主要物化载体之一，教材是国家意志与社会主流价值观在教育文化领域的集中反映和表征，其本质是国家意志、民族精神、传统文化和学科发展水平的体现，是实现教育目的、培养目标的基本手段和教学考试的重要依据。教材的水平——思想水平、编写水平、学术水平等，实际上代表着国家和社会的水平，体现着国家和社会的意志。因而，从宏观的社会层面出发，教材是体现国家意志、建构国家形象的重要载体，也是落实国家事权、服务国家战略、维护国家安全的重要途径。教材编写与人类的社会生活实践、文化遗产传承及教育思想演进等紧密相连，它通过对文化的延续传承，可以形成具有中国气派、风格和特点的教育经典，进一步助推教育事业的发展演进。因而，教材的编写、建设和发展是国家基础教育教材改革的文化密码，其自身的建构更是加强青少年对国家认同和文化认同的重要路径。这对落实国家人才培养目标，实现从政治话语到经济话语再到促进人的全面发展话语转变具有关键作用。

（二）有利于课程标准的有效落实

在基础教育课程改革中，教材是改革的重要环节。因为任何课程改革的成功与否最终取决于教学，而对教学起决定性支撑的重要因素之一就是教材。教育改革一般会经历"标准编制—教材编写—教学实施"诸环节。由此而言，我国实施的课程改革在很大程度上是一场关于课程标准的教育改革。课程标准是国家对基础教育课程的基本规范和要求，是教材编写、教学评估和考试命题的依据，是国家管理和课程评价的基础。教材编写作为教育改革的中间环节，具有承上启下的重要支撑作用。教材作为课程标准的下位材料之一，是人类优秀文化和课程与教育内容的重要载体。课程标准对学生在基础教育阶段应掌握的知识技能、情感态度与价值观等做出了明确的阐述，规定了相应学科的课程目标和内容框架。教材编写以课程标准为直接依据，教材编写者在编写过程中，通过领会课程标准的理念和精神，选取科学的内容及恰当的呈现方式，依照课程标准的规范和原则，将课程理念转化到具体教科书中。总之，教材编写是课程改革的重点，作为教育教学的重要抓手，教材编写对落实课程标准、促进教育教学质量的提升具有至关重要的作用。只有编写出既符合国情又切合教育教学实际的教材，才能真正落实课程标准，更好地肩负起塑造灵魂、塑造生命、塑造人的时代重任。

（三）有利于提升教育教学的质量

教材作为教学内容的物化形态之一，是教学系统中的重要组成部分。就本质而言，教材的第一层含义永远是"教学性"。这意味着教材作为教学活动体系的重要组成部分，可以促进教学活动的有效实施，引导主题活动的开展，更意味着教材能够为师生之间的交往提供"剧本"。因而，教材的编写在很大程度上是为教学活动所服务的，最终指向国家教育目的的实现。教师是教学活动的主要支撑，教材可以为其提供教学依据、资源指导、教法指导、评价支撑等。因而教师在实际的教育教学中，以教材所陈列的案例为基础，充分利用与之相关的多元课程资源显得格外重要。在教育实践中，教材内容的编写同样影响着教师和学生对教学内容、教学方法及媒体的选择。教材可以看作是为教师的教和学生的学而编写的一种材料，因而其对教育教学而言具有举足轻重的作用。一方面有利于精准分析相关学科的教学目标、内容范围和教学任务等；另一方面有助于确定相关学科的教学实施、实践活动等，从而做出统筹安排。可见，教材编写质量的提升、教材使用功能的完善，在很大程度上是提高教育教学质量的重要保障之一。

（四）有利于促进学生的全面发展

教材的使用对象具有一定的普遍性，它集中体现了国家对教育教学的要求，是教育教学质量的基本保证，并最终指向学生的全面发展。可以说，教材的内容决定了学生该掌握什么样的知识和技能，以及学生对事物的思考判断和思维方式。因而，教材是学生掌握基础知识和基本技能、树立文化自信、实现人生发展的重要工具，更是培育学生社会责任意识的载体，在很大程度上决定了学生甚至国家未来的发展方向。为教师提供信息资源是教材最基本的功能，因而，教材内容的编写也是为了师生开展教育教学活动。教师在使用教材的基础上，可以通过联系自己的知识经验，创设相应的问题情境，引发学生的深度思考，进而激发学生的探究欲望和动机兴趣，进行思维能力的培养训练，最终推动学生学习方式的转变。此外，教材编写在向学生呈现知识的同时，也向学生呈现知识获取的过程和手段，所以在具体的教育情境中教师要教会学生如何科学有效地使用教材，力求最大限度地发挥教材的作用，进而促进学生的全面发展。

三、课程标准与教材的关系

（一）教材编写以课程标准为直接依据

课程标准对课程定位、课程任务、课程内容、课程设计和课程实施等方面做出了规范性的指导与纲领性的要求，是教材编写的主要依据。《基础教育课程改革纲要（试行）》明确指出，"教材内容的选择应符合课程标准的相关要求"。因此，教材编写者必须充分领会和掌握学科课程标准所蕴含的基本思想和主要内容，并进一步在教材中体现。义务教育课程方案和课程标准(2022年版)还特别增加了课程标准编制与教材编写基本要求，其明确了教材编写须落实课程标准的基本要求，要基于核心素养精选教材，确保内容的思想性、科学性、适宜性与时代性。所以，教材编写所涉及的思路、框架和内容均不能违背课程标准的基本精神和相关要求。此外，教材和课程标准是相辅相成的关系，教材的编写以课程标准为依据，课程标准中的宏伟蓝图也要由教材来体现。因此，教材编写不是孤立地进行，它需要遵循课程标准的规范与限定。

（二）课程标准为教材创新提供空间

不同版本的教材具有各不相同的编写体例、切入视角、呈现方式、内容组织和图像系统等。随着基础教育课程改革的深入推进，我国实行国家基本要求指导下的教材多样化政策，允许和鼓励有关机构和出版部门等依据国家课程标准进行中小学教材的编写工作。2001年《基础教育课程改革纲要（试行）》的颁布，打开了教材"一纲多本"的编写局面。同时，以国家课程、地方课程、校本课程为主的国家三级课程施行后，有条件的学校还可以根据自身具有的教育资源和需求开发校本课程所需的校本教材，以促使教材能够更具适切性。这就表明，教材的编写方针在一定程度上已然发生了质的转变，即在统一基本要求的前提下，力求实现教材的多元化，其风格也愈加具有可读性和可视性。因而，在教材的编写与运用遵循课程标准的要求的同时，课程标准也给了教材一个适度的创造空间。基于此，课程标准既能够为教材的发展提供可能的上升空间，又能够规范教材的编写，最终提升教材与课程标准的适切度。

（三）教材的编写和实验为完善课程标准提供支撑

教材在服从于课程标准的同时，也体现了课程标准的基本精神与相关要求。作为课程标准的物化过程和落实过程，教材实验（包括教科书设计、编写、实教、修改、推广及完善等具体过程）既是对课程标准的检验，也是对课程标准的完善。一方面，教材将课程标准的内容具体化、丰富化，但是课程标准规定的是一个宏大的纲领范围，而不是细化的内容知识点。因而，教材应在遵循课程标准的前提下，实现更进一步的具体化。通过教材的编写和运用可以细化课程标准，进而能够在一定程度上检验课程标准的可行性和合理性。另一方面，通过具体运用教材，才能够真正体验课程实际产生的效果及适切程度。此外，教师可以更加深入地了解课程改革的基本理念和课程标准的实质，为进一步完善和丰富课程标准奠定强有力的基础，从而不断检验、完善教材和课程标准。只有通过具体的教材实验与课程实施，才能真正检验课程标准的实际效果与适切程度。

第二节　教材编写的原则分析

教材编写原则为教师有效使用教材提出新的要求和挑战。为了充分理解中小学课程标准中的教材编写原则，最大限度发挥教材的使用功能，实现教材本身的育人价值，对中小学课程标准中的教材编写原则进行系统分析极为必要。

一、思想性原则

教材编写是国家事权，要体现国家意志、维护国家安全。教材的内容具有一定的价值负载性和思想渗透性，所以教材编写的首要原则就是坚持思想性，务必形成铁一样的政治原则。时代指导思想引领着教材编写，是教材事业发展的灵魂，在教材的编写过程中始终处于核心地位。作为学生学习和教师教学的主要内容及载体，教材是对学生进行思想品德教育的关键媒介之一。例如，《义务教育道德与法治课程标准（2022年版）》中明确指出，"坚持正确的政治方向和价值导向。教材编写要坚持以习近平新时代中国特色社会主义思想为指导，将坚持正确的立场作为首位要求，旗帜鲜明地批判错误观点和思潮，全面落实习近平新时代中国特色社会主义思想"，"要遵循思想政治理论教育规律，充分体现道德与法治课程的综合性"。可见，在教材编写过程中要体现课程的育人价值，并有机融入社会主义核心价值观和人类命运共同体意识，将立德树人根本任务落到实处。

二、导向性原则

导向性是指在教材编写的过程中应坚持以核心素养为导向，清楚地掌握并准确地处理知识学习和素养培育的关系，将核心素养贯穿于教材编写的整个过程，进而组织、整合各学科知识。中国学生发展核心素养以培养"全面发展的人"为核心，包括三大方面、六大素养、十八个指标，是对教育方针的具体化与细化，核心素养导向下的教材编写强调要始终围绕中国学生发展核心素养进行顶层设计。例如，《义务教育数学课程标准（2022年版）》表明了教材的编写应体现核心素养培养要求，主要表现为三点："教材内容结构要着重关注核心素养的整体性"，"教材内容组织要着重关注核心素养发展的一致性"，"教材内容要求要着重关注核心素养发展的阶段性"。又如，《义务教育道德与法治课程标准（2022年版）》提出："教材设计要基于学生不断扩大的生活范围，着眼于发展学生的核心素养。……，引导学生通过分析和解决现实生活问题，逐步扩展和深化自己的认识，学会正确的思维方法，树立正确的世界观、人生观、价值观。教材的呈现要有利于培育核心素养，有助于学生通过自主探究提高思维水平。"这种指向学生思维、技能等方面发展的教材编写建议，均要求教材在编写时要基于核心素养构建内容体系，呈现结构化的知识与技能，避免对单一知识和技能的过多描述，引导学生理解并综合运用知识与技能，学会融会贯通，举一反三，解决学习和生活中的实际问题。

三、科学性原则

科学的核心精神是理性，而理性的内核是遵循规则。坚持科学性，就要遵循事物发展的内在规律，不随意而为、肆意妄为，凡事皆有理有据、合乎逻辑。教材的编写不可避免地会涉及知识结构的科学性和系统性等问题，这种结构强调要遵循由浅入深、由易到难、由低级到高级的螺旋上升的逻辑顺序。因而，在教材编写过程中遵循科学性原则对优化教材结构、提高教材质量具有至关重要的作用。例如，《义务教育科学课程标准（2022 年版）》提出教材编写坚持科学性的原则，就是要求教材："总体设计符合课程标准的基本理念，落实科学课程目标、课程内容和学业质量的基本要求。教材内容准确，编排合理，反映科学课程内容的基本特点，体现科学教育的基本规律。"尤其在教材内容的编写过程中，始终要确保其知识内容的科学性原则。

教材的编写通常以一定的教学理论和心理学理论作为理论支撑，注意内容的选择和组织及活动安排的衔接性，呈现出一定的连续性和序列性，既要与学生的认知加工过程、心理生理发展顺序相适应，又要符合学生的心理发展阶段特征，激发形成正处于成熟过程中而又不完全成熟的心理机能，从根本上服务于学生的身心发展。例如，《义务教育历史课程标准（2022 年版）》中提出，教材的编写应"坚持系统性和科学性"，"科学性主要是指史事的选择和叙述应有代表性和典型性，无科学性、常识性错误；要实事求是地解释和评述历史，做到论从史出，史论结合；原始文献等资料及数据的引用要准确、权威和可信，符合学术规范、注明出处和来源"。

四、适宜性原则

学段不同，学生的认知水平和身心发展程度均会存在较大的差异。因而，坚持适宜性的编写原则，可以最大程度地发挥教材自身的作用，达到事半功倍的效果。适宜性原则，即在教材编写过程中，在保持教材风格总体一致的前提下，教材的容量、结构、版面、活动等要体现各学段的特征，适合学生的知识经验和兴趣特点，注重联系学生学习和生活实际。这就要求教材的编写要选择符合学生实际的表达方式，使他们便于学习，易于掌握。同时也要注意，面对不同的学习对象，教材应该有不同的表达方式。此外，适宜性的编写原则强调教材应满足不同区域学生的需求，应重视有效衔接，突出活动的游戏性和生活化。

例如，《义务教育道德与法治课程标准（2022 年版）》强调："既要注重育人要求的一致性，也要适应学生认知水平等差异。既要着眼于学生全面发展，阐述道德与法治课程的基本概念、基本知识和基本方法，符合规定的知识类别、覆盖广度、难易程度等，也要考虑城乡、区域差别。"又如，《义务教育历史课程标准（2022 年版）》强调教材的编写要"坚持适宜性和可操作性"，"遵循学生身心发展规律，注重教材的适宜性。教材内容的难易程度应以学业质量为标准，符合初中不同年级学生的年龄特征和接受能力，容量适当，既无结构性缺失，又避免难、繁、偏、旧的知识和抽象的概念，使学生通过努力能够掌握"，"要考虑不同地区的经济、文化等差异，增强内容弹性，满足不同水平学生学习的需求"。

五、多样性原则

《义务教育课程方案（2022 年版）》强调，教材的编写应"创新教材呈现方式，注重联系学生学习、生活、思想实际，用小故事说明大道理，用生动案例阐释抽象概念，增强吸引力和感染力"。这就表明教材在编写过程中应坚持多样化的呈现方式。教材呈现方式的创新和多元，体现了内容编排的整体性和逻辑性；强化了生动案例的有效运用，增加情境性活动设计，以及在教材各栏目的编排中讲究形式上的多样性和活泼性。例如，《义务教育道德与法治课程标准（2022 年版）》中强调，教材编排与呈现方式"要保持教材整体风格的一致性"，"要注重逻辑性，做到条理清楚，层次分明"，"教材语言风格要简洁、精当、平实"。《义务教育英语课程标准（2022 年版）》强调了"教材内容的选择要注意趣味性和层次性，以及学习形式的多样性和灵活性，保护学生对英语的好奇心和学习兴趣"。此外，在注重传统纸质教材的同时，教材编写还应坚持与时俱进，适应数字时代的要求，构建具有视、音、图、文等要素的数字教材，体现教材的直观性、交互性和趣味性，以此促进学生学习。

◤ 课标摘要

（1）要保持教材整体风格的一致性。各册要保持整体连贯和相互衔接。教材正文与辅文、栏目的比例应适中，栏目之间要分工明确，边界明晰。

（2）要注重逻辑性，做到条理清楚，层次分明。合理处理各个教育主题的铺展顺序、层次和逻辑关系。

（3）教材语言风格要简洁、精当、平实。语言既要准确规范、简明扼要地表达相关教学内容，又要亲切自然，利于学生接受。各个主题教育的内容要与鲜活生动的社会生活紧密结合，将文件语言转化为教材语言，为教师教学提供引导。

——《义务教育道德与法治课程标准（2022 年版）》

第三节　教材编写建议的内容分析

中小学教材的编写必须遵循与落实课程标准的基本要求，教材编写是教材意识形态教育功能和独特育人功能的重要体现，有利于彰显国家意志、落实立德树人根本任务。精准分析中小学课程标准中的教材编写建议，是为了能用好教材，转变教材使用观念、提高和优化教材编写与使用。

一、体现正确的政治导向和价值取向

作为为党育人、为国育才的重要抓手，教材深刻影响着国家的人才培养。党的十八大以来，党和国家更是把大、中、小学教材建设提升到了"国家事权"的战略高度，凸显了教材工作在党和国家事业发展全局中的重要地位。为此，各学科义务教育课程标准中均强调了教材编写时要坚持正确的政治导向和价值取向。特别指出，要以习近平新时代中国特色社会主义思想为指导，全面贯彻党的教育方针，落实立德树人根本任务，充分发挥课程的育人功能。

例如，《义务教育历史课程标准（2022年版）》的编写原则指出："明确教材建设是国家事权。坚持唯物史观的指导地位，贯彻习近平新时代中国特色社会主义思想，坚定'四个自信'；全面贯彻党的教育方针，充分发挥历史课程的立德树人功能，落实核心素养要求；树立中华民族共同体意识，扩展国际视野，引导学生树立正确的历史观、民族观、国家观、文化观。"又如，《义务教育语文课程标准（2022年版）》明确指出："教材编写要以马克思主义为指导，坚持立德树人，体现社会主义核心价值观"。此外，教材的内容还要坚持正确的价值取向，以立德树人、培根铸魂为根本任务，同时融入国家、民族及社会主义的核心价值观，注入中华优秀传统文化、革命文化、社会主义先进文化，为学生渗透正确的价值观、人生观、世界观。可见，教材的编写要着重体现正确的政治方向和价值导向，增强学生的中华民族共同体意识，增强中华民族自尊心、爱国情感、集体意识和文化自信，形成正确的世界观、人生观、价值观。总之，政治导向与价值取向为教材内容的选择标定了方向、擘画了路径。

二、确保教材编写的开放性和选择性

教材内外存在两种意义的知识空间，一种是课本外部的原生态的文化知识空间，另一种是通过选择等系列主体行为而呈现出来的课本内部的文化知识空间。因此，教材中的内容并非需要囊括大典、网罗众家，而是要从浩如烟海的知识中进行适度选择，精选出各学科门类中最有价值的知识资源。但是，在探寻何种知识最有价值时，教材的内容覆盖程度也不可避免地存在局限性。因而，使教材不再仅仅囿于一个完整而自足的封闭式内容体系，确保教材编写的内容具有适度的选择性和开放性显得尤为重要。确保一定程度的选择性，强调了教材的编写应在联系具体实际的基础之上，为教师的教学和学生的学习提供适当的选择，让教材发挥一定的灵活作用，让教材撬动教学的创造性，从而促进教师教学质量和学生学习水平的进一步提升。适度的开放性在一定程度上可以赋予使用者自主权：一方面，为教师的课程与教学决策赋权，为教师预留出自主裁量、调换旧有资源及找寻并开发新资源的空间，弥补教材内容容量的局限性；另一方面，为学生的学习与拓展赋权，为学生提供自主建构知识、灵活开拓资源、大胆质疑权威和自由探究结论的学习情境，给予学生一定的学习想象空间，以及提供细化、补充、完善教材中未竟内容的机会。

例如，《义务教育语文课程标准（2022年版）》中明确指出："教材应具有开放性和选择性。在合理安排基本课程内容的基础上，关注不同区域教育实际，给地方、学校和教师留有调整、开发的空间，也给学生留出选择和拓展的空间，满足不同学生学习和发展的需要。"《义务教育英语课程标准（2022年版）》也指出："教材内容的选择和编排要有利于教师创造性地设计教学活动，灵活安排课堂教学环节；要为教师自主选择、增补和调整教学内容预留空间；要能够使教师接触新的教学理念与方法，促进教师改进已有教学方法。教材的编写既要反映课程标准的要求，保证基本内容的完整性和基础性，也要便于教师根据教学实际需要对教材内容做适当的取舍和补充。"可见，确保适度的开放性和选择性，是教材内容编写的应有之义。

三、注重选取内容的时代性和生活性

学生易于接受、理解与吸收知识，是教材的生命属性与存在之根。一方面，教材内容的选取要反映时代发展和科学研究的新成果。例如，《义务教育历史课程标准（2022年版）》指出："教材内容要尽可能体现时代性，反映经济社会发展的新变化和科学技术进步新成就，也要及时吸收学界公认的史学研究新成果。"又如，《义务教育科学课程标准（2022年版）》指出，教材的编写要"兼顾基础性和时代性。既要选择对学生理解核心概念和发展核心素养起重要作用的基础性知识，也要选择对学生生活有重要影响、具有时代特征的最新科技内容，使学生接触和接受反映时代特征的新思想与新事物，增强对科学技术与现实生活关系的体验和理解"。

另一方面，教材还肩负着建构学生思想世界的职责。这就要求教材事先要能够提供一个真实情境，内容选择应贴近客观的现实世界。联系学生的日常生活经验，更要符合学生的认知特点和思维发展水平，加强知识与实际情境的意义关联性，引领学生对"真"的追求与事物本貌的探寻。虽然教材的内容要源于生活，但不能仅停留于此层面，还要实现从生活逻辑向超越生活逻辑的转变，引领学生超越生活、创造生活，逐渐建构起真实而又独特的思想世界，尝试运用所学内容解决生活中的问题。2022年版义务教育课程标准都明确了教材内容选取要紧密联系实际生活的重要性。例如，《义务教育语文课程标准（2022年版）》明确指出："教材编写体例和呈现方式，要围绕学生生活实际和认知需求创设学习情境"。同样，《义务教育数学课程标准（2022年版）》强调："教材素材的选取应尽可能地贴近学生的现实"。总之，在教材编写过程中，内容的选取要紧密贴合时代发展和学生的实际生活，增进学生对生活的理解与省察，为学生当前和未来的生活提供科学指导，启发学生对生活目的、意义的自我确认，满足他们的真实成长需要与个性发展需要。

◤ 课标摘要

教材素材的选取应尽可能地贴近学生的现实，以利于学生经历从现实情境中抽象出数学知识与方法的过程，发展抽象能力、推理能力等。

学生的现实主要包含以下三个方面：生活现实，即学生熟悉的事物，以及自然、社会中的现象和问题。数学现实，即学生已经积累的数学知识。例如，学生学习分数时已经具备的整数知识，学习因式分解时已经具备的整数分解知识。其他学科现实，即学生

学习数学知识时在各学段已经具备的其他学科知识。例如，学习一次函数时具备的各种与"匀速变化"现象相关的知识。

——《义务教育数学课程标准（2022 年版）》

四、凸显信息技术与多种媒介的作用

在教育信息化背景下，信息技术与多种媒介为教材编写提供了可依赖的平台与支撑，赋予了教材以特定内涵与价值，为数字教材的发展创造了拓展的空间。探索教材的数字化势在必行，这不仅是我国教育信息化发展的外部需求，也是中小学教材体系创新的内生要求。因此，教材的编写应紧跟时代的发展步伐，最大化地利用信息技术与多种媒介，既要注重知识选择的标准尺度，在技术的嵌入中适切教材的本质形态，又要及时搭建数字学习平台，使师生之间以数字教材知识为中介关联起来。如今，中小学数字教材的发展态势日盛，地位日益凸显，并且强调将多媒体资源融入数字教材，融合大数据、虚拟现实、人工智能等前沿技术。未来，人工智能技术、区块链技术、虚拟现实与增强现实技术等前沿技术也将更广泛地应用到中小学教材编写中。

信息技术的发明和运用能够实现个性化的数字教材生成与内容推送，使教材具有更好的应用体验与教学效果。例如，《义务教育语文课程标准（2022 年版）》明确指出："教材编写要有利于师生运用多种媒介和信息技术呈现学习内容，积极探索信息化环境下的教学变革，发挥传统纸质教材和线上学习资源各自的优势；创设线上与线下学习相结合的机会，引导教师积极调动各种资源创造性地开展教学活动。"又如，《义务教育英语课程标准（2022 年版）》指出："英语教材的编写要有效利用信息技术，推动信息技术与英语教学的深度融合。英语教材应配套数字学习资源，以辅助教材的使用，如建立教师与教师、教师与学生、学生与学生之间相互学习和交流的数字学习平台，便于师生交流和展示学习成果，分享资源与经验。"此外，《义务教育地理课程标准（2022 年版）》也指出："教科书编写者要重视现代信息技术的应用。地理课程内容的直观性要求，使得信息技术手段在地理教学中大有用武之地。"

五、强调提升教材的可读性和趣味性

教材并非一个静态的知识载体或教学材料，而是一个具有思想的、鲜活的交往主体，需要在教师和学生之间构成一种交往关系或互动关系。因此，教材编写要充分考虑学生的主体地位，以学生的学习体验与收获为旨归。兴趣作为一种独特的情感体验，是学生学习的内在动力，而学习动力的产生恰恰是学生获得有效学习的必要条件。这就要求教材内容的选择要在符合学科逻辑的基础上，关注学生发展的逻辑，立足学生的实际需要，进一步提升教材的可读性与趣味性，选择符合学生兴趣发展与接受能力的知识内容。

例如，《义务教育历史课程标准（2022 年版）》强调："内容要线索清晰、层次分明、重点突出、概念准确、图文并茂、文字生动、可读性强，使学生了解历史是鲜活的、生动的，激发学生的学习兴趣和求知欲望，使他们主动感知、感悟、理解历史。"又如，《义务教育数学课程标准（2022 年版）》指出："教材应为学生提供丰富的问题情境、充分的思考空间，让学生经历观察、实验、猜测、推理、交流、反思等数学活动过程，帮助学

生感悟基本思想，积累基本活动经验。教材应具备可读性，图文并茂，关注学生身边发生的事情，增加学习的趣味性，激发学生内在学习动机，促进学生主动学习。"可见，从学生的学习兴趣与动机出发，教材的内容编排需要减少从概念到概念的认知过程，应尽可能调动并挖掘现实生活中的丰富资源，以趣味现象、故事、画面等引出晦涩的概念，把高深、客观的学科知识转化为学生感兴趣的话题，创设融趣味性、知识性、活动性于一体的学习情境，充分发挥教材的激趣、引导与指南功能。

课标摘要

语言教学的重要任务之一是使学生能够使用所学语言进行真实的交流。英语教材要选用相对真实的语言材料，设计含有真实交际的活动。教材各单元应围绕主题精选语篇素材，注意语篇类型和语言风格的多样性，以及语篇内容的趣味性、知识性和交际性，激发学生的学习兴趣和动机，引导学生主动参与和积极思考。教材编写和设计应做到图文并茂，合理使用字体、字号和色彩，版面轻松活泼。教材应适当选用英语名著、名篇的节选，让学生感知英语文学语言的魅力。

—— 《义务教育英语课程标准（2022年版）》

拓展学习

为深化和运用本章所学内容，建议阅读如下学习资料。

韩震，2019．教材编写的意识形态维度［J］．课程·教材·教法（7）：9-13.

林崇德，2019．中小学教材编写心理化设计的建议［J］．课程·教材·教法（9）：9-11.

刘启迪，2021．新时代我国统编教材的编写方略研究［J］．湖南师范大学教育科学学报（3）：64-70.

石鸥，2019．中国教科书理论研究丛书（第一辑）：教科书概论［M］．广州：广东教育出版社．

石鸥，刘艳琳，2022．深刻理解课程标准 切实提高教材质量：基于新方案、新课标编写教材的几点思考［J］．课程·教材·教法（10）：4-11.

课后思考

1．教材的内涵和本质是什么？教材编写具有怎样的意义价值？

2．中小学课程标准中所要求的教材编写原则有哪些？

3．中小学课程标准中的教材编写建议大致有哪些内容？

第十章
中小学课程标准中的课程资源开发与利用

思维导图

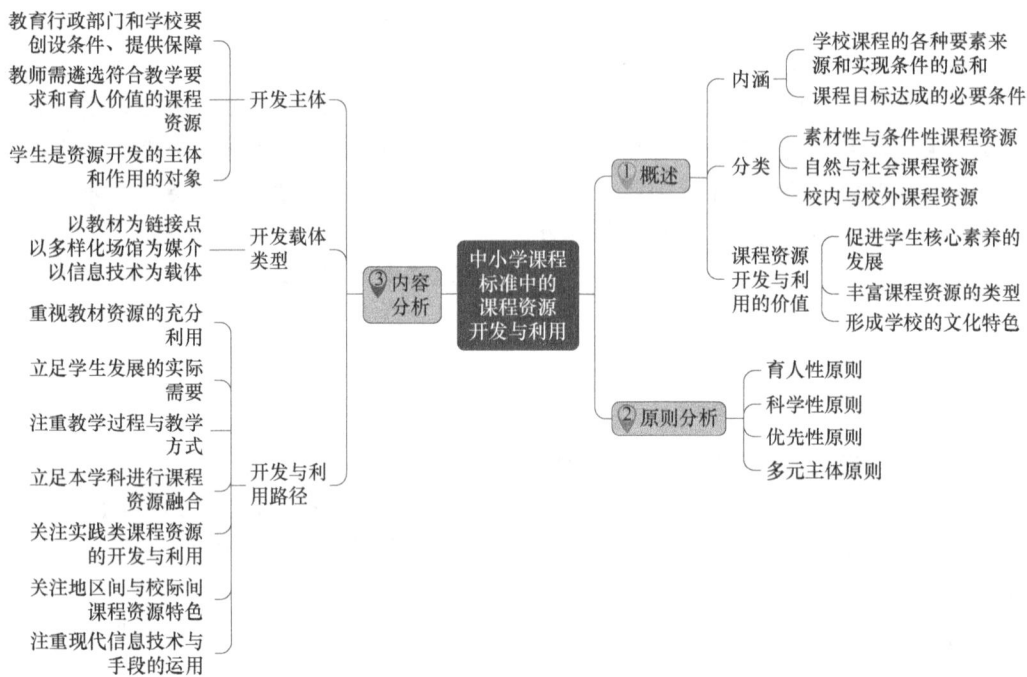

要点提示

　　课程资源研究是响应课程改革实践的现实诉求,随着我国课程改革力度的不断加大,课程资源的重要性日益彰显。课程资源的丰富性和适切性程度决定着课程目标的实现范围和实现水平。本章在介绍课程资源基本概念的基础上,阐述了中小学课程资源开发和利用的价值,介绍了中小学课程资源开发和利用的原则,分析了中小学课程资源开发和利用的要点。

学习目标

1. 了解课程资源的基本内涵。
2. 理解课程资源开发和利用的价值。
3. 把握中小学课程资源开发和利用的原则。
4. 明晰中小学课程资源开发和利用的要点。

第一节 课程资源的概述

在我国课程改革日益深入的大背景下，课程资源的开发、利用、整合作为实现新课改的必要条件，成为教育领域中的重要议题。积极开发和合理利用课程资源是有效实施各科课程的重要保证，应服务于课程实施的需要，体现教育教学改革的理念。

一、课程资源的内涵

（一）课程资源的内涵界定

在国外研究中，美国课程专家泰勒（Taylor）最早提及了课程资源一词，并在《简明国际教育百科全书·课程》中撰写了课程资源条目，他认为课程中的目标资源、教学活动资源、组织教学活动的资源、制定评估方案的资源等构成了课程资源的主要方面。

对于课程资源的内涵，国内学术界主要有以下两种观点。第一，课程资源是指富有价值的、能够转化为学校课程或者服务于学校课程的各种条件的总称。第二，课程资源是指在课程设计、实施和评价等整个课程编制过程中可以利用的一切人力、物力及自然资源的总和。

综合上述对课程资源定义的阐释，我们认为，课程资源是指根据一定的教育目的，进入学校教育情境中的，学校课程的各种要素来源和实现条件的总和。例如，《义务教育道德与法治课程标准（2022年版）》指出："课程资源是提高教学质量和增强教学效果的重要支撑，包括图书、音像资料、数字化资源，以及现实生活中鲜活的案例"。《义务教育俄语课程标准（2022年版）》对课程资源的含义进行了解释说明："课程资源指课程要素的来源，以及实施课程必要而直接的条件，是有利于实现课程目标的一切人力、物力与自然资源。"前者即课程要素的来源，包括教材、教辅材料及学生、教师已有的知识、技能、经验等；后者是课程得以实现的条件，包括人力、物力、财力和时间等。课程资源得以实现的前提和基础是课程的要素来源，实现条件深深影响课程实施的范围和水平。因而，课程资源的合理开发和有效利用是任何课程目标达成的必要条件，课程资源的潜在价值贯穿于课程设计、实施和评价的整体过程之中。

（二）课程资源的内涵解读

依据各科2022年版义务教育课程标准对课程资源开发的定义，我们可以从以下三个方面进行解读。

第一，课程资源的开发与利用是课程有效实施的重要保障。课程资源的开发与利用体现了当下教育教学改革理念的继承与创新。与2011年版课程标准中"课程资源开发与利用建议"部分不同，2022年版义务教育课程标准中"课程资源开发与利用"部分有了较大的改动。首先，体现在课程资源开发与利用的内容结构的编制上。2011年版课程标准在内容上是以"总—分"的结构对不同学科提出较为直观、具体的资源开发建议。例如，《义务教育数学课程标准（2011年版）》中，在课程资源部分的开篇重点提到了五种教学资源，即文本类资源、信息技术资源、社会教育资源、环境与工具、生成性资源，并在每个板块对每种资源的开发与利用提出了相对全面、客观、细致的使用建议。在《义务教育数学课程标准（2022 年版）》中，其篇幅进行了大幅度的缩减，直接调整为三大使用要点——资源开发要丰富多样、资源开发要注重精品化及注重保护知识产权，并在开篇提出了课程资源开发与利用的相应原则。其次，课程资源的开发与利用秉承育人取向，增加了对学生核心素养发展规律的把握，为学科的教与学提供有效的支撑。例如，《义务教育语文课程标准（2022 年版）》提出："教师要多角度分析、使用课程资源，善于筛选、组合课程资源，利用课程资源创设学习情境，优化教与学活动，提高教学效益"。这反映出在当下教育教学改革中，对课程资源的筛选、组合，以及与课程内容的有机结合方面提出了更高的要求。

第二，课程资源的开发与利用逐步注重精品化。具体而言，较 2011 版课程标准相比，2022 年版义务教育课程标准强调，课程资源的开发应考虑教师与学生的需求，应注重对课程资源的收集。在课程实施中应根据教师教学、学生学习的需要，对课程资源分门别类地进行整理，并在课程资源使用的过程中进行开发与改进。具体而言，教师应围绕重点、难点突破，专题开发，活动开展等形成有利于学生核心素养培养的典型教学资源，并形成系统的教学资源库。此外，课程资源的开发与利用应结合本校、本地区的实际情况因地制宜，发挥区域优势，通过跨学科、跨地区协作，根据学科内容主题、情境等多角度整合和使用具有典型性和延伸性的特色课程资源，推动学科资源的开发与利用，面向社会、面向生活、面向自然，促进多学科知识的融合渗透。

第三，课程资源的开发与利用逐步重视资源共同体的有效合作及知识产权的保护。《义务教育数学课程标准（2022 年版）》明确指出："课程资源的开发与使用应增强知识产权保护意识，合法合规。引用他人成果要明确标注出处、资源开发者信息，尊重其劳动成果。"教师应注重课程资源的开发与利用的实效性，增强资源共同体的有效合作与践行。例如，《义务教育化学课程标准（2022 年版）》明确指出，应"增强化学课程资源共建共享的意识，建立稳定、可持续的交流方式和资源建设共同体，逐步建立地区、学校之间资源互补、共建与共享机制"。

二、课程资源的分类

2022 年版义务教育课程标准为我们介绍了义务教育课程中各种类别课程资源的开发与利用。因此，为了更好地认识和理解课程资源，有必要厘清课程资源的类别，帮助教师掌握不同课程资源的内在特质，从而更好地开发与利用课程资源。

（一）素材性课程资源和条件性课程资源

在中小学课程标准中，我们发现对于课程资源有着不同的划分与界定，按照课程资源的功能特点，可以把课程资源分为素材性课程资源和条件性课程资源。

第一，素材性课程资源。素材性课程资源指的是课程本身的来源，分为外在物化形态的素材性课程资源和内在生命化形态的素材性课程资源。前者指承载课程知识、技能和其他信息的课程标准、教材、参考书、练习册、考试卷等文本及相应的音像资料等；

后者指与人的活动相伴而生的，如知识、技能、活动方式、情感和价值观等方面的因素。例如，《义务教育英语课程标准（2022 年版）》提出"突破教材的制约，合理开发教材以外的素材性资源"。

第二，条件性课程资源。条件性课程资源包含与课程实施有关的人力、物力和财力，以及时间、场地、媒体、设备和环境等。它的特点是作用于课程而不是形成课程本身的直接来源，很大程度上影响着课程的实施水平和范围，如学校的教学场馆、教学用具、上课时间、自习时间和休闲娱乐时间等。

在教育实践中，课程资源往往既包含着课程的素材性资源，又包含着条件性资源。在一定情况下两者相互渗透，没有绝对界线，如图书馆、博物馆等公共场馆本身就蕴含着丰富的知识、信息、经验，也是课程实施的媒介。因此，学校可充分利用图书馆、少年宫、博物馆、科技馆等兼具素材性、条件性的课程资源，来寻找合适的学习素材，以激活学生的学习兴趣、开阔学生的视野，将学生感兴趣的历史事件、社会问题、数学史与数学家的故事等与课程标准中的数学知识、技能等的培育相联系。例如，《义务教育数学课程标准（2022 年版）》指出："课程资源开发要满足教与学的多样化需求，既要包括教材、教辅……等数字化资源；既要包括教师、教研员等教育专业人士开发的资源，……等社会人士提供的资源；既要包括用于巩固练习的资源，……数学科普类资源。"

◤ 课标摘要

在开发与利用英语课程资源的过程中，要严把意识形态关。教师要敢于突破教材的制约，充分挖掘教材以外的资源。在开发素材性英语课程资源时，要注意选用具有正确育人导向的，真实、完整、多样的英语材料，如与教材单元主题情境相匹配的英语绘本、短剧、时文等学习材料。应避免围绕教材过度开发练习题、检测题、导学案等教辅类学习材料。另外，还要特别注意根据日常教学的需要开发和利用课程资源，防止单纯从考试需要出发开发应试资源。

　　　　　　　　　　　　　　——《义务教育英语课程标准（2022 年版）》

（二）自然课程资源和社会课程资源

在中小学课程标准中，根据课程资源的性质不同，还可以将课程资源划分为自然课程资源和社会课程资源。

第一，自然课程资源。自然课程资源突出"天然性"，自然界中可以开发和利用的资源是非常丰富的，如用于初中生物课程的动物、植物等，用于初中地理课程的丘陵、大江等。

第二，社会课程资源。社会课程资源突出"人工性"，如图书馆、博物馆等场馆资源，融入或嵌入中华民族基因、中华文化的传统节日、礼仪等，这些都是不可缺少的课程资源。随着信息科技的迅速发展，人工智能等新技术的开发与运用也促进了社会课程资源的动态更新，如各种网络资源的开发与建设、网络平台的搭建等。

▼ **课标摘要**

充分利用科技场馆、少年宫、科研院所、高等学校、工厂等机构，丰富、拓展物理学习资源。学校要创造条件，合理安排并组织参观考察、实践体验、实验探究等活动；利用科技工作者资源，开展"大手牵小手"的科普活动等。

——《义务教育物理课程标准（2022年版）》

自然课程资源和社会课程资源二者是课程资源的统一体，在一定的条件下相互转化，不可相互替代。自然课程资源在不违背生态健康发展的前提下，经过人为有目的地加工，可以转化为服务师生发展需要的社会课程资源。例如，《义务教育地理课程标准（2022年版）》中指出："要创造条件组织学生走进大自然，参与社会实践，开展参观、研学旅行等活动；也可以邀请有关人员到学校进行演讲和座谈；有条件的地区可创建地理实践基地。"

▼ **课标摘要**

加强与高等院校、科研院所、学术团体、相关企业、社区的联系，合作建设、整理、优化化学课程资源，增强化学课程资源共建共享的意识，建立稳定、可持续的交流方式和资源建设共同体，逐步建立地区、学校之间资源互补、共建与共享机制；建设一批实践活动基地，协同设计和实施有特色的化学主题实践活动，推进项目式学习，开展体现我国古今化学科学技术成就的综合实践活动，积极探索全社会合作育人的途径和机制。

建议教师指导和组织学生开展实地调研，让学生经历调查、实验、数据采集、解释论证、社会交往等活动。

——《义务教育化学课程标准（2022年版）》

（三）校内课程资源和校外课程资源

在中小学课程标准中，根据课程资源空间分布的不同，我们可以把课程资源分为校内课程资源和校外课程资源。

第一，校内课程资源。校内课程资源指的是学校范围之内的显性和隐性的课程资源。显性的课程资源包括校内图书馆、学校建筑等各种设施、场所等。隐性的课程资源包括学校文化、教师文化、班风等。

▼ **课标摘要**

教师要引导学生尽可能通过不同渠道、以不同形式学习英语。英语教学中，在合理、有效使用教材的基础上，教师应积极利用和开发学校的各种资源，如图书馆、语言实验室、音像设备等教学设施，增强英语学习的真实性、鲜活性和实用性。教育行政部门和学校要尽可能创造条件，提供课外英语读物和视听资料，以及计算机、投影仪、电子白板等硬件设备；应尽可能创造条件设置视听室等，定时向学生开放，为学生自主学习创造条件。

——《义务教育英语课程标准（2022 年版）》

第二，校外课程资源。校外课程资源是指学校范围之外的资源，既包括丰富的自然资源，也包括学生家庭、社区和整个社会中各种可用于教育教学活动的设施和条件，如公共图书馆、博物馆、纪念馆、动物园、自然森林公园等。

课标摘要

校外地理课程资源丰富多样，学校所在地区的各种自然和人文地理事物，都是学校地理课程资源库的重要组成部分，包括青少年活动中心、图书馆、科技馆、气象台、地震局、天文馆、博物馆、展览馆和主题公园，科研单位、大专院校和政府部门，广播、电视、报刊等信息媒体，区域自然景观和人文景观，等等。要加强与社会各界的沟通和联系，寻求多种支持，合理开发利用校外地理课程资源。

——《义务教育地理课程标准（2022 年版）》

课程资源的开发与利用不仅包含对校内课程资源的开发，还涵盖对校外课程资源及信息化课程资源的开发与利用。其中，校内课程资源的开发和利用占据主要地位，校外课程资源及信息化资源更多地起到一种辅助作用。例如，《义务教育语文课程标准（2022年版）》指出，"要立足学生实际，注重遴选典范的现代白话文和古代文言经典作品，以文质兼美为选择标准，体现课程资源在文化传承方面的作用"。同时，课标还将语文课程资源开发拓展到学校外部，明确指出与各地区、各学校构建合作开发机制，建立地区、学校之间资源互补、共建与共享机制，充分发挥校内与校外课程资源的育人功能。因此，一方面学校要最大限度地开发和利用校内课程资源，另一方面也要鉴别和利用校外课程资源，包括对自然与特色人文资源、日常生活资源的加工及对各区域、学校间优质资源的筛选，帮助学生构建更为开放、多元的学习方式。

三、课程资源开发与利用的价值

课程资源合理地开发与利用有助于激发学生学习的兴趣、提高教学活动质量，进一步提升教师、教学研究人员的专业水平，以达到教师自身的专业成长与课程教学的创新。

（一）有利于促进学生核心素养的发展

在 2022 年版义务教育课程标准的要求下，课程资源要以促进学生核心素养发展为目的。学校一切工作的开展以学生发展为中心，学生的良好发展是培养目标顺利达成的标志，而课程资源合理地开发与利用将有助于激发学生的学习兴趣和培育学生的核心素养。一方面，课程资源的开发与利用始终将正确的政治导向与教材内容、实践活动等相融合，把贯彻落实社会主义核心价值观、促进学生身心健康发展作为首要原则。另一方面，2022 年版义务教育课程标准明确指出，教师要多角度分析、使用课程资源，善于筛选、组合课程资源，优化教育教学活动，探寻一切有可能进入课程、能够调动与教育教学活动联系起来的资源，使学生的核心素养发展从整体目标向微观课堂教学转换。

课标摘要

要从核心素养形成和发展的内在规律出发，紧密结合语文教材内容，选择有利于组织和实施综合性语文实践活动的优质资源，构建开放多元的教学资源体系；要立足学生实际，注重遴选典范的现代白话文和古代文言经典作品，以文质兼美为选择标准，体现课程资源在文化传承方面的作用，充分发挥其促进学生发展的价值。

——《义务教育语文课程标准（2022年版）》

（二）有利于丰富课程资源的类型

在我国中小学课程中，语文、地理、历史等学科属于兼具人文性、工具性且强调学生综合技能运用的理论性课程，其课程资源的开发与利用要求关注学科内容的丰富性、实施的开放性及现实情境性等特性。因此，在资源开发过程中需满足学生学习的需要，不断对课程内容、学习方式、资源类型进行及时丰富与更新，以保障学科教学的活力。例如，在《义务教育语文课程标准（2022年版）》中强调："学校应积极争取社会各方面的支持，拓展资源领域、丰富资源类型"。因此，积极拓宽课程资源的开发与利用，有利于丰富课程资源领域及类型，将理论知识与社会生活相联系，提高学生运用知识解决问题的能力。

课程资源的利用与开发强调，多方面开发与利用社会资源、数字课程资源，最大程度地发挥课程资源整合效益。社会中存在着可供开发与利用的课程资源，这些资源可以拓展学校的教育场域，丰富课程资源的类型。对课程资源进行适当开发运用，有助于激发和调动学校及社会力量办学的积极性，使更多的课程形式、课程类型渗透到学校教学中。学校可以采用联合、共建等形式利用社会的资金、人才和设备等进行实验实习、科学实验等，从而为教育教学服务。

课标摘要

注重校园环境、设施设备的开发与利用。校园环境和学校的一些活动场所、设施等，都是实施科学课程的有效资源。学校和教师应当充分利用或建设校园环境中与科学有关的资源，如花草树木、鸟类昆虫，以及校园天文台、气象站、种植园、养殖场、科普宣传区、科学活动区、探索实验区等，让校园成为学习科学的大课堂。

——《义务教育科学课程标准（2022年版）》

（三）有利于形成学校的文化特色

校园环境和学校外的一些活动场所、设施等，都应是课程资源开发、运用的重要阵地。校际、区域间特色课程资源的整合、运用，将有利于扩大学生视野、激发学生学习的兴趣，为课程知识的学习注入时代的活力。课程资源开发与利用能够促进各地区、各学校增强课程资源共建共享的意识，有计划地建设课程资源开发系统，有利于学校形成本校的文化特色。通过开发课程资源库、课程建设平台等数字资源，逐步建立地区之间、学校之间资源的互补机制，促进教师依据本地区的、本校的特点在对课程内容的开发中获得充足和丰富的资源供给。

例如，在《义务教育道德与法治课程标准（2022年版）》中提到，"积极争取社会各方面力量的参与和支持，挖掘和利用中华优秀传统文化资源和红色资源，如重要人物、重大事件、伟大成就、重要作品、重要节日纪念日、故居遗址遗物、馆藏文物等，丰富教育教学活动形式"。可见，学校通过课程资源的开发与利用，可以重新审视自身特有的教育资源与环境，根据本校师生特色，优化自己的办学宗旨和办学理念，明确学校的发展方向，实现有特色的个性化教育，进而为促进学生学习方式的转变提供课程资源支持。

第二节　课程资源开发与利用的原则分析

为确保课程目标的有效达成、开发和利用，课程资源要体现思想性、多元性和适宜性，注重政治导向和知识产权保护，能够促进学生学习和发展的课程资源都应该得到充分开发和利用。对此，教师在对课程资源进行筛选、甄别和考察时，需秉承育人性、科学性、优先性和多元主体原则。

一、育人性原则

育人性原则是课程资源开发与利用的根本性原则。对人的培育实质上蕴含着基本的道德指向，在课程资源的开发与利用中体现为关注个体的成长。所谓育人性原则，是指课程资源开发与利用的目标、过程、方法统一朝向个体的身心成长与内在完善。在义务教育阶段的课程教学中，对于课程资源的开发与利用必须突破单纯知识传授的弊端，延伸个体情感、态度、意志、价值的向度。例如，《义务教育语文课程标准（2022年版）》指出："课程资源的开发与利用应坚持正确的政治导向，把贯彻落实社会主义核心价值观、促进学生身心发展作为首要原则；要从核心素养形成和发展的内在规律出发，紧密结合语文教材内容，……，构建开放多元的教学资源体系"。同时，课程资源的开发应指向学生个性的发展，培育其创新精神和合作精神，使其逐步形成积极的人生态度和正确的世界观、价值观，未来成为有社会责任感的社会主义建设者和接班人。

二、科学性原则

科学性原则是课程资源开发与利用的客观性原则。在中小学课程标准中，课程资源的开发与利用，必须有科学态度和科学依据。其一，对于涉及客观知识的素材性课程资源，教师在选择、利用时要注意其真实性和可靠性，在课程资源的开发和利用中需秉承客观、实事求是的态度。教师对学科课程目标及知识结构要有准确把握，将课程标准、教材、教学辅导资料这些实体性的素材资源作为主要的开发对象。其二，要注意保持课程资源开发与学科教学内容的有机整合，使课程资源的开发贴近教与学的实际。教师在课程资源整合和组织的过程中，尊重现实中的真实情境，使得课程内容与现实社会的发展相一致。例如，《义务教育科学课程标准（2022 年版）》指出："资源的开发与利用，要把握科学教育的思想性和政治导向，要在理解课程标准和教材编写意图的基础上进行，聚集科学课程培养学生核心素养的需要，精选有助于科学学习的各类优质资源。"

三、优先性原则

优先性原则是课程资源开发与利用的重要原则。当前课程资源的选择类型多样、种类繁多，既包括物质的，又包括人力的；既包括校外的，又包含校内的；既包括传统纸质材料，又包括现代的网络资源。

在我国中小学各类课程的实施中，教师要注重课程资源、材料选择的优先性，即注重教材本身作为课程资源的核心组成部分的地位，这是教师开展教学的基本材料。在此基础上，尽可能地在有限的课程资源范围内精选对学生终身发展、核心素养培育有决定意义的课程资源。例如，《义务教育历史课程标准（2022 年版）》指出："教材是课程资源的核心组成部分，是教师开展教学的基本材料。历史教材是学生学习历史知识的主要载体，是教师开展历史教学活动的重要依据。教师要充分领会教材的内在逻辑和思想方法，准确理解和把握唯物史观的基本理论，……，做到思想性和科学性的统一。"由此可见，课程资源丰富多样，应在众多的课程资源中抓重点，把握课程资源开发和利用的基本核心。以其他条件性课程资源作为课程教学的辅助，注重对教材这一课程资源的开发与利用。结合学生情况、学科特性、学校和社会资源等，筛选出重点课程资源并优先运用于课程教学，以服务于教学质量的提升和学生的发展。

四、多元主体原则

多元主体原则是课程资源开发与利用的重要原则之一，课程资源的开发与利用需注重多元主体对课程资源的供给。在语文、英语这类人文性、应用性较强的课程中，课程资源分布广泛，在课程开发中既要充分发挥教师作为课程开发主体的作用，又要发挥学生、学校、社会、家庭等的积极性。探索多途径共同开发，形成多方参与课程资源开发的长效机制，共同探索开发课程资源的有效途径和方法。例如，《义务教育科学课程标准（2022 年版）》明确要求："各级教育行政部门要充分调动教师、学生、家长和其他社区成员的积极性，开发贴近科学教学的丰富的课程资源。"因此，科学课程要注重学校资源、社会资源的开发与利用，如各类科技馆、博物馆、天文馆的作用，因地制宜设立科学教育基地等，以补充校内资源的不足。

第三节　课程资源开发与利用的内容分析

在义务教育阶段的课程教学中，课程资源的开发与利用对丰富课程内容、增强教学活力具有重要意义。因此，明晰义务教育阶段课程资源开发和利用的主体、载体类型及开发路径，对提升教师课程资源开发水平与能力具有现实意义。

一、课程资源开发的主体分析

在课程改革过程中，仍有部分教师认为，教师的任务就是教书育人，对课程资源的开发与利用是教育行政部门和学校的工作，是专家、学者的权利与义务。课程资源不会主动进入教学领域，需要各主体能动地去寻找、认识、选择和运用。教材编写者、学校管理者、教师和有关人员应因地制宜、有意识、有目的地开发和利用各种课程资源。由此，课程资源开发与利用应明确责任主体，建立分工明确、分级负责的资源开发与利用机制。

◥ 课标摘要

建立分工明确、分级负责的资源开发与利用机制。教育行政部门、学校注重创设条件、提供保障；教师要因地制宜地遴选符合教学要求、体现育人价值的资源，并结合学生认知水平对已有案例或素材等进行二次开发与迭代。

——《义务教育信息科技课程标准（2022 年版）》

（一）教育行政部门与学校要创设条件、提供保障

教育行政部门、学校作为课程资源开发和利用的主体之一，需注重为学科教学创设基本条件、为保证学生完成学业提供基本的资源保障。以《义务教育信息科技课程标准（2022 年版）》为例，从整体层面来看，一方面强调各教育行政部门、学校应按照国家有关标准配备能满足学科教学要求的实验设备或器材，保证各耗材、教具、学具的经费等。另一方面，要求各教育行政部门充分调动教师、家长、学生和其他社区成员、学科专家的积极性，开发符合学生身心发展规律、适合学科自身的逻辑体系及社会发展需要的丰富的课程资源。从学校层面而言，学校需保障学生在完成学业基本任务的基础上，丰富校内的课程基础资源，加强实验室、图书馆等场所的管理工作。同时，学校还应制订相应的管理制度，确保课程资源开发与运用安全有效。由此可见，各教育行政部门及学校作为课程资源开发的主体，负责统筹配置整体课程资源，为教育教学提供最基本的物质资源、人力资源和制度保障。

◥ 课标摘要

各地区、各学校应增强课程资源共建共享的意识，树立动态发展的资源观念，有计划地建设课程资源开发系统；应重视利用现代信息技术推进资源建设，通过开发阅读资源库、跨媒介阅读平台等数字资源，逐步建立地区、学校之间资源互补、共建与共享的机制；还可创造条件，建立中小学、高等院校和研究机构的资源建设共同体，建设、整理、优化课程资源库，持续更新课程资源，通过资源开发促进教师的专业发展。

——《义务教育语文课程标准（2022 年版）》

由此可见，地方教育行政部门、学校管理者应统筹调动一线教师、课程专家等主体

的积极性，使各主体在沟通中为课程资源建设提供新的思想和方案，为课程资源的开发与利用提供新的知识资源。基于此，课程资源的开发与利用必须充分发挥地方、学校和教师乃至其他社区成员的主体作用，维护课程资源开发与利用的综合性、全面性和有效性。

（二）教师需遴选符合教学要求和育人价值的课程资源

教师不仅是资源开发和利用的主体，其本身更是一种重要的课程资源。

首先，教师除了担当课程的实施者外，还是课程资源的开发者和利用者。2022 版义务教育课程标准明确要求，教师的教学活动必须与课程总体目标及具体的教学目标相联系，并创造性地开发和利用一切有助于实现课程目标的资源。教师在落实新课程标准的过程中，应将自身从知识的"教授者"向课程资源的"开发者"角色进一步拓展，其在 2022 年版义务教育课程标准中主要聚焦以下四个方面。一是教师及学校作为课程开发的主体，需注重课程资源的收集，注重精品化课程资源的开发，建立种类齐全、层次清晰、功能多样的课程资源的完整体系，落实立德树人的重要使命。二是教师发挥课程开发的主导作用，结合学校实际、回归学生需求并充分运用学生的生活经历和学习体验，通过创设开放性的师生、生生互动分享平台，激发学生已有知识、经验和想象力，打造学生个性化的学习资源。三是注重学校之间、教师之间的交流与合作，以增强教师群体的合力育人作用，不断提高教师对课程资源的开发意识和运用能力。四是教师需充分利用网络资源、现代信息技术开展教学，如虚拟仿真实验、数字教材等，以促进学生学习方式的转变，并运用技术性手段反思教育教学实践，提高自身对课程资源的开发的效能。

其次，教师不仅影响着课程资源的鉴别、开发、选择和利用，其本身还是课程实施中的基本条件和资源。从这个意义上讲，教师自身就是重要的课程资源，教师的素质状况决定了课程资源的识别范围、开发与利用的程度及发挥效益的水平。因此，在中小学课程资源的开发和利用中，要始终把握教师对资源开发与运用的主体地位，明确教师在整合课程资源、进行课程开发中实践性知识的运用。[①] 一方面，教师要加强学习，掌握课程资源的概念、性质、种类和存在状态及课程资源开发的程序、步骤与利用方式；另一方面，教师还要加强实践的研究，将自身融入中小学、高校和研究机构的课程资源建设共同体中，学习和吸收国内外教师开发课程资源的实践经验。例如，《义务教育语文课程标准（2022 年版）》提出："教师要充分发挥自身优势与潜力，积极利用和开发各类课程资源，不断增强课程资源意识。"语文课程资源既包括纸质资源，又包括数字资源，还包括诸如地域特色文化资源等日常生活资源；既包括学业成果等显性资源，又包括师生在语文学习过程中的爱好、特长等隐性资源。通过发挥教师的课程资源开发主体作用，可以带动其他主体对课程资源的优化发展。

（三）学生是资源开发的主体和作用的对象

首先，学生作为教学活动的对象，其知识、经验、思想都属于课程资源的范畴。学

---

① 教师实践性知识是指教师为完成特定的教学任务，面对特定的教学对象、具体的教学情景，将个人已有的经验、教育观念、学科知识等综合运用到实践中形成的知识。

生的知识储备、生活经验是重要的课程资源，英语、语文、科学等多门学科课程标准明确提出，要充分利用学生的经验性资源和生成性资源，关注不同学生的认知水平和思维方式。例如，《义务教育道德与法治课程标准（2022 年版）》指出："课程资源的选择要立足学生实际，注重资源的典型性和适切性"。在课程教学中，学生往往基于相关的经验形成对问题的某种解释，这源于他们自身的经验背景所做出的合乎逻辑的假设。由于学生的学习经验是潜在的，所以学生的生活经验在课堂教学中以无形课程资源的形式存在。因此，在课程教学中，需注重对学生已有经验的唤醒，将知识教学与学生的生活经验相联系，调动学生学习的积极性。同时，学习者的差异性也是一种宝贵的学习资源。所以，在课程教学中需注重不同学生经验世界的差异性，使不同的学生基于自己的经验背景形成自己的理解。只有充分挖掘并利用学生生活经验这一无形的课程资源，才能潜移默化且更为持久地对学生的学习起到促进作用。

◥ 课标摘要

学生资源包括每个学生的生活经历、学习体验，以及他们丰富的思想和情感。教师应充分认识、利用和开发好学生资源，通过创设开放性的师生、生生互动的交流与分享平台，有效激活并利用学生已有的知识、经验、想象力和创造力；引导学生建立和利用自己个性化的学习资源，并以适当方式进行交流与分享。

——《义务教育英语课程标准（2022 年版）》

其次，学生作为课程资源开发主体，在学习过程中主动建构自己的知识，而不是被动地接受知识。由此，学生既是教学活动的对象，也是课程资源开发主体中的重要成员。依据中小学课程标准的建议，学生需要运用头脑中已有的知识储备、情感态度去建构新知识、新情景。一是不断加强对动态生成性资源的积累，激活并利用已有知识、经验、创造力和想象力。二是学生作为课程开发的主体，需在学习过程中建立和利用自己的个性化课程资源，并以恰当的方式进行交流与分享。

资料卡片

英语教材的系统性，使得其在课程资源开发和利用过程中发挥着不可替代的作用。但是，由于英语教材更新慢；受教材容量限制，教材所选的篇幅短小；受媒介形式的限制，教材中非文字资料所占比重偏低。因此，在英语课程资源的开发与利用过程中，不能局限于教材。开发与利用学生资源，引导学生参与到课程资源的开发中，促进课程实施中的资源生成，每个学生也应学会建立和利用自己个性化的学习资源。教师要特别注意从学生需要的角度考虑课程资源的开发与利用，不能一味地为考试的需要去开发所谓的应试资源。

二、课程资源开发的载体类型分析

长期以来，从课程资源的载体类型来看，课程资源的开发往往过于偏重纸张印刷制品，对于开发多样化的课程资源载体类型则重视不够。在校内，教科书、教辅素材、图书馆、实验室、实践园地等是课程资源开发与利用的载体；在社区，课程资源涵盖博物馆、展览馆、少年宫、科技馆、高等院校、科研机构及周围的自然环境等。当前数字化、多媒体、互联网及人工智能技术，也是作为学生信息时代获取学习资源的重要载体与手段。

（一）以教材作为链接点的课程资源开发与利用

教材是课程资源最基础、最核心的部分。教材是课程资源开发和利用中最基本和最主要的课程资源，是各学科教学内容的直接物质载体，也是教师教与学生学的主要资源。

首先，随着课程资源研究与应用的不断深入，国家、地方和学校对教材的开发与利用形式不断拓展和丰富。以教材为主体的课程资源开发与建设不断地丰富其内容组织与呈现方式。从不同的学科来看，教材的开发与利用呈现出不同的特征。例如，《义务教育历史课程标准（2022年版）》提出："教材是课程资源的核心组成部分，是教师开展教学的基本材料。历史教材是学生学习历史知识的主要载体，是教师开展历史教学活动的重要依据。教师要充分领会教材的内在逻辑与思想方法，准确理解和把握唯物史观的基本理论，将唯物史观贯穿始终，坚持用唯物史观阐释历史的发展与变化，做到思想性与科学性的统一。"可见，在以教材作为链接点的课程资源开发与利用中，教材与教学的关系变得更加灵活。

其次，明晰教材资源充分开发与利用的详细步骤。教师应在理解课程标准的基础上进行整体研究，深刻领会教材的编写思路和设计意图，明确教学要求和重难点，最大限度地发挥教材的育人功能。在传统教材的开发中，教师偏重知识资源，特别是学科知识资源的开发与利用，往往容易忽略各学科知识间的相互渗透与融合，使得学生的生存环境、经验阅历等被"边际化"。这使得课程资源在一定程度上异化为限制学生个性全面发展的力量，其生命丰富性也游离在课程之外。因此，2022年版义务教育课程标准明确了教师如何对教材进行开发与利用，如语文、历史、信息科技、劳动等课程标准提出，应倡导师生多利用相关配套阅读资料，其他图书、报刊、工具书等，突破学科课程资源单一化、理论化和体系化的狭隘观点，不断更新师生的知识结构，努力使学生的知识学习和精神构建紧密结合，促使学生全面发展。

▶ 课标摘要

教材是英语课程的核心资源。为了充分利用和有效开发教材资源，教师应深入分析教材，准确把握教材设计理念和内容，熟悉教材编排特点。教师要深入研读教材，在教学中根据学生的水平和教学需要，有效利用和开发教材资源，激发学生的学习兴趣，开阔学生的视野，拓展学生的思维。

——《义务教育英语课程标准（2022年版）》

（二）以多样化场馆为媒介的课程资源开发与利用

多样化场馆是课程资源开发和利用的重要载体类型之一，是校内课程资源的重要补充。2022 年版义务教育课程标准强调了核心素养与课程目标、课程内容的有效结合，这成为当前课程资源开发与利用的整体趋势。从课程实施活动空间来看，班级课堂、实验室、图书馆等虽然是最主要的条件性课程资源，但学生主要的学习方式和内容还是集中在学科的知识学习上，缺少研究性学习、社区服务、社会实践及劳动与技术相结合等综合实践活动形式。因此，多样化地开发与利用课程资源是十分必要的。

一是强调课程资源的组织与实施。教师依据不同学科的教学内容、不同学段的学习主题，灵活运用不同的教学方式，超越课堂的空间范畴，运用场馆课程资源中的实物标本、模型、素材等进行展览与讲解，推进科普性、研究性等活动的开展。使学生在实地感知中将课堂知识与社会实际生活相结合，实现课堂内外课程资源的转换与结合。

二是强调课程资源的整合。丰富而多样的场馆有助于不同学科根据跨学科主题学习活动和综合实践活动的需求进行课程资源的整合。有些学科课程标准中明确列出了跨学科主题学习活动及综合实践活动，如语文课程、数学课程、历史课程、物理课程。因此，建立一批实践活动基地，协同设计和实施有特色的主题实践活动，推进项目式学习，有助于探索全社会合作育人的途径。由此，以场馆为媒介的多样化、层级化的课程资源体系建设，有助于加强同所在地区资源共同体的联系，让学生在实践、探究、体验、反思、合作、交流等学习过程中，拓宽学习的空间与实践的边界。例如，《义务教育道德与法治课程标准（2022 年版）》在课程资源开发与利用部分提出："要增强课程资源意识，充分发挥自身优势，积极利用和开发各种课程资源"。为此，学校和教师应形成融合、开放、发展的课程资源观，充分发挥各种课程资源的人文教育功能，打破课程资源空间的单一化弊端，拓展课程资源开发与利用的场域，使之为课程实施服务。

（三）以信息技术为载体的课程资源开发与利用

伴随着互联网技术的发展，"慕课""翻转课堂"等冲击着传统的课程教学，也为课程资源开发与整合提供了更多的选择。随着新课程改革逐步深入，课程资源的开发与利用应充分运用数字化、多媒体、互联网及人工智能等虚拟技术，使课程资源的开发与利用走向个性化、终身化。

首先，现代信息技术，如网络在线学习平台、移动学习平台、数字化实验室等，需纳入学校课程资源开发与建设体系中统筹考量。在保障教学效果的前提下应为学生、教师搭建自主学习、授课的平台。具体而言，一是教师可以在教学过程中运用信息技术，对课程文本、图像、声音、动画等进行综合处理，丰富教学场景，为学生提供个性化的学习空间，进一步激发学生探索新知的兴趣。二是加强线上网络空间与线下物理空间的融合，突破传统课堂教学的时空限制。由此，课程资源开发与利用的形式越来越丰富。

其次，要重视大数据、人工智能等对课程资源开发与利用的推动作用，促进课程资源的有效整合。教师在准确把握课程目标及学科特征的基础上，帮助学生选择并充分利用以信息技术为载体的校内外课程资源，为学生提供个性化的课堂教学，推动信息技术与课程资源开发的深度融合。例如，《义务教育地理课程标准（2022 年版）》明确指出："重视地理课程资源的开发、积累和更新。除添置相关资源外，还可自行设计和制作各种地理教具、模型，开发各种地理教学软件。"为达成这一教学目标，教师既要保持板书、板图等传统地理教学手段的优点，又要融合运用现代教育技术，对地球环境进行模拟、描绘、定位等，使地理知识教学的表述化难为易、化静态过程为动态直观、变抽象为具体，易于学生理解并掌握一些抽象、烦琐的地理知识等。

▼ 课标摘要

地方、学校尽可能提供必要的信息化教学条件，充分鼓励教师应用信息技术提高教学质量和效率，有效实现信息技术和化学教学的深度融合，促进师生教与学方式的深度转变；为教师提供交互式多媒体教学设备、常用办公软件、多媒体制作软件和即时通信软件等工具，有条件的学校可逐步建设数字化实验室；关注以移动智能网络终端、大数据分析技术和虚拟现实技术为代表的个性化学习与评价系统的发展，适时引入化学教学实践中；重视化学教育资源库建设，集中优质资源，为师生提供个性化的学习空间和教学资源空间，推进信息化教学方式及其创新应用。

——《义务教育化学课程标准（2022 年版）》

三、课程资源开发与利用的路径分析

（一）重视教材资源的充分利用

首先，课程资源的开发与利用需注重教材资源的有效利用。在对教材资源进行开发与利用时，教师要依托教研组织和教师培训机构的力量，吸纳各学科教育理论研究成果，深入挖掘课程资源理论、课程开发方法等，加强对教材的二次开发，由此使教师在不断追问与思考的过程中，提高自身的课程资源开发和研究能力。其次，课程资源的开发与利用需注重教材之外资源的有效开发。例如，《义务教育生物学课程标准（2022 年版）》提出："教师要敢于突破教材的限制，充分挖掘教材以外的资源。在开发教材以外的资源时，要注意选用科学、真实、多样的生物学材料，如与教材单元主题情境相匹配的自然现象、科技新闻、科学史等学习材料，这些材料的形式可以是文本、图片或动画、视频等。"此外，语文、英语、历史等学科课程标准都提出，可选用具有正确育人导向的学习材料，如开发和利用与教材单元主题情境相匹配的经典作品、时文材料等，把教育扩大到学校以外的、与学生实际生活相关联的社会环境中去，提高学生创生知识、运用知识解决问题的能力。

（二）立足学生发展的实际需要

2022 年版义务教育课程标准指出，教师在教学中选择课程资源时，要根据学生的知识水平和经验背景，综合考虑学生组织及获取信息的能力和可能，要充分考虑特定学生对象的具体实际。例如，上海市的学生学习几何图形时，教师可以用东方明珠为例开展教学，而对于内蒙古草原上的学生学习几何图形时，教师最好以蒙古包为例进行引入。另外，还要考虑到学生的兴趣爱好，最好选择学生共同关注的、感兴趣的问题，使他们感受到数学就在自己身边，这不仅有利于理解相关的数学知识，而且有助于体会数学知识在生活中的作用，激发持久学习数学的内驱力。

资料卡片

在《义务教育数学课程标准（2022 年版）》中，一次函数的应用是初中数学教学的重要内容。但是，由于受到教材编写者主观因素的影响，教科书所选的实例可能会不贴近学生的真实生活环境。因此，教师应主要关注学生身边的世界，从学生的日常生活中挖掘有助于数学教学的课程资源，不仅可以弥补教科书自身的不足，还能解决学生生活中的实际问题，既激发了学生学习数学的热情，也让学生体验了运用数学的思维方式去观察、分析身边的世界，深切感受数学与社会生活的密切联系。

（三）注重教学过程与教学方式

课程资源的开发与利用影响着教师的教学过程和教学方式。因此，在教育教学的实践中，教师在选择开发、运用何种课程资源时，应把能否促进教学、是否有利于提高教学效率作为出发点。

首先，教师要从思想上进行转变，树立课程资源开发与利用的意识。注重用课程资源观来解释和指导自己的教学行为，力所能及地搜索、筛选、处理、整合、优化各类文本资源、媒体资源、网络资源、教学经验资源、课例资源、学生资源等，在整体上处理好课程资源在课堂教学中的"无效"与"有效"、"低效"与"优效"的关系，保障资源选择和利用的有效性。

其次，教师可发挥群体的作用，进行教师间的合作交流，进行课程资源的互补。例如，《义务教育数学课程标准（2022 年版）》指出："资源开发与利用要坚持育人为本，将促进学生身心健康发展作为首要任务，从促进学生的核心素养形成和发展的内在规律出发，为教与学提供有效支撑。"教师在使用信息技术资源时，要尽量避免信息技术资源对数学学习的消极作用，不应在数学教学过程中简单地将信息技术作为缩短思维过程、加大教学容量的工具，也不要因为利用计算机演示功能而弱化学生对数学规律的探索活动，而是要在保障教学效果的基础上有效地利用信息技术等数字资源。学生在学习过程中，常常会生成一些有价值的新思路、新方法，教师若能够及时把握，因势利导，适时调整预案，往往会使教学活动收到更好的效果。

（四）立足本学科进行课程资源融合

由于课程价值取向和育人功能的不同，不同课程所要开发的课程资源是有区别的，因此教师要根据不同学科特点开发和利用课程资源。《义务教育课程方案（2022 年版）》明确指出："加强课程内容与学生经验、社会生活的联系，强化学科内知识整合，统筹设计综合课程和跨学科主题学习。""开展跨学科主题教学，强化课程的协同育人功能。"需要注意的是，跨学科课程资源开发不意味着削弱本学科资源开发，而是立足于本学科课程特色，进行课程资源的融合。

首先，教师在课程设计、实施过程中要注意开发最适合本学科特点的课程资源。例如，《义务教育生物学课程标准（2022年版）》对学生能力目标提出："教师应积极发挥现有设备器材的作用，充分利用简便易得的器具和材料，设计富有创造性的实验和实践活动，让学生真正参与观察、实验、探究、制作等多种类型的活动"。这体现了对学生动手操作能力的要求。因此，不同于语文、历史等学科要求，生物课程实施过程中重视指导学生动手制作、运用教学教具等能力，这样更利于学生主动去探索发现、获取新知识，培养学生的创新意识和高阶思维能力。

其次，教师需在跨学科视野下进行课程资源的融合，对学科课程关键内容及问题进行整体把握。以往课程资源的整合通常是单一学科视角，而2022年版义务教育课程标准中指出，应立足于学科核心问题，探索跨学科主题的课程开发与运用。采用多种多样的教学方式和教学方法，开展以学生为主体的教学活动，从而获得对整体课程资源开发与融合。例如，《义务教育劳动课程标准（2022年版）》指出："劳动课程资源是实施劳动课程的必要条件。学校应与家庭、社会协同进行课程资源的开发，积极整合利用各种形式和类型的资源。"可见，劳动课程需要注重各种课程资源的有机整合，建立种类齐全、层次清晰、功能多样的课程资源体系。

（五）关注实践类课程资源的开发与利用

《基础教育课程改革纲要（试行）》规定了实践活动课为必修课程，强调学生应通过实践，增强探究和创新意识，学习科学研究的方法，发展知识运用的能力。在课程资源的开发与应用中，要较多地与实践类课程相结合，倡导学生在自主参与中获取直接经验、实践能力和积极的情感体验，实现课堂教学的延伸。例如，《义务教育劳动课程标准（2022年版）》指出："地方教育行政部门要统筹规划和配置劳动教育实践资源，充分利用现有劳动实践场所，建设学农实践基地、学工实践基地、服务性劳动基地，满足学校多样化劳动实践需求，为普通中小学提供所需要的服务。"可见，在教育实践中应关注实践类课程资源的开发与运用。我们可以从地域文化、社会服务、社区资源、家校共育、学校环境、学科知识、职业体验中开发实践类课程资源，促使学生在实践过程中了解、掌握自己的实践状况，找出提高自身实践能力的策略；使学生在这个过程中逐步形成适应个人终身发展和社会发展需要的必备品格和关键能力，以解决现实生活中的各类实践问题。

（六）关注地区间与校际间课程资源特色

学校要有强烈的资源意识，认真分析本地和本校的特点，充分利用已有的资源，积极开发潜在的资源，特别是人的资源因素和在课程实施中生成的资源因素。

就中小学语文课程而言，各地区蕴藏的自然、社会、人文等语文课程资源各具特点，教师要立足地方或学校，根据教学与学生的需要建构特色化的语文课程，创造生动活泼的语文学习和实践形式，设计具有学校特色、区域特色的语文实践活动，增强课程内容的丰富性和课程实施的开放性。地方或校本课程要结合地方特色，用好、用足当地的课程资源。即使在同一地区，地处城市和农村的不同学校，可开发和利用的课程资源也各不相同。城市学校可以更多地开发校外公共资源，如图书馆、博物馆、科技馆等社会资源；而农村学校则可以充分利用当地的山川和动植物等自然资源。总之，在开发和利用过程中，应该善于组合和筛选具有代表性的课程资源，优化教学的活动，创设与学生生活相联系的学习情境，以提升教学的效益。

资料卡片

以人教版小学一年级语文识字课文《菜园里》为例，授课教师可充分利用学校课程资源和社会课程资源。课前，教师带领学生参观学校劳动基地里的蔬菜，让家长带孩子走访菜市场，与孩子一起收集有关的图片资料，初步了解和感知蔬菜的有关知识，引导学生在课堂上通过汇报读书情况的环节，进行课程资源调查情况交流，整个过程培养了学生搜集和处理信息、自学的能力和合作能力。

（七）注重现代信息技术与手段的运用

课程资源的开发与利用需注重运用现代信息技术手段进行，信息技术在课程资源的开发与利用中具有重要作用。具体形象、生动活泼是计算机多媒体制作教学课件的特点，它能给学生的视觉、听觉等多方面带来信息刺激，激发学习兴趣，使学生产生身临其境的感觉，这是单纯的语言文字教学所无法替代的。例如，《义务教育英语课程标准（2022年版）》指出"计算机和数字技术为学生个性化学习和自主学习创造了有利条件"。因此，应大力开发和利用数字课程资源，重视现代信息技术背景下教学模式和学习方式的变革，促进信息技术与课程教学的深度融合。根据信息化环境下英语学习的特点，科学有序地组织和开展线上线下混合式教学，使得学生能够高效利用数字资源，拓展学习英语的渠道。同时，硬性条件充分的学校可通过建立自己的英语教学网站、开设线上英语学习课程的方式增强英语学习的开放性、真实性和实效性。利用信息和网络技术有助于缓解不同地区学习资源不均衡、不充分等问题，为学生提供更多的学习空间和个性化资源。

资料卡片

随着科技的不断进步，人们对教育有着更高的期许。例如，安徽省教育厅推出"安徽基础教育资源应用平台"信息中心，安徽许多学校把学科资源网站上的教学课件按照学科学期和单元进行详细分类，方便教师快速查找所需课件，亦可提前选择并设置好周一到周五各节课所需要使用的课件，定时在教室打开，辅助课堂教学。由此看来，教育行政部门、学校和教师要发挥合力，积极创造条件开发和利用网络资源，使学生根据自己的需求充分利用网络资源进行学习。

拓展学习

为深化和运用本章所学内容，建议阅读如下学习资料。

范兆雄，2002．课程资源概论［M］．北京：中国社会科学出版社．
吴刚平，2001．课程资源的理论构想［J］．教育研究（9）：59-63.
吴刚平，2009.中小学课程资源开发和利用的若干问题探讨[J].全球教育展望（3）：

19-24.

徐继存，段兆兵，陈琼，2002．论课程资源及其开发与利用［J］．教育学报（2）：1-5.

张廷凯，2012．基于课程资源的有效教学研究［J］．课程·教材·教法（5）：3-7.

课后思考

1．请简述课程资源的内涵、开发与利用的原则，并明晰课程资源开发和利用的趋势。
2．请找一个中小学阶段感兴趣的知识点，对其进行课程资源创造性开发与设计。
3．访谈两位教师，了解我国中小学课程资源是如何挖掘并利用的。

第十一章
中小学课程标准中的教学研究与教师培训

思维导图

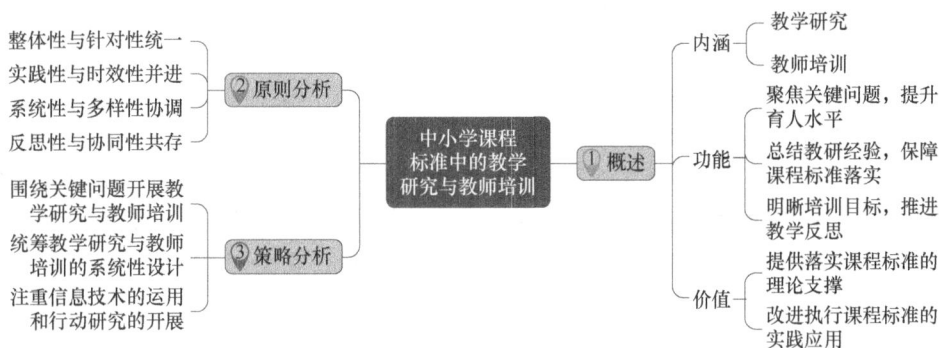

要点提示

教学研究与教师培训是落实中小学课程标准的保障措施。教师培训传达着课程标准的价值理念，为课程的开发与课程标准的实施提供助力。教学研究从实践层面赋予课程生命力，不断帮助教师解决课程标准实施中遇到的新问题，从而促进课程改革。本章在介绍教学研究与教师培训内涵的基础上，阐述了教学研究与教师培训的功能，分析了中小学教学研究与培训的原则与具体内容。

学习目标

1. 掌握教学研究与教师培训的内涵与价值。
2. 理解中小学教学研究与教师培训的原则。
3. 了解中小学教学研究与教师培训的具体内容。

第一节 教学研究与教师培训概述

开展教学研究与教师培训，必须掌握中小学课程标准中教学研究与教师培训的内涵，明晰教学研究与教师培训所具有的功能及对教育教学实际所产生的价值，这对教学研究与教师培训的具体推进和课程标准的落实具有重要的理论和现实意义。

一、教学研究与教师培训的内涵

（一）教学研究的内涵

教学研究与其他社会研究相比，由于研究对象和研究目的的不同，而显现出自身独特的含义。教学作为学校教育中的一个重要环节，是一种有目的、有计划的科学研究活动，旨在探索教学实践过程中的规律、原则、方法及教学中亟待解决的问题。例如，《义务教育俄语课程标准（2022年版）》明确指出："教学研究即教研，指总结教学经验、发现教学问题、研究教学方法，旨在促进教师专业发展，提高学科的教育教学质量。"《义务教育语文课程标准（2022年版）》指出："要注意收集、借鉴优秀课例，在观摩和反思中增强自己的实践智慧，提高教学能力。"

2022年版义务教育课程标准之所以提出这样的要求，是因为进入21世纪以来，教学研究逐渐受到教师、教育研究者和实践者的青睐，并最终成为"21世纪教师专业发展的强有力途径"。现代教学研究就是借助对教学实践的探索，不断发现、明晰、阐释教学规律，以此实现对教学行为的控制，达成创新教学知识体系的目标。对于课程标准而言，教学研究的使命在于既要发现课程标准的规律和设计意图，还要寻求课程标准在实际落实过程中的问题及其解决策略，创新课程标准的实施模式。因此，教学研究不同于一般的教学活动，具有很强的反思性和目的性，必须依照特定的研究规范来进行。

（二）教师培训的内涵

从广义层面来看，教师培训指的是教师的师范教育，涵盖职前教师培养和职后教师培训。从狭义层面来看，教师培训包括教师继续教育和在职教师培训。对于义务教育阶段的教师培训而言，是指义务教育阶段的教师在职业发展期间所开展的学习。2022年版义务教育课程标准是基于中国特色社会主义进入新时代这一特定背景，对教师培训的理念、目标到内容、评价都作出了明确规定，并进行了较大的调整。例如，《义务教育语文课程标准（2022年版）》中明确要求，需"整合各级教研组织和教师培训机构力量，将语文教师培训和语文学科教研结合起来，实现研修的一体化设计与实施"，以发挥语文学科教育理论研究者、一线教师、教研员各自的优势，使理论和实践优势互补。可见，2022年版义务教育课程标准中的教师培训强调，要有计划地组织教师参加系统性、连续性的教育教学工作的研修活动，从而激发教师的学习潜能，促进教师教育理念的发展、业务技能的提升，最终达成教师有效落实课程标准的目的。

二、教学研究与教师培训的功能

（一）聚焦关键问题，提升育人水平

教学研究与教师培训需要对课程标准及实施问题予以描述，如对形式、结构、活动、变化及现象之间的关系等作出描述，以此促进教师深刻理解课程标准的理念、目标、原则等要素，进而从现实问题中抽象出具体问题，使教师聚焦关键领域和关键问题。要着手一项研究并对课程标准的实施情况进行探求，首先要了解现状，知道所探讨的对象是

什么，并对此进行描述。教研与培训活动要解决的问题通常是课程标准实施过程中的共性问题，有助于学校或区域整体教学质量的提升。可见，开展教研与培训活动，探究在课程标准实施过程中可能出现的问题，使得教师能够通过教研与培训进行自主思考、还原并厘清问题，以提升自身对本学科课程标准的敏感度。

具体而言，教研与培训聚焦关键问题、提升育人水平，体现在两个方面。其一，通过培训教师能够了解课程标准的相关要求与理论。其二，教师通过研究、探究活动，可以描述、预测出课程标准实施中可能出现的新问题。这两个方面应是教师在教研与培训中关注的重点。教研与培训能够根据教师的学术兴趣，引导教师自主组织"讨论小组""读书俱乐部""线上线下笔谈和辩论小组"等活动，借助这些相对自由灵活的活动，为教师提供多样化的实践机会，推进研究成果共享。例如，《义务教育科学课程标准（2022年版）》中明确强调要"聚焦关键问题开展主题教研"。

▼ 课标摘要

聚焦关键问题开展主题教研。……开展基于关键问题的主题教研活动，如通过专家讲座，帮助教师理解核心素养和课程目标、基于核心概念的教学设计与实施、学业质量评价等；展示具体教学案例，使教师理解围绕核心概念的教学设计；通过现场课例展示、研讨与总结反思，提升教师的认识；让教师通过自己的教学实践，逐步理解并掌握基于核心概念的教学应该如何组织。

——《义务教育科学课程标准（2022年版）》

（二）总结教研经验，保障课程标准落实

教学研究与教师培训可以对各主体的关系法则、某一系列教学现象进行观察，总结教研经验，保障课程标准的落实。课程标准的实施具有复杂性，诸如学生、教师教学水平、课堂教学条件等都是落实课程标准的重要影响因素，教学研究与教师培训需要明晰这些因素是如何影响课程标准落实的，以及在落实过程中出现的规律性现象。例如，《义务教育地理课程标准（2022年版）》指出，"研究和总结教研经验、培育典型、示范推广，""使同伴研究与个人反思相结合"。可见，课程标准实施是一个复杂的过程，教学研究与教师培训就要不断总结经验，培育典型，保障实施。中小学教师培训与教研通过结合课程标准实施中的实际情况，利用课程研究和反思实践总结教研经验，夯实业务基础，培养教师勇于探索的创新精神，进一步推动从理论到实践的转化。这样使得教师能够更好地适应落实课程标准带来的挑战性，在促进自身专业成长的同时，应对课程标准对教师个体和整体教育活动提出的客观要求。

（三）明晰培训目标，推进教学反思

教学研究与教师培训可以明晰培训目标，推进教学反思，改进课程标准的落实。教学研究与教师培训在揭示课程标准规律性的同时，也在寻找改善落实课程标准的途径与方法。2022年版义务教育课程标准的修订主要体现在以下方面：提炼了学科核心素养的内涵，制定了素养导向的、更加综合的课程目标；加强了课程内容的结构化，提出了对学习任务群等的要求。这些创新性的理念和内容既为课程改革的深化提供了方向和契机，也对课程标准的落实工作提出了问题和挑战。教学研究与教师培训能够帮助教师结合本校实际，聚焦课程标准实施中的关键问题，有计划、分主题地进行改进。例如，具备良好问题意识的教师，在教学研究与教师培训中随手记录自己在实施课程标准过程中的体验，记录有特殊意义的现象，并自觉查阅资料，将其归纳、整理为教学中的相关概念，解决课程标准实施过程中的具体问题。

三、教学研究与教师培训的价值

（一）提供落实课程标准的理论支撑

课程标准的实施并不是盲目的。教学研究与教师培训有利于为学校与教师落实课程标准提供支撑。事实上，课程标准的实施方式是随着教学研究与教师培训所获得的理论成就而逐步创新的。

首先，教师能够获得正确的研究方法论指导，并积极去探索课程标准的相关理论。教学研究与教师培训是随着课程标准的实施而逐步完善和发展的。2022 年版义务教育课程标准非常重视教学研究与教师培训的理论与实践相结合。在一些学科课程标准中明确提出了参与式、体验式、研究式、网络教研、主题沙龙、工作坊等教研方式。为适应这一要求，教师要注意拓展阅读领域，拓宽知识视野，从相关学科中发现、积累、整合适用于教学的课程资源，在学科融合中落实课程标准的相关要求。在对课程标准的行动研究中，教师要查阅大量的文献资料，将课程标准的要求与教育理论相统一，借助先进的教育理念，不断更新对课程标准的认识。

其次，教学研究和教师培训有助于教师提升自身对课程标准的理论认知，促进教师的专业化发展。落实 2022 年版义务教育课程标准需要一定的理论构思，通过观察、调查和实验研究，对课程标准的实施进行分析和综合、抽象和概括、类比和推理，从而发现教育规律，聚焦关键问题，得出相关结论。教学研究与教师培训能够促使教师对课程标准的掌握从抽象到具体，达到对课程标准本质规律的把握。基于此，教师要有效地落实课程标准，教学研究与教师培训必须为其提供特定的理论支撑。具体而言，教师应在对课程现象、课程问题等深入了解、调查研究的基础上，全方位地进行历史回顾和理论反思。通过对教育理论和实践的深入探索，构建课程标准实施的理论基础、行动方向及方法论，进而指导教师的教学实践。

▼ **课标摘要**

要根据新时代的要求，研究社会的新变化、新问题，学习新思想、新理念、新要求，回应"时代之问"。通过对口支援等方式促进区域合作，根据教师教学的需要开展不同层级、不同范围的区域教学研究。教研活动要掌握教师的困惑与需求，整体规划，统筹安排教研活动，为促进教师对课程观念和教学方式的转变提供专业保障。

——《义务教育道德与法治课程标准（2022 年版）》

（二）改进执行课程标准的实践应用

教学研究与教师培训不仅有助于教师弄清课程标准"是什么""为什么"等问题，即认识论问题；还能帮助教师解决"怎么办"的问题，即实践论问题。明确地认识问题，是人们决定如何行动的前提。行动的有效途径和有效方式，也可以通过科学研究去探寻。

首先，教学研究与教师培训有利于教师明确课程标准中的要义。教师落实课程标准是一种创造性的实践活动，需要教师不断地探究和持续地积累经验。只有秉持先进观念的引领，保持探究精神和革新意识，从教学科研中发现课程标准在实施中存在的问题，才能进一步激发教师持续深入研究课程重点、难点的内驱力。2022 年版义务教育课程标准要求教师将新课程标准作为专业学习的重要内容，通过自主学习和培训研修，准确领会课程标准修订的新理念和新要求，以便更好地指导自己的教学实践。

其次，对课程标准实施的研究有利于帮助教师把理论（尤其是应用理论）转化为操作技术，并与日常教学活动结合，变成落实课程标准的基础。就教学研究而言，2022 年版义务教育课程标准提出的学科核心素养、学习任务群、学业质量标准等全新内容，必然给教师落实课程标准的实践带来挑战。这就要求教师以"研究者"的身份参与到课程改革过程中，立足自己的教学实践，针对学科育人的路径、学科教学与信息技术的融合等热点、难点问题，开展实践研究，在行动中反思，在反思中改进。同时，通过大量的教研实践，教师能够提高研究设计的规范性和研究方法的科学性，弄清量化研究和质性研究在自身研究领域中的优势和局限，根据课程标准中核心问题的特点选择适切的研究方法。例如，《义务教育化学课程标准（2022 年版）》强调"教师培训与教学研究是提高课程实施质量的重要专业保障"，"持续改进化学教学，提高教学质量"。

▼ 课标摘要

教师培训与教学研究是提高课程实施质量的重要专业保障。做好教师培训，促进教师理解课程标准内涵，提高基于课程标准的教学实践能力。针对课程实施中的重点和难点问题，开展多种形式的教学研究，持续改进化学教学，提高教学质量。

—— 《义务教育化学课程标准（2022 年版）》

第二节 教学研究与教师培训的原则分析

教学研究与教师培训是落实中小学课程标准的有效保障措施之一。中小学课程标准中的教学研究与教师培训原则体现在整体性与针对性统一、实践性与时效性并进、系统性与多样性协调、反思性与协同性共存等方面。分析并掌握中小学课程标准中的教学研究与教师培训原则，可以在立足教学实践的基础上，进一步提升教师教学研究的能力与水平。

一、整体性与针对性统一

现代教学研究与教师培训是一种有目的、有计划的活动。基于落实课程标准的教研与培训活动,一方面是要解决新课标形势下出现的新问题,另一方面是要满足育人实践中学生的客观需求。例如,《义务教育数学课程标准(2022 年版)》明确指出,要"增强教研的针对性,引导教师持续进行核心素养导向的数学教学改进"。因此,新课标要求每一项教学研究都应该围绕如何解决某个关键问题或如何满足学生的真实需求来展开。没有真实的问题或没有某种客观需求,就难以形成真正的教学研究,在此过程中,问题或需求决定了现代教学研究的具体研究方向与方式。当前,随着 2022 年版义务教育课程标准的印发,教学研究开始逐步关注教师对新课程标准的理解与落实。2022 年版义务教育课程标准明确要求中小学教师的教学研究应是一种日常应用的研究,在真实情境中去寻求课程标准实施过程中存在的关键问题,并给出有针对性的改进措施。

教学研究与培训体系具有相对稳定的结构,运行也具有一定的逻辑。教师教研与培训由目标、手段、方法和应用及评价等一系列内容构成,这些内容紧密联系、相互作用,组成动态平衡的整体性系统,并在不断循环往复的运行过程中逐渐使其内部优化。例如,《义务教育科学课程标准(2022 年版)》明确要求,"培训方案要有系统规划","可以将长期培训与短期轮训相结合","要注重培训内容的整体性。重点阐释科学课程的全面育人价值,分析课程标准各个部分之间的关系"。可见,教学研究与教师培训的整体性,并不是脱离情境的死板僵化、一成不变,而是需要被系统规划和整体设计的,进而使教研与培训不断发展、完善、历久弥新。教研与培训反映教师的"学"与"用",这一特定关系的结构与逻辑的现实需要,要求将教研与培训作为教师管理教学实践活动的重要学习环节,强化其教学指导效能。在教师从事教学实践的职业生涯中,"信息技术"、"理论修养"与"德性"等因素也是教师培训的重要方面。

二、实践性与实效性并进

教学研究与教师培训集中于日常的教学生活,因此,实践性与实效性是其重要原则之一。课程标准在实践中遇到的问题应该成为教师关注的对象,因为课程问题可能具有一定的情境性,解决相应的重点、难点问题可以使自己的教学任务完成得更顺利,教学质量得到更好的保证。例如,《义务教育英语课程标准(2022 年版)》指出,教师要"深入课堂,扎根实践,改进教学"。教研员要"主动走进课堂,与教师共同实践,指导教师开展教学研究"。可见,日常教学活动是教师进行教学研究的优质土壤,教师在课堂教学中要关注自身教学行为与课程标准之间的差距,进而提升落实课程标准的能力。

课堂是教师从事教学研究的实践平台,课程标准对学生的目标要求与学生对课程的本真诉求,使得教师在教学实践中会遇到诸多矛盾,他们在面对不同的学生群体时可能遇到不同的教学问题。从这个意义上看,教师具备了终身学习的条件和持续研究的需求。当然,2022 年版义务教育课程标准也看到了教研员的作用。教研员既具有丰富的理论功底也饱含实践经验,发挥好教研员的引领作用,有利于教师吸收不同于自身教学习惯的理论指引,克服传统的经验性思维方式,从而提升自身的理论素养和教学方式。

此外，教学研究与教师培训还需要注重实效性。长期以来，教师培训与教学研究活动注重对于一些教育政策思想的解读，教育学、教育心理学理论的讲解或者学科技能培训等内容较多，针对个性化需求的内容较少。教师是具有鲜活生命的个体，发展是生命的本质要求，具有实效性的教师培训是彰显生命意义的一面镜子。2022年版义务教育课程标准主张实效性的教师培训与教学研究，教师培训与教学研究不应该消除教师需求之间的差异，而应尊重教师需求的个体差异，并根据这种个体差异确立教师发展过程中多阶段、个性化的培训方案、培训重点，以及相应的培训方式，明确地、有针对性地对关键问题提出改进建议、专业发展目标和进修需求等。例如，《义务教育语文课程标准（2022年版）》要求："要运用案例式、参与式、体验式等培训方式加强培训者与被培训者的互动，提高培训与教研的针对性和实效性。"可见，在2022年版义务教育课程标准要求下，教师培训与教学研究要以教师为主。教师培训本身不是目的而是手段，即通过培训建立学习机制，激发教师工作的积极性，充分挖掘教师的潜能和特长，更好地促进教师的专业发展，激发其创新意识，进而提高教学质量。

三、系统性与多样性协调

教学问题常常涉及多方面的因素，包括社会、家庭、学生、教师，以及经济社会发展与意识形态等，这些因素都会影响课程标准的落实。教学研究与培训中不可避免地要受到各种外部因素的影响。2022年版义务教育课程标准所要求的教学研究和教师培训体现系统性和多样性的原则。具体而言，教学的终极目的是育人，课程标准与教学实践之间存在的张力给教学研究增加了很大的难度。这些客观存在的问题决定着教学研究与教师培训需要秉持系统性原则。教学研究与教师培训必须从多方面、多层次综合地加以研究，要充分考虑到多种因素对教育研究的可能影响。例如，《义务教育语文课程标准（2022年版）》指出，"整合各级教研组织和教师培训机构力量""实现研修的一体化设计与实施"。《义务教育数学课程标准（2022年版）》指出，"促进教研资源和教研智慧的分享、协同建构与优化"。影响2022年版义务教育课程标准落实的要素不仅包括学校的管理模式、教师的年龄结构、学历结构、教育观念和教育方法，还包括学生的学习状况、学风等，这就要求教师在教学研究时应关注课程标准实施的系统性。

◤ 课标摘要

要充分发挥我国教研制度的优势，整合各级教研组织和教师培训机构力量，将语文教师培训和语文学科教研结合起来，实现研修的一体化设计与实施。

—— 《义务教育语文课程标准（2022年版）》

探索信息技术支持下的教研方式改革，注重开展智慧教研和跨区域教研，促进教研资源和教研智慧的分享、协同建构与优化。

—— 《义务教育数学课程标准（2022年版）》

教学研究与教师培训的多样性原则强调，教师在培训中的主体地位、民主参与和多元学习，重视教师的个性差异和培训需求的多元化。教师通过多样化的培训，能够以不同的方式来衡量自己工作的得与失，真正检验自己的工作在哪些地方还没有做到位，这样促使教师不断地从不同途径提升自己的工作水平，查缺补漏，与时俱进。例如，《义务教育数学课程标准（2022年版）》指出："采取多样化培训方式。注重研究型、参与式培训，采用专家报告与案例研究结合、线上与线下相结合、集体学习与自我研修相结合等多种方式。"可见，2022年版义务教育课程标准强调培训方式和培训内容的多样性，对教师不同阶段教学行为和教学能力的培训，有助于教师从不同维度对自己教学细节进行分析和提升。不同类型的培训是教师教育智慧养成的渠道。参与式的培训能够促使教师构建期望性的行动路线和计划，有助于教师以有组织的、有决策的方式处理与学生之间的问题。研究式的培训具有即时性，能够激发教学灵感，当机立断地处理教学情境中的问题。案例式的培训能追溯教学行为，有助于教师反思自己的教学行为，积累教学经验。

四、反思性与协同性共存

教学研究与教师培训离不开理论，教师若对自身的教学行为缺乏反思，与之伴随的教育科研也将失去生命的源泉。对于中小学教师来说，真正有效的教学研究与教师培训过程应该是基于自身的教学实践挖掘问题、发现线索、探究成因的进程。不断进行观念重塑和行动反思是中小学教师教学研究与培训的一个基本命题。可见，2022年版义务教育课程标准要求教师对自身专业水平、教学实践进行深入反思，在持续反思性实践中实现自身专业的可持续发展。反思性教学研究需要发现课程标准的价值，获得课程标准的新认识，寻找落实课程标准的新方法，解决课程标准落实过程中的新问题。因此，要丰富校本教研活动，反思教学实践，总结经验不足、持续改进提升。

同时，2022年版义务教育课程标准还非常关注教师教研与培训活动的协同性问题。协同性强调培训与教研实施主体间的双向选择、沟通协调，即时反馈；关注多元主体的协同问题及技术在培训过程中的关键作用。遵循协同性原则，培训的实施者之间能够有效协作、使得培训内容彼此串联，可以使教师最优化地接受培训，让其能够充分认识到自己的教学现状和不足，并为其提供建设性意见，以促进教师教学智慧水平的发展。例如，《义务教育英语课程标准（2022年版）》指出："有条件的地区还可以建立不同区域间和不同学校间教师学习、研究的共同体，帮助教师增进学术交流，拓宽专业视野，提高教学水平。"《义务教育数学课程标准（2022年版）》要求，"统筹课程专家、学科教育专家、教研员和一线骨干教师的力量，提升培训质量"。可见，新课标倡导改变培训的封闭模式，强调内容的互构和行为的衔接，通过"U-G-S"（高校—政府—中小学）等形式，使教师培训与教学研究成为专家、同行、管理者共同参与的互动活动，在教学研究与教师培训过程中使教师与专业共同体其他成员的观点、理念自由地发生碰撞与融合，从而促使教师增长知识，提高教学能力。

第三节　教学研究与教师培训的策略分析

教学研究与教师培训只有从理论转向实践层面，才能最大限度地发挥自身的作用。

因而，对中小学课程标准中的教学研究与教师培训策略进行系统分析，对于中小学教师专业队伍的建设和教育教学质量的提升具有至关重要的作用。

一、围绕关键问题开展教学研究与教师培训

2022 年版义务教育课程标准要求聚焦关键问题开展教学研究与教师培训，其出发点应是基于教学实践。培训者（学科专家或"课标"研制专家）与一线教师共同深入教学实践，进行充分的调查研究，对核心概念、跨学科实践活动、基于学业质量标准的评价等环节的关键问题进行探究、设计与实施。培训者通过对教师的教学实践来分析教师素质与课程标准理念的一致性与分歧性，再汇聚那些具有普遍性、典型性、关键性的问题，分析问题产生的根源，然后制订教研计划、确定教研内容与形式等，使教研能够真正指导、帮助教师领悟课程标准的理念。

例如，《义务教育语文课程标准（2022 年版）》要求，"围绕语文课程内容的选择、教学活动的组织、学习任务群的设计与实施等关键问题开展教学研究"。《义务教育历史课程标准（2022 年版）》也要求，"树立研究意识，聚焦实际问题""关注历史教育教学中具有共性和全局性的关键问题"。可见，2022 年版义务教育课程标准要求教学研究与教师培训的切入点是在教学实践中，教学研究的过程应与教学活动的开展融为一体，教研人员不再是凌驾于教师之上的"布道者"，而是与教师凝聚成一个教研共同体，在具体的教学情境中共同研究、解决存在的问题，真正指导、帮助教师改进教学实践。教学研究的最终归宿是学科教学实践，通过教研提高教师对课程标准的理解，发展他们反思与研究教学实践的能力，改善其教学方式与行为，培养出可以真正落实课程标准的学科教师。

同时，2022 年版义务教育课程标准倡导建立发展性的教学研究与教师培训体系。具体而言，发展性的教师培训与教学研究是构建终身教育体系，促进学习型社会形成的必然趋势。学习型社会要求教育突破学校教育的局限，转向不受时间、地点限制的以终身学习为目标的远程教育。那么，针对不同城乡地区的教学特点，教师培训与教学研究的方式与手段也应做出改变。教育行政部门、学校等主体应整合教师教育资源、方法和手段，开展各种教师培训与教学研究。例如，《义务教育历史课程标准（2022 年版）》指出，"既要关注共性问题的解决，又要关注个性化的培训需求"。可见，2022 年版义务教育课程标准倡导教师培训应满足在职教师的专业发展需要。在内容设置上，重视在职学习的特殊性，关注教师的专业生活状况，根据不同地域、不同发展阶段的教师进行定制化的培训与教学研究。

教师培训与教学研究内容要能反映当今学科领域研究的新进展，突出案例研究，提高在职教师运用理论分析和解决教育教学实际问题的能力。因此，2022 年版义务教育课程标准倡导尊重和吸纳教师的实践经验，运用现代教育技术，采取经验分享、合作研讨、在线互动等教学方式，引导教师主动增长知识，探究问题，反思实践。例如，《义务教育科学课程标准（2022 年版）》明确指出："可以将长期培训与短期轮训相结合，提供不同的专题内容，制成培训目录，供教师自由选择。"可见，新课标认识到了教师终身学习的重要性。在教研与培训的目标上，倡导以发展性为主的终身学习理念，注重考查教

师的各种作品、现场表现、模拟活动等。这些措施切实提高了在职教师教学研究与培训的针对性和实效性，增强短期培训与教学研究的吸引力，更新继续教育观念，从"教研培训"走向"专业发展"。

二、统筹教学研究与教师培训的系统性设计

区域教研与校本教研有所不同，前者着眼于区域教师的整体，后者立足于学校教育的实际。只有将两者融合才能促进教学研究与教师培训的良性发展。从实践的角度看，区域教研与校本教研相结合是将教研资源统整，实现教研平台的优化重组。从教师生活角度看，教师存在的意义不仅是一个知识的传授者，更是一个知识的建构者和创造者，一个教育理想的实践者。从教师专业角度来看，区域教研与校本教研相结合是教师工作的基本方式，是一种"专业对话"与"视界融合"。

在教师培训与教学研究过程中，对话本身具有一种自我生长的内在机制，它超越了纯意义的知识传递，指向更深邃的思想、更新颖的观点和更深刻的反思，具有重新建构意义、生成意义的功能。例如，《义务教育语文课程标准（2022年版）》指出，"在深入调研的基础上，理清不同发展层次学校和不同发展水平教师遇到的典型问题，围绕这些问题开展合作研究和跟踪指导"。《义务教育地理课程标准（2022年版）》要求，"各学校要基于校情开展有针对性的地理教学研究，充分发挥学校地理教研团队（教研组）的作用"。可见，课程标准倡导创新教研方式，将区域教研与校本教研相结合。通过对话，专业共同体的集体智慧能够内化为教师个体的理论认识，自身的实践经验也能在与集体的观点碰撞中获得更新，实现多种思维模式的集聚与融合，唤醒教师个体潜在的教学智慧。当然，区域教研与校本教研的结合还应该创新教研方式。根据我国教学研究与教师培训活动的实际经验，目前教师培训活动同层级的横向交流较多，而明显缺少纵向的专业引领。尤其是在课程变革时期，先进的课程理念要以课程内容为载体，在专家与优秀教师的协助与引领下，使同事之间的横向互助得到升华。

同时，2022年版义务教育课程标准所倡导的教学研究活动需要统筹设计教师培训的诸多环节，坚持理论与实践并重，不断打通各个环节的壁垒，激发内部要素的创新活力。教师专业技能的提升与思维的转变是相辅相成的。传统的教师培训旨在以短期技能提升的方式优化教师的教学活动，但对于教师如何转变固有的教学思维却收效甚微。2022年版义务教育课程标准期望通过多种教师培训模式的相互结合，在教师的实践反思中促进培训效能的整体性变革。依据调查显示，很多受训教师秉持一种"走过场"的思维，有的教师将培训视为一种心理压力，有的教师在培训过程中以"走马观花"的心态，"入耳而不入心"。2022年版义务教育课程标准倡导在多元培训模式的助力下，教师能够在培训过程中树立主体意识，由被迫式学习转变为自主性发展。例如，《义务教育历史课程标准（2022年版）》指出，"积极探索混合式培训模式，促进培训效果精准化"。《义务教育科学课程标准（2022年版）》提出："基于理论与实践相结合的培训，应贯穿在整个培训过程中。"

可见，2022年版义务教育课程标准非常重视教学研究与教师培训的理论与实践相结合。传统的教师培训通常是以"培训者讲、受训者听"的模式开展，这种模式的弊端在于普通教师很难将灌输的理论与自身落实课程标准的实践融会贯通。因此，2022 年版义务教育课程标准强调培训活动应该基于教师的教学实践形成参与式、体验式的培训模式。例如，2022 年版义务教育课程标准提出了参与式、体验式、研究式、网络教研、主题沙龙、工作坊等教研方式。在培训内容方面，传统的教师培训非常看重对教师理论素养的培训，期望通过理论知识的学习使得教师提升思维境界。在培训要求上，2022 年版义务教育课程标准尤其关注教师在实践中的过程性经验与职业生涯发展，期待教师在实践中反思领悟，着眼点是理论与实践的融合。在培训角色上，传统的教师培训模式没有看到教师的主体性地位，教师在培训过程中缺乏合作与研讨，很难形成创新性的集体共识。2022 年版义务教育课程标准赋予教师培训与教学研究的主体地位，将教师视为具有创新能力的专业共同体，借助开放性的研讨实现彼此的思维碰撞，达成教学实践的革新。

三、注重信息技术的运用和行动研究的开展

信息技术让学习资源变得更加丰富，如此丰富的学习资源应如何利用、以何种逻辑序列组织及如何设计呈现，是教师不得不关照的现实问题。2022 年版义务教育课程标准要求教师针对信息技术营造的丰富情境，设计育人方案，精准施教。建构此类泛在的学习环境，已不再局限于物质环境和技术环境的搭设，而在于教师精准研发的学习活动设计。例如，《义务教育数学课程标准（2022 年版）》指出："探索新技术与教师培训有机融合的培训模式，……，充分发挥现代信息技术对教师培训的支持和服务功能。"可见，在教师培训方面，2022 年版义务教育课程标准提出了各级各类学校需要探索信息技术与教师培训有机融合的模式。首先，要培养教师信息技术的开发能力，挖掘信息技术的隐藏功能。其次，面对教师培训中教师需求的复杂情况，需要利用信息技术探索多元培训模式，如线上线下一体化培训模式。利用信息技术准确理解教师接受培训的心理特征，掌握受训教师的情感状态，优化培训内容的呈现方式。

2022 年版义务教育课程标准还强调教师在教学研究与培训中开展行动研究。具体而言，行动研究具有个人探究与集体学习相结合的特质。教师生存于学校的教研大团体中，自身落实课程标准的实践经验既具有个体的独特性，又具有整个学校实践经验的共识性。教师在行动研究中能够以同事之间的知识共享为基础，突破个体实践经验的片面性和偶然性，将个体经验与集体共识进行融合，科学地把握课程标准的精华。在行动研究过程中，通过教学研究共同体在课前课后的研讨，教师能够以课程标准为指导，厘清课程标准在学生不同学段的相关目标要求，准确衡量教材的组织结构，反思自身在设计教学环节中存在的问题。例如，《义务教育数学课程标准（2022 年版）》中指出，"利用行动研究和反思实践提升教学能力，""形成时间固定、主体聚焦、人人参与、研讨交流的教研机制"。

可见，教学研究与教师培训需要立足于教师的具体教学实践和学校的教育管理实践，关注教师间的团队协作与常态化的教学生活，开展教学实践导向的行动研究。行动研究是教师在日常教学实践中，对自身的课堂教学行为进行变革性反思的一种探究行为。它包含着计划、行动、观察、评价等多个环节的反思活动，促使教师不断提升自身的观察与反思能力。2022 年版义务教育课程标准倡导通过这一系列的探究行为，将教学设计、实施、评价等阶段相统一，将教师个体的实践性知识与群体的专业实践共识相结合，以共享合作、创新实践的方式，促使教师不断运用自身的教学经验探究如何更好地将课程标准落实于教学实践。教师借助行动研究能够在落实课程标准的实践中，不断反思自身在教学设计、实施等阶段暴露出的问题，总结相关经验，提升对课程标准的反思性认识。

拓展学习

为深化和运用本章所学内容，建议阅读如下学习资料。

郭垒，徐丽丽，2018．中小学校长培训专业化：政策研究的视角［J］．教师教育研究（2）：107-111．

杨晓，2013．教师课程标准意识的内涵、生成与评价［J］．教师教育研究（6）：35-40．

朱德全，2012．教学研究方法论［M］．北京：人民教育出版社．

朱旭东，1997．欧美国民教育理论探源：教育制度意识形态论［M］．北京：北京师范大学出版社．

课后思考

1．教学研究与教师培训的意义体现在哪些方面？

2．教学研究与教师培训包含哪些原则？

3．在教学研究与教师培训中应如何贯彻落实课程标准？

主要参考文献

艾伦·C. 奥恩斯坦，弗朗西朗·P. 汉金斯，2010. 课程论：基础、原理和问题 [M]. 北京：中国人民大学出版社.

毕华林，2006. 教材功能的转变与教师的教科书素养 [J]. 山东师范大学学报（人文社会科学版）（1）：87-90.

崔允漷，2009. 课程实施的新取向：基于课程标准的教学 [J]. 教育研究（1）：76.

崔允漷，沈兰华，2000. 澳大利亚维多利亚州《课程标准框架》述评 [J]. 外国教育资料（1）：32-35.

杰伊·麦克泰格，格兰特·威金斯，2008. 重理解的课程设计：专业发展实用手册 [M]. 赖丽珍，译. 新北：心理出版社.

顾明远，1990. 教育大辞典：第 1 卷 [M]. 上海：上海教育出版社.

顾明远，1998. 教育大辞典（增订合编本）[M]. 上海：上海教育出版社.

管培俊，2021. 建设高质量教育体系是教育强国的奠基工程 [J]. 教育研究（3）：12-15.

郭戈，2021. 要充分认识三科统编教材的重大意义 [J]. 课程·教材·教法（6）：59-60.

教育部，2022. 义务教育课程方案和课程标准（2022 年版）[S]. 北京：北京师范大学出版社.

靳玉乐，2002. 中国基础教育新课程的创新与教育观念转变 [J]. 西南师范大学学报（人文社会科学版）（1）：48-51.

靳玉乐，罗生全，2020. 新中国课程论发展 70 年 [M]. 北京：人民出版社.

孔凡哲，2008. 完善基础教育课程标准的若干思路：来自中小学教科书实验的启示 [J]. 教育研究（4）：56-62.

李洪修，崔亚雪，2023. 跨学科教学的要素分析、问题审视与优化路径 [J]. 课程·教材·教法（1）：74-81.

李华，魏一通，2020. 混合式教学中学生学习行为评估体系构建与应用研究 [J]. 中国电化教育（10）：58-66.

李松林，2014. 论教师学科教材理解的范式转换 [J]. 中国教育学刊（1）：52-56.

李晓东，柯楠茜，2022. 道德与法治课程的核心素养培育：基于《义务教育道德与法治课程标准（2022 年版）》的解读 [J]. 教师教育学报（4）：48-54.

李学，2008. "教教材"还是"用教材教"：兼论教材使用功能的完善 [J]. 教育发展研究（10）：82-85.

李召存，2006. 课程知识的生存论透视 [J]. 教育理论与实践（15）：33-36.

齐永锋，周晨阳，2021. 基于深度学习的学习者在线课堂参与度研究 [J]. 现代教育技术（31）：42-50.

沙沙，余宏亮，2019. 我国中小学数字教材的发展历程与技术演进 [J]. 中小学数字化教学（12）：5-8.

沈兰，2000. 关于制订课程标准的建议：兼评《加拿大安省数学课程标准（1～9 年级）》[J]. 外国教育资料（5）：21-24.

施良方，1996. 课程理论：课程的基础原理与问题 [M]. 北京：教育科学出版社.

石鸥，张文，2016. 学生核心素养培养呼唤基于核心素养的教科书 [J]. 课程·教材·教法（9）：14-19.

孙智昌，2013. 教科书的本质：教学活动文本 [J]. 课程·教材·教法（10）：16-21.

王策三，2005. 教学论稿 [M]. 2 版. 北京：人民教育出版社.

王道俊，郭文安，2016. 教育学 [M]. 7 版. 北京：人民教育出版社.

王天平，闫君子，2021. 信息技术与教学活动的融合：历史透视和未来展望 [J]. 课程·教材·教法（2）：54-62.

魏锐，刘坚，白新文，等，2020. "21 世纪核心素养 5C 模型"研究设计 [J]. 华东师范大学学报（教育科学版）（2）：20.

吴刚平，2009. 中小学课程资源开发和利用的若干问题探讨 [J]. 全球教育展望（3）：19.

小威廉·E. 多尔，2015. 后现代课程观 [M]. 王红宇，译. 北京：教育科学出版社.

徐蓝，2022.《义务教育历史课程标准（2022 年版）》的主要变化及实施建议 [J]. 教师教育学报（4）：73.

杨昕，段玉山，丁英，2022.《义务教育地理课程标准（2022 年版）》的变化 [J]. 地理教学（9）：6.

杨志成，2017. 核心素养的本质追问与实践探析 [J]. 教育研究（7）：15-16.

姚林群，郭元祥，2012. 中小学学业质量标准的理论思考 [J]. 教育研究与实验（1）：30-34.

义务教育信息科技课程标准研制组，2022. 为未来社会培养具有数字素养与技能的人才：义务教育信息科技课程标准（2022 年版）解读 [J]. 基础教育课程（10）：69.

余文森，2005. 新课程教学改革的成绩与问题反思 [J]. 课程·教材·教法（5）：3-9.

余文森，2018. 论学科核心素养的课程论意义 [J]. 教育研究（3）：4-11.

余文森，2018. 论学科核心素养形成的机制 [J]. 课程·教材·教法（1）：4-11.

俞红珍，2005. 课程内容、教材内容、教学内容的术语之辨：以英语学科为例 [J]. 课程·教材·教法（8）：49-53.

张敬威，于伟，2021. 学科核心素养：哲学审思、实践向度与教学设计 [J]. 教育科学（7）：60.

张良，王永强，2022. 化知识为素养的教学机理、过程与要求 [J]. 课程·教材·教法（6）：65-71.

张志勇，张广斌，2022. 义务教育课程改革的政策逻辑与生态构建：《义务教育课程方案和课程标准（2022 年版）》解
　读 [J]. 中国教育学刊（5）：1-8.

钟启泉，2006. 知识建构与教学创新：社会建构主义知识论及其启示 [J]. 全球教育展望（8）：12-18.

钟启泉，2007. 课程论 [M]. 北京：教育科学出版社.

钟启泉，2008. 课程的逻辑 [M]. 上海：华东师范大学出版社.

钟启泉，2016. 基于核心素养的课程发展：挑战与课题 [J]. 全球教育展望（1）：3-25.

钟启泉，汪霞，王文静，2008. 课程与教学论 [M]. 上海：华东师范大学出版社.

朱小蔓，2006. 对策与建议：2005－2006 年度教育热点、难点问题分析 [M]. 北京：教育科学出版社.